4평 매장
사장 되기

비대면 시대 새로운 장사 패러다임

1천만 원을 초단기 50배 불린
소자본창업 성공법

4평 매장 사장 되기

· 메이랩(조윤화) 지음 ·

평단

자본금 1천만 원으로 거둔 초고속 성공

20년 가까이 다니던 직장을 뜻하지 않게 그만두게 되었습니다. 남의 이야기라고만 생각했던 일이 제게도 닥치자 자존심이 상하고 마음도 무너져내렸지만, 무엇보다 현실적인 문제들로 막막함이 밀려오더군요. 한탄만 하고 있을 수는 없어서 고민 끝에 창업을 결심했습니다. 장사 경험이라곤 1도 없었지만, 재취업을 할 수도 없었고 특별한 재능도 없었기에 선택의 여지가 없었습니다.

따박따박 월급받으며 생활해온 평범한 워킹맘에게 어마어마한 자본금이 있을 리 없었지요. 보증금을 제외하고 창업 자금 1천만 원으로 동네에 4평짜리 샌드위치 가게를 열었습니다. 월세가 45만 원이었는데 여차하면 아르바이트라도 뛸 요량으로 스마트폰에 아르바이트 앱을 깔았습니다. 지금도 그 앱을 보면서 그때의 각오를 상기하곤 한답니다.

　소문난 빵순이인 저에게 샌드위치는 가장 자신 있는 분야였습니다. 그것이 지금의 메이랩과 케이터링닷컴을 만들어준 초석이었죠. 메이랩의 첫 달 매출은 300만 원에 불과했습니다. 그러나 샌드위치 맛집으로 입소문이 나면서 창업 30개월 만에 연 매출 3억 3천만 원을 달성했답니다. 심지어 중심가도 아닌 서울의 노후된 주택가에서요.

　특별한 샌드위치 맛과 초고속 성장 등이 화제가 되면서 채널 A 〈서민갑부〉 MBN 〈생생정보마당〉 등 여러 매체의 관심을 받게 되었습니다. 그사이 메이랩 오프라인 매장 2개와 온라인 쇼핑몰인 케이터링닷컴을 오픈했고 출장뷔페, 케이터링박스, 프리미엄도시락, 쿠킹클래스, 창업 강의 등 사업 영역을 계속 확대해 나갔습니다. 빛채공감, 그릭왕자, 프렌치도그, 백줄김밥 등 창업자들이 초소자본으로 상호까지 사용할 수 있는 창업 아이템을 개발하기도 했습니다. 샌드위치 레시피를 소개한 책 《샌드위치의 모든 것》도 출간했습니다. 과분하게도 제 이름 앞에 '창업계의 달인' '골목상인들의 희망' '여자 백종원' 같은 수식어를 붙여주는 분들도 생겨났습니다.

　이 모든 것이 창업 후 불과 5년 만에 일어난 일입니다. 운이 좋았다는 말을 부인할 수는 없으나 나름대로 많은 노력을 기울인 결과였죠. 장사도 처음이고 돈이 많았던 것도 아닌 데다 특별한 재능도 없던 제가 어떻게 저절로 장사가 잘되길 바랐겠습니까? 다행히도 저는 제 부족함을 잘 알았기에 열심히 노력했을 뿐입니다.

제가 어떤 노력을 어떻게 기울였는지, 어떤 시행착오를 겪고 어떻게 단시간에 이런 성취를 이루었는지 정리한 것이 바로 이 책입니다. 요식업뿐만이 아니라, 모든 업계의 사장님들이 알아야 할 기본적인 장사의 원칙부터 제가 경험으로 얻은 장사 노하우를 아낌없이 넣었습니다. 회계, 사업계획서, 가격 책정 등 다소 전문적인 내용도 담아 창업할 때 이 한 권으로 충분하도록 구성했습니다.

읽어보면 아시겠지만 창업에 성공하기 위해 대단한 노력, 대단한 공부가 필요한 것이 아닙니다. 그렇다고 제가 밤낮없이 일만 한 것도 아니었습니다.

부자를 꿈꾸는 많은 분들이 이 책을 읽을 것입니다. 제 수강생들에게도 어떤 성공을 바라느냐고 물어보면 대체로 부자가 되는 것이라고 답하더군요. 제게도 누군가 어떤 성공을 바라느냐고 묻는다면 저는 이렇게 답합니다. 세계 각국을 누비며 많은 음식과 다양한 요식업을 경험하고, 새로운 메뉴를 개발하고, 창업과 요리에 대해 컨설팅을 해주며 선한 영향력을 미치는 삶을 사는 것이라고요.

저는 여러분이 그냥 돈만 많은 부자보다는 삶의 여유와 가족의 행복을 누리는 부자가 되길 바랍니다. 부와 여유를 모두 잡는 것이 결코 헛된 꿈이 아님을 이 책을 통해 알리고 싶습니다.

예비 창업자들의 가장 큰 고민은 돈과 관련된 고민일 것입니다. "대출을 받아야 하나? 망하면 어떡하지?" 저도 같은 고민을 했지요. 그러나 창업 자금 1천만 원이라면 도전해볼 수 있겠다 싶을 것입니다. 제가 이 책을 쓴 것도 그런 분들을 위해서입니다. 아주 적은 자본뿐이지만 이 돈으로 나만의 가게를 소유해 내가 하고 싶은 사업을 해나가고 싶은 분들 말이지요. 그런 분들에게 이 책이 희망이 되길 바랍니다.

◆ ◆ ◆

창업 5년 차에 접어든 어느 날, 남편이 제게 이런 말을 건넸습니다.

"당신은 더 크게 성공할 사람이야."

"왜 그렇게 생각해요?"

"어려운 상황에 처했을 때 한 번도 남 탓하지 않고, 늘 해결책을 찾았잖아. 사실 그러기가 쉽지 않거든. 당신은 내가 생각했던 것보다 훨씬 멘탈이 강한 사람이야. 그러니 더 크게 성공할 거야."

처음 창업을 한다고 했을 때 걱정이 많았던 남편에게 이렇게 인정을 받으니 너무나 큰 감동이었습니다. 흔들려도 바로 다시 중심을 잡게 하는 가장 큰 힘은 뭐니 뭐니 해도 가족이죠.

언제나 저를 묵묵히 지켜봐 주는 가족을 위해, 제가 그리는 성공을 위해 오늘도 나 자신을 믿고 힘차게 하루를 시작합니다.

2022년 1월
메이랩 조윤화

차례

2장·성공하는 창업 공식 5단계

3장·기획력 있는 가게만이 살아남는다

4장 · 장사에 꼭 필요한 경영 노하우

5장 · 실전, 가게 운영 노하우

1장

창업, 시작을 잘해야 성공이 열린다

창업을 고민하고
계신가요?

　직장인이 희망하는 직장 생활 기간은 어느 정도일까? 한 설문조사에 따르면 직장인의 53.5%가 최소 30년 이상 근무하기를 바란다고 한다. 하지만 20~40대는 만족스럽지 못한 급여로 인해, 50대는 회사의 압박에 의해 자진 퇴사하거나 강제 퇴사를 당한다.

　나 역시 직장 생활 19년 동안 정년까지 다닐 생각이었지만, 이런저런 사정 때문에 그만둘 수밖에 없었다. 신입사원으로 재취업할 수도 없었거니와 임원급이 되기에도 애매한 나이였다. 결국 생계를 이어나가기 위해 창업을 결심했다.

🍽 잘하는 것을 찾아라

직장을 그만둘 무렵, 나는 인간관계에 많이 지쳐 있었다. 자존감은 무너져 있었고 평생 다닌 직장 경력을 살릴 수 없다는 생각에 마음이 어려웠다. 창업을 결심했으나 무엇을 어디서 어떻게 시작해야 할지 막막했다. 주변에 창업한 사람이 없어 알아볼 곳도 마땅치 않았다. 몇 날 며칠을 고민하던 어느 날 아들이 말했다. "엄마가 만든 샌드위치가 세상에서 가장 맛있어!"

그 한마디에 문득 샌드위치를 만들어 팔고 싶다는 생각이 들었다. 나는 예전부터 소문난 빵순이였다. 특히 샌드위치를 가장 좋아해서 시중에 판매되는 인기 샌드위치 레시피는 모두 따라 할 정도로 자신이 있었다. 까탈스러운 입맛과 예민한 체질 때문에 바깥음식은 잘 먹지 못해 자연스럽게 집에서 음식을 만들어 먹은 지오래였다. 덕분에 요리가 늘었고, 요리를 하는 게 내 적성에 맞기도 했다.

생각해보니 내겐 요식업이 딱이었다. "나만의 샌드위치 가게를 열어 보면 어떨까?" 하는 생각이 들었고, 그렇게 생각하자 가슴이 뛰기 시작했다.

직장 생활 동안 사업 타당성을 검토하고 사업계획서 쓰는 일을 밥 먹듯이 했기 때문에 이 일이 될 거라는 촉이 왔다. 마음이 설레자 빨리 시작하고 싶은 마음뿐이었다. 메뉴를 개발하고 상품을 테스트하기 위해서라도 작업 공간 겸 매장이 필요할 것 같았다. 집

근처 부동산에 알아보니, 마침 30년 동안 부동산을 운영하던 사장님이 내놓은 물건이 있다기에 한달음에 달려갔다. 나는 홀린 듯 월세 45만 원짜리 작은 가게를 덜컥 계약했다.

건물이 오래되고 낡긴 했지만 사람의 온기가 느껴져서 마음에 들었다. 무엇보다 비교적 저렴한 월세가 내 마음을 끌어당기는 데 한몫했다. 사실 그때까지만 해도 회사를 완전히 그만두기 전이라 규모가 큰 매장은 부담스러웠다. 그렇게 계약한 4평짜리 매장이 지금의 '메이랩'을 만들어준 초석이 되었다.

🍽 창업을 위한 준비

가슴이 뛴다는 것은 창업을 시작하기 전 가장 중요한 조건이다. 연인을 만날 때도 마음이 설레야 하고, 직장도 적성에 맞아야 한다. 하물며 소중한 자산을 투자하는 창업인데 내가 잘하는 일도, 설레는 일도 아니라면 사업을 오래 해 나가기는 힘들다.

아무리 규모가 작다 해도 사장이 된다는 것은 스스로 모든 것을 선택하고 그 모든 선택에 책임을 지는 일이다. 그런데 진심이 아니라면, 마음이 가지 않는다면, 가슴이 뛰지 않는다면 그런 사업을 시작하는 것이 올바른 결정일 수 있을까? 너무 위험한 도박이지 않을까?

마음이 준비되었다면 가게를 열기 전 가장 먼저 해야 할 일! 바로 인허가 절차를 알아보는 것이다. 요식업 창업은 업종에 따라 식품접객업과 즉석판매제조가공업, 두 가지 영업허가를 받을 수 있다.

◆ 요식업 창업 종류

① 식품접객업

식품접객업이란 크게 휴게 음식점, 일반 음식점, 제과점 등으로 구분되며 우리가 흔히 주변에서 볼 수 있는 음식을 파는 사업을 말한다. 이때 휴게 음식점과 일반 음식점은 주류 판매 여부에 따라 정하는데 맥주, 소주, 와인 등 술을 팔고자 하면 일반 음식점으로 인허가를 받는다.

그런데 일반 음식점은 아무 곳에나 낼 수 있는 게 아니다. 건축물대장상 2종 근린생활시설로 허가받은 곳에서만 일반 음식점 인허가를 받을 수 있다. 따라서 계약 전 관할 구청 위생과에 이 점을 반드시 확인해야 한다.

② 즉석판매제조가공업

즉석판매제조가공업은 수제 도시락, 반찬 가게, 샌드위치 등 음식을 즉석에서 가공하거나 만들어 소비자에게 바로 내어주는 형태의 사업이다. 식품접객업과 언뜻 비슷해 보이지만 매장 안에서 섭취가 불가능하다는 점에서 차이가 있다. 즉석판매제조가공업은 매장 안에서 음식을 만드는 생산과 배달, 포장 판매만 가능하다.

즉석판매제조가공업의 경우 테이블을 설치해 식사할 자리를 마련
하면 불법에 속하므로 유의하자.

◆ 요식업 창업에 필요한 서류

① 영업 신고 전

나는 고민 끝에 매장에서 샌드위치를 먹을 수 있는 휴게 음식점
으로 방향을 정하고, 영업 신고에 필요한 서류를 준비했다. 식품제
조업이나 요식업에서 가장 필수인 서류는 바로 건강진단 결과서다.
각 시나 군 보건소에 방문하면 간단한 검사를 받은 뒤 3일 안에
건강진단 결과서를 발급받을 수 있다.

그다음으로 위생 교육을 받아야 한다. 위생 교육을 받을 기관은
아래와 같다.

- 휴게 음식점 → 한국휴게음식업중앙회
- 일반 음식점 → 한국외식산업협회
- 즉석판매제조가공업 → 한국식품산업협회

자신이 결정한 업종에 해당하는 기관에 교육 일정을 문의한 뒤
위생 교육을 이수한다. 요즘은 온라인 강의도 잘 되어 있기 때문
에, 웹사이트에서 교육을 신청한 뒤 집에서 편하게 교육을 이수할
수 있다.

② 영업 신고 시

영업 신고를 할 때 건강진단서, 위생 교육 수료증과 함께 매장 임대차계약서와 매장 도면이 필요하다. 매장 건물이나 시설에 따라 수질검사성적서와 소방방화 시설 완비 증명서 등도 필요할 수 있으니, 구청 위생과 방문 전 전화로 관련 서류를 확인해두자.

모든 서류를 구비해 구청 위생과에 방문하면 즉석에서 영업신고증이 발급된다. 영업신고증과 임대차계약서, 주민등록등본을 준비해 관할 세무서를 방문하면 사업자등록까지 일사천리이다.

메이랩 꿀팁

[사업자등록증 발급]
사업자등록은 영업 개시일로부터 20일 이내에 완료해야 한다. 기한을 넘기면 가산세를 부담할 수 있으니 영업신고증을 받고 바로 사업자등록을 마치는 것이 좋다. 홈택스에서도 사업자등록 신청이 가능하다.

🍽 창업을 위한 멘탈

덜컥 사장님이 되었다. 어렵고 복잡하게 느껴지던 행정 절차를 하나하나 해내니 기분 좋은 성취감이 느껴졌지만, 이제부터 진짜 시작이라는 막연한 두려움도 몰려왔다. 따박따박 나오는 월급을 받으면서도, 언젠가 내 브랜드를 만들고 내 사업을 해보고 싶다는 생각을 하긴 했다. 하지만 그것은 흔한 직장인의 소박한 꿈이었을 뿐, 이렇게 갑작스레 현실이 될 줄은 전혀 몰랐다.

인생은 정말 한 치 앞도 내다보기 힘든 것이다. 코로나 팬데믹이 장기화되면서 많은 중소기업들이 문을 닫았고, 평생직장이라는 말은 아득한 옛이야기가 된 지 오래다. 취업이 어려운 청년, 집에만 있던 주부, 생각보다 빨리 명예퇴직이 찾아온 중년까지 너나 할 것 없이 창업에 도전하고 있다. 가히 창업 전성시대라고 해도 과언이 아니다.

그런데 창업을 하면 열에 일곱은 1년 안에 문을 닫는다. 많은 사람들이 창업을 하면 바로 수익이 창출될 것이라고 생각한다. 창업 관련 업계는 창업이 장밋빛 미래를 만들어줄 것처럼 광고해 고객을 유인하고 있다. 혹은 주변에서 누군가가 "프랜차이즈 열어서 대박 났대." 하고 말하면 "나도 창업이나 해볼까?" 하며 쉽게 휩쓸리게 된다.

그러나 창업은 결코 간단한 소득 수단이 아니다. "회사 그만두고 창업이나 하지, 뭐." "창업해서 건물주 돼야지." 하는 순진한 생각으로 창업을 우습게 보았다면, 지금이라도 창업 생각을 접기를 권한다.

사업은 직장처럼 자기 업무만 끝낸다고 해서 되는 게 아니다. 지금까지 살아왔던 생활 패턴과 수익 구조, 수입 등 모든 것이 바뀌는 일이므로 가족들의 전폭적인 지지가 필요하다. 또한 모든 결정과 책임이 자신에게 있으며, 직원을 둔다면 직원의 생계까지 영향을 미칠 수 있으므로 창업에는 신중한 자세가 필요하다.

지금까지 해온 일과 관련된 업종으로 창업을 한다면 일에 도전하기가 비교적 쉬울 것이다. 하지만 이전과는 전혀 다른 일을 해야 한다면 지금까지 몸에 밴 관습이나 사회적 위치는 잊어야 한다. 사회 초년생처럼 기초부터 차근차근 성장하는 자세가 필요하다.

나도 돌이켜 보면 오랜 직장 생활 동안 여러 부하 직원을 거느렸고, 경력으로나 능력으로나 우월감을 가진 적도 있었다. 하지만 직장 밖에서 나는 아무것도 아닌 일반인이었다. 한때 회사에서 부장이었다 한들 회사 밖에서 처음 만나는 사람이 나를 부장 대우를 해줄 리 없다. 작은 가게의 사장님이 되었다 해서 달라질 건 없다. 창업이 처음이라면 아무리 준비해도 모르는 것투성이이다. 창업을 한다면 겸손 또 겸손해야 하는 이유이다.

🍽 자신이 감당할 수 있는 규모로 시작하라

창업을 하면 바로 떼돈을 벌 수 있을 거라는 생각은 일찌감치 접기를 바란다. 본의 아니게 준비되지 않은 상태에서 덜컥 창업을 한 나로서는, 순수익이 전 직장 급여의 절반만 되어도 성공이라고 생각했다. 안정적인 소자본 창업으로 방향을 잡은 것은 그 때문이었다. 물론 꿈은 클수록 좋지만 혼자 시작하는 사업이었고, 처음부터 많은 돈을 투자할 생각이 아니었기 때문에 그에 맞는 목표를 정한 것이다. 내가 첫 가게를 열며 세웠던 목표는 "무리하지 않고 행복하게, 전 직장 월급의 반만 벌자!"였다.

인건비나 임대료 등 고정 지출 부담은 갈수록 커지고 있다. 코로나19 이후로 요식업 판도 또한 크게 바뀌고 있다. 단체 인원은 줄고 외식 대신 배달을 선호하는 소비자가 늘었다. 대형 식당들은 점점 사라지거나 덩치를 줄이고 있다. 이럴 때는 크게, 무리해서 투자할 필요가 없다. 자신이 관리할 수 있을 정도의 규모로 시작하는 것이 좋다. 그리하여 창업할 분야에서만큼은 전문가가 되어야 한다.

 창업을 위한 조언 한마디

비대면 시대 창업의 판도가 크게 바뀌고 있습니다. 무리한 투자 대신 작게, 자신이 감당할 수 있는 규모로 시작하십시오. 자신이 창업할 분야에서만큼은 전문가가 되어야 합니다.

왜 창업하려고요?

잠재력을 키울 때 가장 중요한 것은 비판하는 정신이라고 한다. 무언가 새로운 일을 시작하기 전에 끊임없이 '왜'라는 의문을 자신에게 던지면서 그 일에 대해 의미를 찾아야 한다. 그래야 시작하고 난 뒤에 흔들리지 않는다. 그 질문에 대한 답을 찾을 때 비로소 자신이 얼마나 무궁한 잠재력을 지니고 있었는지도 깨닫게 된다.

나는 창업 컨설팅을 하면서 수강생들에게 여러 질문을 했다. 가장 많이 했던 질문은 "왜 창업을 하려고 하세요?"였다. 돈을 벌기 위해서, 직장을 그만두게 되어서, 딱히 할 줄 아는 게 없어서 등등 다양한 답이 돌아왔다. 내가 묻기 전까지 딱히 '왜'에 대해 생각해 본 적이 없는 분들도 있었다. 그런 분들은 내 질문에 답하면서 본인 스스로 창업에 대한 이유를 정리하게 되고 자신에게 그런 생각이 있었는지 새삼 놀라워하기도 했다.

창업하기 전, 왜 창업을 하려고 하는지 반드시 생각해보아야 한다. 만약 자기 자신에게 딱히 어떤 질문을 던져야 할지 모르겠다면, 아래 질문들을 생각해보고 대답해보길 바란다.

- 나는 왜 창업을 하려고 할까?
- 창업을 통해 어떤 삶을 살고 싶은 걸까?
- 첫 번째 사업에서 실패한 적이 있는가?
- 사업에 실패한 적이 있다면, 어떤 이유였는가?
- 현재의 삶에서 어떤 부분이 만족스러운가?
- 나는 어떤 일을 할 때 가장 행복한가?
- 앞으로 어떤 삶을 살고 싶은가?

🍽 디테일이 그려질 때까지 질문하라

질문은 가급적 개방형 질문을 하길 바란다. '네, 아니오'를 유도하는 단답형 질문은 원인과 이유를 생각하지 못하게 한다. 질문을하는 이유는 새로운 방향과 대안을 생각하기 위해서인데, 단답형대답이 나오도록 질문해버리면 생각은 꼬리에 꼬리를 물 수 없고단편적으로 끝나버린다. 질문을 어떻게 하느냐에 따라 해결의 방향성이 달라지고, 때로는 생각지도 못했던 해결 방안이 떠오르기도 한다.

인생도 그렇지만 사업에서 그런 질문은 매우 중요하다. 자신이 어떤 일을 할 때 가장 설레는지, 행복을 위해 어떤 노력을 해야 하는지, 창업을 통해 어떤 목적을 달성하려고 하는지 등 끊임없이 자기 자신에게 물어야 한다. 단지 돈을 벌고 싶어서라면, 창업 대신 취직을 하거나 투자를 할 수도 있다. 군이 창업이 아니어도 될 것이다.

요리를 잘해서 식당을 차려볼까, 하는 사람은 자기 자신에게 이렇게 질문해보자. "요리가 일이 되어도 즐거울까?" "나는 어떤 요리를 특별히 잘하나?" "누구에게 먹일 요리를 할까?"

이렇게 질문하다 보면 막연하고 추상적이었던 그림에 채색이 덧입혀지고 디테일이 살아날 수 있게 된다.

 메이랩 꿀팁

☑ 창업 분야 선정: 자신이 가장 잘할 수 있는 것부터 찾는다.
☑ 창업 목표 설정: 디테일한 질문을 던져 창업으로 이루려는 꿈을 확인한다.
☑ 필요한 서류 준비: 요식업이라면 위생 교육 수료증, 건강진단서, 매장 임대차계약서, 매장 도면 등이 필요하다.
☑ 기타 등등: 사장님에게 필요한 멘탈과 자세를 갖춘다.

🍽 준비가 6개월이라면, 고민은 1개월

우리나라 창업 준비 기간은 평균 6개월이라고 한다. 6개월 가운데 최소 1개월은 창업을 할지 말지, 한다면 어떤 아이템으로 창업을 할지 고민하는 시간을 가져야 한다. 나 같은 경우 '4평 매장 창업'에 대한 강의를 할 때 준비 기간을 3개월이라고 말한다. 이때도 창업에 관련된 고민과 아이템 선정은 1개월 이내라고 한다. 그만큼 창업과 아이템에 관한 근본적인 질문이 매우 중요하다.

만약 혼자 질문하고 고민하는 것이 힘들다면, 창업지원센터의 도움을 받을 수 있다. 다음 웹사이트들을 참조하라.

- 창업지원센터: http://www.rg4u.co.kr/
- 창업지원센터-중소벤처기업부: https://www.mss.go.kr/site/gwangju/03/10304060000002016111410.jsp
- K-Startup 창업지원포털: https://www.k-startup.go.kr/main.do

그중 K-Startup 창업지원포털에 들어가면 예비 창업자들을 위한 정부 지원 사업과 무료 창업 교육 정보를 확인할 수 있다. 자신이 하고자 하는 창업 아이템과 관련해 교육을 받고자 할 때, 정부 지원 제도가 있는지 확인할 때 유용한 사이트다.

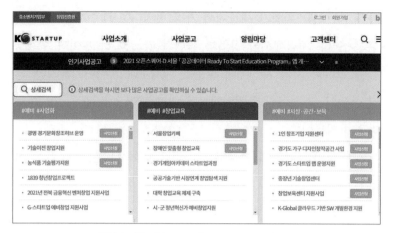

창업자 지원 정부 프로그램. K-Startup 초기 화면

🍲 끊임없이 물어라, 질문 목록을 만들라

'메이랩'을 열기 전, 나 역시 진로에 대한 고민을 무척 많이 했다. 앞서도 이야기했지만 재취업을 하기에는 포지션이 애매했다. 그렇다고 좋아하지 않는 일, 그동안 하던 일과 무관한 일을 하기는 싫었다. 연봉은 분명 낮춰야 할 것이고 내 자존감도 땅에 떨어질 게 분명했다.

"내가 좋아하는 것은 무엇일까?" "어떤 일을 해야 질리지 않고 즐겁게 오랫동안 할 수 있을까?" "출근길이 설레는 일은 무엇일까?" 나 자신에게 끊임없이 물었다. 그러던 와중에 내 아들이 엄마가 만든 샌드위치가 세상에서 가장 맛있다고 해주자 내 가슴이 두근거렸다. 지금에서야 창업과 관련된 강의를 하고 여러 수강생들을 만나며 자기 자신에게 질문을 던져보라고 이야기하지만, 당시 아들의 그 한마디가 없었더라면 내가 과연 '메이랩'을 열 수 있었을지 의문이다.

평소 창업과 관련해 공부하고, 시간을 내어 시장조사도 해야 한다. 그러다 보면 아는 것이 보이고 아는 게 있어야 질문도 생긴다. 그 과정에서 생긴 질문들을 수첩에 적어두었다가 창업 교육 센터나 관련 분야의 선배 창업자들을 찾아가 질문해 답을 구하자.

질문을 할 때도 기술이 필요한데, 자신이 얻고 싶은 내용이 무엇인지 명확해야 한다. 한번은 수강생과 30분 넘게 통화한 적이 있는데, 그렇게 통화가 길어진 이유는 질문의 요지가 무엇인지 도무지 파악할 수 없어서였다. 자신이 궁금한 게 메뉴 선정인지, 재료 관리 방법인지, 직원 관리 방법인지, 아니면 다른 무엇이 궁금한지 정확히 파악하고 누군가에게 물어볼 기회가 오면 구체적으로 명확히 물어보라. 그래야 원하는 답을 얻을 수 있다.

사실 아는 게 없으면 제대로 된 질문을 할 수가 없다. 나는 창업 강의를 처음 시작할 때 본 강의에 들어가기 전, 수강생들에게 창업에 대해 궁금한 것을 질문해보라고 했다. 그런데 질문을 하는 사람이 없었다. 별로 궁금한 게 없나 싶어 실망했는데, 며칠 뒤 플로리스트 수업을 들으러 갔을 때 깨달았다. 플로리스트 선생님께서 궁금한 게 있느냐고 물었는데 나는 아무런 질문도 할 수가 없었다.

꽃에 대해 아는 게 없었으니 당연했다.

아는 만큼 보이고, 보이는 만큼 궁금한 게 생기는 법이다. 부끄러움을 많이 타거나 딱히 정보를 구할 데가 없다면 도서관에서 창업 관련 서적을 찾아보는 것도 방법이다. 질문을 많이 하라고 권하는 이유는 해답을 찾는 과정이 결국 공부가 되기에 그렇다. 질문이 많고 구체적일수록 장사 디테일도 남다르게 된다. 질문은 때로는 새로운 방향을 제시하기도 하고, 사소한 변화를 얻을 수도 있다. 질문을 통해 창의력도 생긴다.

🍽 생각하는 사장님

사장님은 늘 질문하는 자리에 있는 사람이다. 매출이 줄어든다고 직원이 대신 고민해주지 않는다. 어떻게 하면 재고관리를 효율적으로 할 수 있을지, 어떻게 하면 적은 시간 일하면서 매출을 올릴 수 있을지, 새로운 아이템을 기획하고 있는데 1차 타깃을 어떤 계층으로 잡아야 할지 등등 매 순간이 고민의 연속이다. 이때 창업을 준비하면서 질문하는 습관을 들인 사람이라면, 문제를 창의적으로 해결해 나갈 수 있다.

매출이 줄어들고 있을 때, "왜 손님이 없지? 경기가 너무 안 좋은가?"라고 생각하는 사람이 있는가 하면, "내가 손님이라면 우리 가게에 어떤 점을 보고 오고 싶을까?"라고 질문하는 사람이 있다. 과

연 어떤 질문을 던진 사람이 문제를 해결할 수 있을까?

　일차원적인 사람은 행복할 수는 있겠지만 발전하기는 힘들다. 우리는 창업을 하려는 '사장'이다. 앞으로 사장이 되려면 상상력과 창의력을 높일 필요가 있다. 동시에 이성적으로 비판하는 자세를 취해야 한다. 이 모든 것을 가능케 하려면 다섯 살 어린아이처럼 '왜'라는 질문을 달고 살자.

 창업을 위한 조언 한마디

창업하려는 분들은 자신에게 다음을 묻고 답을 꼭 찾으세요.
☑ 나는 왜 창업하고 싶은 걸까?
☑ 창업을 통해 어떤 삶을 살기 원하나?
☑ 왜 하필 나는 이런 장사를 하고 싶은 걸까?
☑ 현재의 삶에서 어떤 부분이 만족스러운가?
☑ 나는 어떤 일을 할 때 가장 행복한가?
☑ 사업에서 실패한 적이 있는가?
☑ 실패한 적이 있다면 그 이유는 무엇이었나?

1천만 원으로
작게 시작하는 내 가게

프랑스 소설가 마르셀 프루스트는 이렇게 말했다.

"진정한 탐험은 새로운 풍경이 펼쳐진 곳을 찾는 것이 아니라 새로운 눈으로 여행하는 것이다."

창업을 시작하려고 보니 여기저기 가게들만 보였다. 이름이 익숙한 대형 프랜차이즈 식당부터, 골목에 있는 허름한 식당까지. 내가 시작하려는 샌드위치 가게는 물론이고, 제과점에서 파는 샌드위치까지 하나하나 꼼꼼하게 살폈다. 그러면서 마음을 굳혔다. 최대한 작게 시작하자!

당시 나는 샌드위치 업계에서 전문성이랄 것도 없었고 뛰어난 기술을 인정받은 것도 아니어서 과감한 투자를 할 수 없었다. 평균 창업 비용이 1억 원이라는데, 빚을 지지 않고서야 1억 원이 내게 있을 리 만무했다. 사람들이 창업할 때 가장 두려운 것은 아마 돈일 것이다. 나 역시 그랬다. 그래서 더더욱 적은 비용으로, 최소한으로 시작하고 싶었다. 그래야 내 역량에 맞게 성장시키며 운영할 수 있다고 생각했다. 만에 하나 실패하더라도 빨리 재기할 수 있는 투자금이어야 했다.

🍽 1천만 원으로 '메이랩'을 열다

가게를 계약하고 영업 신고와 사업자등록 등 인허가 절차까지 마쳤다. 그러나 아직 퇴사 전이었고, 매장 인테리어 기간을 한 달 정도 여유 있게 잡고 있었다. 매장 오픈을 서두르지 않았다. 대출을 받고 무리하게 시작한 것이 아니어서 그런 여유가 가능했다. 규모가 클수록 운영에 대한 조바심이 생기고 마음이 급해져 판단이 흐려진다. 주어진 조건에서 하나씩 채워 나가는 것이 완성도를 높이는 좋은 방법이다.

초기 투자금은 보증금을 제외하고 1천만 원으로 정한 뒤 인테리어와 필요한 집기 위주로 지출 목록을 정리해 자금을 운영했다. 아무리 작아도 하루 온종일 혼자 지낼 공간이기에 인테리어를 대충 끝내고 싶지는 않았다. 예산이 적은 탓에 설비, 전기, 목공, 타일, 도장 같은 전문 분야는 전문가에게 맡겼지만 페인트, 청소, 마감 작업, 디테일한 소품 등은 내가 직접 했다.

음식을 만드는 매장은 보통 주방과 홀의 비율을 5대 5 정도로 나눠서 사용하는 게 이상적이다. 그러나 4평 매장에는 따로 테이블을 설치할 공간이 없었기 때문에 모든 공간을 주방으로 사용했다. 본래 주방에 대한 욕심이 많아서 처음부터 오픈형 키친으로 만들 생각이었다. 인테리어 예산 가운데 가장 큰 비용을 주방 싱크대 제작에 썼다.

그 외 음식을 만들 때 필요한 집기들은 중고 매장이나 다이소에서 구입했고, 집에서 사용하지 않는 냄비, 그릇, 주걱 등을 가게로 가져왔다. 정수기 렌탈처럼 고정 지출이 발생하는 가전을 설치하지 않은 것도 비용을 줄이는 데 도움이 되었다.

4평 가게를 창업하면서 사치를 부릴 수는 없다. "첫 가게니까 꼭 새 제품을 사야지!" 하는 마음은 잠시 접어두자. 어차피 새 제품을 사더라도 한 번 쓰고 나면 중고가 된다.

돈이 많아서 취미로 하는 창업이 아닌 다음에야, 모두들 어렵게 큰마음 먹고 시작하는 창업일 것이다. 물론 1천만 원도 적은 돈은 아니지만, 사업을 시작할 때 투자하는 돈 치고는 큰 부담이 없는 액수다. 내 경우, A부터 Z까지 내 발품을 팔아 준비한 가게여서 그런지 더욱 애착이 생겼다.

메이랩 매장 Before

메이랩 매장 After

메이랩 매장 After

창업 비용을 최소로 해야 합니다.
메이랩 오픈 시 전기밥솥, 휴롬착즙기, 쿠진아트 파니니 그릴, 주방 도마, 칼, 접시 등 집에서 사용하던 물건을 모두 매장으로 옮겨왔습니다. 다이소와 황학동에서 바트 같은 용품을 중고로 구입해서 사용했고 에어컨도 오픈 4개월 뒤에 11월쯤 냉난방 가능한 기기로 구입해 설치했습니다.

당시 구매한 용품들은 다음과 같습니다.
2구 가스레인지, 600 원형 테이블, 작업 테이블, 냉장고 1500CM 1개, 냉동고 800CM 1개, 블렌텐 믹서기, SK매직 제빙기, 제니퍼룸 착즙기, 전자동 커피머신

🍽 창업 자금 최소화를 위한 조건

　요즘은 업계를 막론하고 창업하려는 사람들에게 작게 시작하라
는 말을 많이 한다. 투자 비용을 줄여서 작게 시작하면 판매 순이
익이 늘기에 그렇다. 투자 비용을 줄이는 데 가장 중요한 점은 저
렴한 임대료의 매장을 찾는 것이다.

　나는 집에서 가장 가까운 곳에 있는 낡은 매장을 임대했다. 투
자금을 아끼기 위해서였다. 유동인구가 지극히 적은 오래된 상권
에 있는 낡은 매장이었지만, 매장 외관을 밝은색으로 꾸몄더니 오
히려 사람들의 관심을 받게 되었다. 이는 자연스럽게 매출로 이어
졌다. 유동인구가 적어 장사가 안 될 것이라는 걱정은 그야말로 쓸
데없는 걱정이었음을 깨달았다.

　창업을 생각하지 않는 사람이라도 사업할 때 임대료가 얼마나
중요한지 알 것이다. 처음 메이랩을 열었던 매장은 월세 45만 원으
로 매우 저렴했다. 장사가 잘 안되더라도 임대료만큼은 충분히 감
당할 수 있다는 계산이 있었다.

　매장을 운영하는 데 임대료 때문에 심적 부담이 커진다면, 상품
판매나 제작 과정에서 수익성을 놓치게 된다. 수익을 내려고 내가
판매하고 싶지 않은 상품도 판매해야 하고, 이것저것 다 하다 보면
결국 메인 상품의 질이 떨어질 수밖에 없다.

　내가 가게 위치를 집과 가까운 곳으로 얻은 것은 이동 시간을
줄이기 위해서이기도 했다. 창업을 하면 휴일 따로 없이 쉼 없이

달려야 한다. 이동하는 시간을 최대한 줄여야 몸도 편하고 안정적으로 운영할 수 있다. 특히 가정과 아이를 돌봐야 하는 주부 창업자들은 집과 매장이 무조건 가까운 것이 좋다.

요즘은 SNS를 통해 매장을 찾는 고객이 많기 때문에 굳이 목 좋은 상권만을 고집할 필요는 없다. 만약 상권을 포기하기 어렵다면 아예 매장 근처로 집을 옮기는 것도 방법이다. 그렇게 해서라도 반드시 집과 매장이 가까운 것을 추천한다.

🍲 혹시나 실패하더라도

내 꿈은 명사가 아닌 형용사다. '사장님'이나 '부자'가 아닌 '성장하는 나'를 꿈꾸었다. 퇴사를 결심했을 때도, 창업을 준비할 때도 그다지 두렵지 않았던 것은 그 모두가 성장하는 계기였기 때문이었다. 그런데 막상 돈 1천만 원을 써서 가게를 열고 나니, "혹시 망하지 않을까?" 싶은 두려움이 잠시 뇌리를 스쳤다. 그런데도 이내 마음을 다잡고 "에이, 천만 원인데 뭐. 혹시라도 망하면 수업료 낸 셈 치면 되지 뭐." 하고 생각했다.

특히나 첫 사업이지 않은가! 매장을 운영해본 경험도, 사업을 해본 적도 없는 초보 창업자라면 더더욱 최소한의 비용으로 창업을 시작해야 한다. 인생이 다 그렇지만, 사업은 직장 생활과 달라서 변수가 많고 모든 결정을 스스로 내려야 하는 부담도 있다.

그러나 욕심을 줄이면 실패할 확률이 줄고, 만에 하나 실패하더라도 타격이 크지 않다. 상권을 넓게 잡거나, 품목에 욕심을 내거나, 타깃층을 너무 광범위하게 잡을 경우 실패할 확률이 크다.

특히나 요즘처럼 한 번도 겪어보지 못한 불경기에는 철저히 소자본 투자로 시작해 수익 위주의 창업을 하는 것이 바람직하다. 소자본으로 창업하면 망할 위험도 줄고, 혹시나 망하더라도 실패를 경험 삼아 다시 도약할 수 있다.

나 역시 4평이 아닌 30평, 50평에서 시작했다면 지금의 노하우를 쌓을 여력이 없었을 것이다. 작은 목표들을 이루면서 생긴 성취감도 없었을 것이다. 짧은 시간 내에 원하는 성과를 기대할 수는 없다. 당장 장사를 시작한다고 건물주가 되는 것이 아니다. 장사도 자식을 키우듯이, 처음 부모가 된 마음가짐으로 충분히 시간을 두고 공을 들여 키워야 한다. 창업은 오픈이 끝이 아니라, 시작이다.

 메이랩 꿀팁

[창업 투자금 관련]
1. 빚을 지지 않은 범위 내에서 최소한의 투자 비용으로 시작하자.
2. 고정 지출을 포함한 비용을 최대한 줄이는 게 좋다.
3. 창업에 필요한 기자재들은 구매 우선순위 목록을 작성하자.
4. 실패를 두려워하지 말자. 실패하게 되더라도 실패를 교훈 삼아 재빨리 재기하자.
5. 창업 초기에 필요한 자금과 운전 자금, 고정 지출 경비를 구분한 뒤 비용을 운용하자.

창업의 큰 그림부터
그리는 법

수많은 사람들 가운데 상위 1%만이 성공한다고 한다. 성공하는 1%는 나머지 99%와 어떤 차이가 있을까? 하버드대학교 에드워드 밴필드Edward C. Banfield 박사는 "우리 사회에서 가장 성공한 사람은 10년, 20년 후의 미래를 생각하는 장기적 시각을 가진 사람들이었다."라고 한다.

어떤 일을 하기 전, 누구든 목표를 세운다. 하지만 바로 앞만 보고 목표를 세우는 것과 멀리 내다보는 것은 큰 차이가 있다. 나도 4평 매장 메이랩을 오픈하면서 그림을 그려보았다.

🍽 메이랩의 밑그림 이렇게 그렸다

전국에 있는 '김밥천국' 옆에 '메이랩 24시 샌드위치' 전문점이 입점해 있는 그림이 그려졌다. 서구식으로 입맛이 변해가고 있는 고객들의 니즈에 맞춰 24시 샌드위치 전문점을 열면 승산이 있을 것으로 판단했다.

젊은 층을 겨냥하는 브랜드이다 보니, 브랜드 로고는 샌드위치를 들고 있는 감성적인 일러스트가 좋을 것 같았다. 메뉴 역시 누구나 쉽게 배우고 만들어서 제2, 제3의 메이랩이 오픈될 수 있도록 레시피를 만들었다. 24시 샌드위치 가게라는 큰 목표를 그리자, 하위 목표들이 생겨난 것이다.

여러분도 창업을 위해 머릿속에서 큰 그림을 그려보자. 시뮬레이션을 돌려보면서 막히는 부분이 있으면 해결책을 찾아본다. 생각의 끈을 놓치지 않고 지속적으로 사고하면서 꿈에 대한 완성도

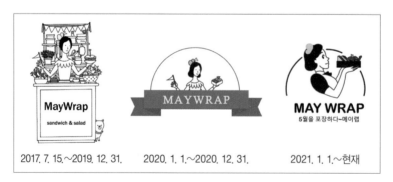

메이랩 로고 변천사

를 높여간다. 그 그림은 자세하게 그리지 않아도 좋다. 멋진 작품을 완성하기 위한 밑그림일 뿐이라고 생각하라. 다이아몬드도 원석으로 발견될 때는 그저 번쩍이는 돌 모양에 불과하지만, 얼마나 갈고 닦느냐에 따라 가치 있는 보석이 되지 않나!

막상 메이랩을 운영하고 보니, 채소나 과일 등의 재료 원가가 높아 단품으로는 체인점 확장이 어려웠다. 그래서 곧바로 밑그림을 수정하게 되었다. 이렇듯 사업을 하다 보면 계획들을 수시로 변경해야 할 때가 온다. 하지만 커다란 목표가 있다면 결국 다시 목적지로 갈 방법을 찾게 된다.

🍽 5개년 계획을 세워라

5년이라는 시간은 참 의미 있는 시간이다. 대통령 임기도 5년이고, 암의 생존율을 결정하는 시간도 5년이다. 암 치료 후 5년 동안 재발하지 않으면 그 뒤로도 건강하게 생존할 확률이 높다는 뜻이다.

사업에 대한 큰 그림을 그렸다면, 목표를 향해 갈 수 있는 계획들을 세워야 한다. 사업은 어떻게 시작하느냐보다, 어떻게 지속할 것인가가 더 중요하기 때문이다. 최소 5개년, 나아가 10개년 계획을 세워보자.

당장 내일도 어떻게 될지 모르는데 5년 뒤 계획을 어떻게 세우냐고 반문할지 모르겠다. 그러나 원대한 목표가 있으면, 하루를 닥치는 대로 살아냈을 때보다 중심이 잡혀 쉽게 흔들리지 않는다. 나 같은 경우, 힘들고 지쳐서 목표 의식이 흐려질 때마다 잘 보이는 곳에 붙여둔 5개년 계획표를 보며 다시금 마음을 다잡는다. 이것만으로도 내게는 목표를 향해 나아가는 큰 원동력이 된다.

5개년 계획이 중요한 이유는 숫자를 통해 동기부여가 가능하기 때문이다. 예를 들어 2026년 매출 계획을 10억 원으로 정했다고 해보자. 가만히 앉아서 기다린다고 목표가 저절로 이루어지지 않는다. 10억 원 매출액을 5개년 목표로 잡았다면, 현재 기준에서 어떻게 해야 10억 원 매출을 올릴 수 있을지 연 단위, 월 단위로 구체적인 방법을 생각해야 한다. 막연했던 꿈에 정확한 수치를 대입하는 것이 바로 계획이다.

정해진 것이 없는 여행을 떠나는 것은 모험이다. 모험에는 늘 위험이 도사리고 있고 버려지는 시간도 많다. 창업은 안전한 여행이 되어야 한다. 계획을 세워 여행을 가도 막상 계획대로 되지 않는다. 하지만 계획에는 힘이 있다.

'계획'의 사전적인 의미는 앞으로 할 일의 절차, 방법, 규모 따위를 미리 헤아려 작정하는 것이다. 이런 것들을 미리 헤아려두는 것만으로도 목표에 성큼 다가갈 수 있을 것이다. 때로 다른 길로 들어서게 되더라도 말이다.

🔔 계획은 언제든지 수정 가능하다

계획을 세웠다고 해서 무조건 다 이뤄야 한다고 생각하지 말자. 계획을 이루기 위해 최선을 다해야 하지만, 모든 계획을 이룰 수는 없기 때문이다. 머릿속으로 생각하는 것과 현실은 엄연한 차이가 있기 마련이다.

〈겨울왕국〉은 안데르센 동화 《눈의 여왕》을 모티브로 한 디즈니 애니메이션이다. 〈겨울왕국〉의 주인공 엘사는 처음에는 마녀 역할이었다고 한다. 그런데 제작진이 엘사 주제곡 "Let it go"를 듣고는 엘사가 마녀보다는 여왕이 더 어울릴 것 같아 스토리를 전면 재수정했다고 한다. "Let it go" 가사 중에 이런 대목이 있다.

"It's time to see what I can do. To test the limits and break through." 내가 할 수 있는 걸 보여줄 때야. 한계를 시험하고 뛰어넘어.

〈겨울왕국〉의 엘사는 "Let it go"의 이 가사처럼 한계를 시험하고 뛰어넘는 인물이다. 제작진으로서는 이런 엘사를 여왕으로 만드는 것이 더 합당했을 것이다.

우리는 항상 예측 불가능한 세상에서 살고 있으므로 계획은 언제든 수정될 수 있음을 염두에 두어야 한다. 계획을 수정해야 한다고 해서 본래 세웠던 계획이 중요하지 않다는 의미는 아니다. 큰 목표는 그대로 두되, 그에 따른 세부 계획들은 시장 변화에 맞도록

발 빠르게 수정해서 대처해야 한다.

창업 규모가 작다고 해도 사업은 사업이다. 고민 끝에 원하는 업종을 찾았다면 목표를 세우고 그에 따른 5개년 계획을 수립해야 한다. 작다고 해서 주먹구구식으로 운영하며 눈앞에 보이는 이득만 취하면 결코 살아남을 수 없다.

🍽 많은 정보를 취합한 뒤 계획을 세워라

계획을 수립하는 것이 어려운 초보 창업자는 가장 먼저 창업 관련 정보를 최대한 많이 얻도록 노력해보자. 창업 관련 정보를 얻는 길은 다음과 같다.

◆ 같은 아이템 선배 창업자를 찾아간다

해당 아이템으로 운영하는 매장을 최소 다섯 군데 이상 찾아간다. 지인이 아니어도 좋다. 그들이 어떤 방식으로 매장을 운영하는지 지켜보고, 질문할 것을 정리한 뒤 가볍게 물어본다. 이때 자신이 창업할 지역보다는 다른 지역 매장을 찾는 것이 좋다. 한 동네에 입점할 계획을 밝히면 경쟁업체로 인식하기 때문에 실질적인 조언을 듣기 어렵다.

◆ 창업박람회, 창업 교육 등을 활용한다

초보 창업자라면 창업에 대한 지식이 전무하다시피 할 것이다. 창업에 대해 지식이 없는 상황에서 세부적인 계획을 세울 수 없다. 중소기업청, 소상공인지원센터 등에서 창업 교육이 활발히 이루어지고 있으니 강의도 듣고 정보도 얻자.

무료 교육도 있지만 소정의 비용을 내고 듣는 강의도 좋다. 유료 강의는 무료 강의보다 퀄리티가 높을 뿐만 아니라, 궁금한 것도 부담 없이 질문할 수 있다는 장점이 있다. 사람의 심리가 돈을 내고 배워야 좀 더 집중하게 되는 것도 있다.

◆ 마인드맵을 그려본다

클러스터 기법이라고 불리는 '마인드맵'은 경영에도 널리 사용된다. 흩어진 생각과 정보들을 다발처럼 연결된 지도로 그리면서 해결책을 찾는 방법이다. 마인드맵을 그릴 때는 종이 한가운데에 시작이 되는 단어를 쓰고 원을 그려나간다. 이때 연상되는 것과 정보들을 주위에 쓴 뒤 시작 단어와 연결시킨다. 그렇게 생각나는 키워드를 거미줄 치듯이 연결해 나가면 된다. 모든 가능성을 생각해낸 뒤 적는 것이 포인트다.

마인드맵이 완성되었으면 그다지 중요하지 않은 것, 불가능한 것은 지워 나간다. 그렇게 해서 남아 있는 것들로 세부 계획을 수립하자. 목표가 훨씬 명확해질 것이다.

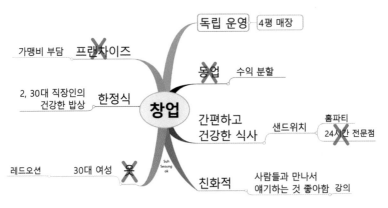

메이랩 창업 당시 그렸던 마인드맵

나도 창업 당시 마인드맵을 그려보니 좋고 싫은 것, 할 수 있는 것과 포기해야 할 것이 정리되었다. 이를 토대로 아래와 같은 계획을 세웠다.

[나만의 샌드위치 브랜드 만들기 5개년 계획]

- 2017년. 누구에게나 간편하고 건강한 식사가 되는 샌드위치 브랜드 론칭.
- 2018년. 창업 관련 강의, 샌드위치 만드는 방법 강의 시작.
- 2019년. 샌드위치 포함 핑거푸드로 구성된 홈파티 메뉴 구성.
- 2021년. 젊은이들이 채소와 한식을 부담 없이 먹을 수 있는 메뉴를 만들고 별도 브랜드 론칭.
- 2022년. 작은 가게 공동체 법인 설립.

얼마 전 메이랩 오픈 4주년을 맞이했다. 앞서 세웠던 계획 가운데 이미 이룬 것도 있고, 현재 이뤄 나가는 것도 있다. 5년 차가 되는 해의 계획은 시도하고 있지만 계획대로 되지 않을 수도 있고, 다시 5년 뒤로 미뤄야 할 수도 있다.

아무리 그렇다고 해도 목표를 향해 또다시 세분화된 계획을 짜면 된다. 중요한 것은 할 수 있는 것과 없는 것의 경계를 명확히 하고 객관적으로 보는 힘을 기르는 것이다. 그래야 오래 살아남을 수 있는 혜안이 생긴다.

 창업을 위한 조언 한마디

5개년 계획 및 목표를 세우되, 매출액 10억 원처럼 구체적인 숫자로 목표를 정하세요. 이후 10억 원 매출액을 목표로 연 단위, 월 단위로 비교적 명확한 매출액 목표를 세우고 이를 달성할 실질적인 방법을 모색하세요.

창업할 때
경계해야 할 욕심

　잘되는 데도 이유가 있고, 망하는 데도 이유가 있다. 잘되는 이유를 안다고 무조건 잘되는 것은 아니지만, 망하는 이유를 알면 망하는 것은 피할 수 있다.

　장사가 잘 안되는 곳은 공통점이 있는데, 바로 욕심이 과하다는 것이다. 장사를 망하게 하는 과도한 욕심의 사례로는 다음과 같다.

- 상권을 너무 크게 잡았다.
- 주력 상품과 상관없는 품목을 너무 다양하게 준비했다.
- 타깃층이 너무 광범위하다.

　욕심이 과하면 투자 비용도 예상치를 넘어서게 되고, 브랜드 콘셉트도 흐려진다. 창업에서 욕심을 부리는 부분은 크게 인테리어, 장비, 메뉴(아이템), 타깃 이렇게 네 가지로 생각해볼 수 있다.

🍽 인테리어 욕심

인테리어를 해보면 알겠지만 꾸밀수록 욕심이 난다. 아이템과 상관없이 인테리어에 개인의 취향을 전부 반영하다 보면 자꾸만 일이 커진다. 인테리어 예산으로 300만 원을 잡아놓고, 여기저기 조금씩 손대면 예산은 금세 초과되고 콘셉트는 중구난방이 된다.

작은 가게 창업에서 인테리어에 돈을 들이는 것은 가장 어리석은 행동이다. 설비와 관련된 것이 아니라면, 가게 오픈 뒤에 점차 다듬어 나가도 된다. "북유럽 인테리어가 유행이라던데" "미니멀이 대세라던데" "미드 센추리 모던이 좋다던데" 하면서 흔들리면 돈은 돈대로 들고 콘셉트를 알 수 없는 조잡한 인테리어가 될 뿐이다.

가게는 내가 온종일 일하는 공간인 것은 맞지만, 인테리어는 타깃층의 취향을 반영하고 아이템과도 어울리는 것이 우선되어야 한다. 손님들이 자꾸 오고 싶어지는 공간이어야 하는데 아무런 특색이 없거나 어지러워 보이는 인테리어라면 아무리 맛있는 음식을 팔아도, 자주 들르고 싶거나 자랑하고 싶은 곳이 못 된다.

음식점이라고 해서 음식만 파는 게 아니다. 이제는 음식과 함께 이미지도 팔아야 하는 세상이 되었다. 세대를 막론하고 온라인상에 리뷰를 쓰는 시대가 되었다. 고객들의 리뷰는 독이 되기도 하지만 광고 효과를 무시할 수 없다. 특히 20~30대는 인스타그램, 30~40대는 페이스북이나 트위터에 일상을 공유한다. 우연히 맛집을 찾았는데 공간이 주는 분위기까지 마음에 들면 바로 사진을 찍어 SNS에 업로드한다. 가게 입장에서는 한 사람에게 준 좋은 인상 덕에 단골을 만들고 홍보까지 된다.

고객들이 SNS에 사진을 올리는 기준은 맛도 맛이지만 분위기와 그런 분위기를 느끼게 해주는 인테리어 몫이 크다. SNS에 올라온 맛집 리뷰를 보면, 글은 "맛있는 음식을 먹었다."라고 쓰고, 사진은 "분위기 좋은 공간에 있었다. 나는 좋은 곳에 다닌다."라고 말한다.

적은 돈으로 큰 인테리어 효과를 얻고 싶다면 깔끔해 보이도록만 디자인해도 된다. 흰 벽에 아이템과 어울리는 그릇, 로고, 장식품 한두 개만 두어도 충분히 느낌을 살릴 수 있다. 만약 프랜차이즈라면 가맹비 외에 인테리어 비용이 얼마인지 알아보라. 반드시 설치해야 하는 요소가 아니라면 가맹사와 협의할 수 있는 브랜드들도 많아졌다.

🍽 장비 욕심

장비도 인테리어와 마찬가지이다. 작은 커피숍을 여는데 비싸고 덩치 큰 브랜드 커피머신만 고집할 필요는 없다. 품질이 크게 문제되지 않는다면 중고 장비를 이용하는 것이 좋다.

가구, 주방용품, 기타 물품도 최소한만 구입하자. 장사를 하다 보면 필요한 것이 더 생기기도 하지만, 자주 쓰지 않는 물품도 생긴다. 한꺼번에 구입하면 돈을 절약할 수 있을 것 같아서 대량으로 구매하는 경우가 많은데, 설치 과정에서 둘 곳이 없거나 사용하지 않아서 애물단지가 되기도 한다.

꼭 필요한 물품이 아니면 가게를 운영하면서 구입하면 된다. 나역시 지금도 필요한 그릇이 생기면 황학동 주방거리에 가서 그때 그때 사오곤 한다.

🍽 메뉴 혹은 아이템 욕심

창업자들이 가장 흔히 저지르는 실수가 바로 메뉴와 아이템에 욕심을 부리는 것이다. 나 역시 메이랩을 오픈할 즈음에 의욕이 넘쳐 그런 실수를 했다. 경험은 없었지만 감은 있다고 자부하던 터였다. 기본적인 손맛도 있고, 가게를 준비하기 위해 여러 가지 메뉴를 개발하고 연습했으니, 자식 같은 메뉴들을 모두 고객에게 선보이고 싶었다.

오픈 초부터 머릿속에 담고 있던 모든 메뉴를 판매했는데, 잘 팔리는 제품과 그렇지 못한 제품이 생겼다. 당연한 일이었음을 나중에야 깨달았다. 물건이라면 유통기한이 넉넉하겠지만 식품은 그렇지 않아서 반드시 기한 내에 재료를 소진해야 한다.

서서히 재고관리가 되지 않았고, 하필 재고가 없는 날, 머피의 법칙처럼 그 메뉴 주문이 들어온다. 나로선 그럴 만한 사정이 있어서 그랬다 치지만, 고객으로선 신뢰가 깨지는 좋지 않은 기억이 남게 된다. 메뉴가 많은 곳은 '김밥헤븐' 정도로 충분하다.

메뉴뿐만 아니라, 창업 초기에는 여러 가지 아이디어들이 떠오르기 때문에 처음의 계획을 충동적으로 변경하는 일이 빈번하다. 메이랩 2호점 영등포구청점 오픈 당시에도 그랬다. 쿠킹클래스를 주목적으로 하는 매장을 염두에 두고, 10명 정도만 앉을 수 있는 원 테이블 레스토랑과 대관을 겸할 공간을 만들고자 했다. 그래서 주방과 아일랜드 테이블 사이 작업 공간을 90cm로 여유 있게 잡고, 홀에는 6인 테이블 2개만 놓을 계획을 세웠다.

그런데 주방 공사 하루 전, 단체 대관 행사의 수용 인원을 10명에서 최대 30명으로 늘려 돌잔치나 생신, 회식 같은 큰 행사를 받고 싶은 욕심이 생겼다. 나는 공사하시는 분들에게 급히 양해를 구했다. 요리할 수 있는 작업 공간 폭을 70cm로 줄이고, 테이블을 4개 늘려 최대 36명까지 받을 수 있도록 했다.

그런데 웬걸! 막상 공사를 끝내고 보니 생각보다 대관 예약이 많지 않았다. 게다가 코로나19까지 겹치면서 홀을 비워두는 일이 많아졌다. 반면 매출의 대부분을 차지하게 된 쿠킹클래스는 오히려 작업 공간이 좁아져 동선이 복잡해졌다. 욕심이 불러온 실수였다. 욕심은 긍정적인 영향을 주기도 하지만, 창업 초기에는 자제하는 것이 좋다.

더구나 오픈 초기에는 매장 운영이나 손님 응대가 서투른 법이다. 손님이 왔을 때 테이블이 비어 있는 상태에서 버벅거리면 초보인 것을 공표하는 것이나 다름없다. 장사가 안되는 곳으로도 비칠 수 있어 신뢰를 잃고 손님을 놓치게 된다. 테이블이 채워져 있을 때 버벅대면 바빠서 그런 것으로 보여 그나마 다행이다.

테이블을 설치할 때 여유 공간을 두어서 손님들이 편하고 쾌적하게 식사할 수 있게 해 만족도를 높이자. 만약 밖에 대기가 많아지면 그때 테이블을 추가해도 늦지 않다. 공간이 협소한데도 밖에 대기 손님이 있다는 것은 그만큼 가게 메뉴가 맛있다는 뜻이 되므로, 뜻밖의 광고 효과를 안겨줄 수 있다.

창업 수업을 들으러 오는 수강생들이 공통으로 많이 하는 걱정이 바로 메뉴이다. 가게에 왔는데 원하는 메뉴가 없으면 어떡하냐는 것이다. 나 역시 매운 것과 맵지 않은 것이 동시에 당길 때가 있다. 오죽하면 중국집에 짬짜면이라는 메뉴가 등장했을까!

그럼에도 불구하고 너무 많은 메뉴를 준비하는 것은 바람직하지 않다. 주력하는 메인 메뉴 한 가지와 서브 메뉴 한두 가지만 있으면 충분하다. 요즘은 단일 메뉴를 특화해서 오히려 승승장구하는 가게들이 많다.

　메인 메뉴와 그와 어울리는 품목 몇 가지만으로 구성하면 매장의 전문성을 살릴 수 있다. 메뉴가 적으면 신선한 재료를 수시로 공급할 수 있고 재료 손실이 줄어드는 효과도 있다. 뿐만 아니라 재료를 손질하는 밑 작업 시간이 줄기 때문에 인건비 절감 효과까지 일으킨다.

🍲 상권과 고객 욕심

　메이랩은 매장 자리를 구한 다음, 주요 상권에 대한 파악은 뒤늦게 이루어진 경우였다. 다행히 유동인구가 아주 적은 곳은 아니었다. 가게 앞 작은 단지의 아파트와 뒤쪽에 있는 오피스텔을 주요 상권으로 정했다. 아파트와 오피스텔을 합쳐 1천 세대도 안 되었지만, 맞벌이 직장인들과 젊은 엄마들이 많이 사는 곳이라 우선은 이들만 주요 고객으로 삼아도 충분하다고 생각했다.

　상권을 폭넓게 잡으면 맞춤형 마케팅이 어려워진다. 가게와 바로 맞닿아 있는 곳, 혹은 가게의 아이템을 이용할 타깃층이 많은 가까운 건물을 상권으로 삼아야 한다. 그렇게 하면 자연스럽게 맞춤형 마케팅이 되어 홍보할 때도 물리적으로나 경제적으로 이점이 많다.

　처음 가게를 준비할 때 이것저것 야심 차게 하고 싶은 마음이

들 것이다. 열정과 아이디어가 마구 샘솟을 수도 있다. 그럴 때는
한 박자 쉬고 가게를 둘러보자. 내가 만약 손님이라면 자꾸만 찾
고 싶은 공간인지, 메뉴는 맛있는지, 고를 게 너무 많아 정신이 산
만해지지는 않은지 등 말이다.

처음부터 완벽히 갖추고 시작할 수는 없다. 시간이 지나면 자연
스럽게 노하우가 쌓이면서 나와 함께 성장해 나가는 가게를 발견
하게 될 것이다.

 메이랩 꿀팁

[주방용품 구입처]
주방용품을 구매할 때는 황학동 주방거리를 이용하라. 서울시 중구 황학동 일대는
업소용 주방용품 중고 매장이 밀집한 곳이다. 음식점, 카페, 빵집, 뷔페 등등 요식
업 창업에 필요한 주방용품을 저렴한 가격으로 살 수 있다. 발품을 팔기 어려운 여
건이라면 황학동 온라인 서비스를 참고하자.
서진 주방: 02-2617-8080 │ 더블유 주방: 010-2812-1221
황학동 온라인https://hwangon.com/

누가 먼저
깃발을 잡을까?

성공한 사람들에게 비결을 물으면 대개 운이 좋았다고 답한다. 사업에는 운도 따라야 하기에 이는 맞는 말이기도 하지만 운은 아무에게나 가는 게 아니다. 노력하고 행동하는 사람에게 운도 따른다.

요식업은 SNS, 쿡방, 먹방 같은 콘텐츠의 영향에 특히 민감하다. 따라서 요식업계의 유행 주기는 점점 짧아지고 있다. 오랜 연구와 노력 끝에 완벽하게 제품을 완성해 내놓을 때는 이미 유행이 끝난 다음일 수도 있다. 조금 미흡하더라도 기본적인 조리법만 숙지한 뒤 빠르게 시장에 내놓는 게 중요하다.

🍽 사업의 성패는 스피드!

장사가 잘되는 집은 늘 고객 입장에서 편하게 서비스를 제공하는 방법을 생각하고, 누구보다 빠르게 행동한다. '대륙의 실수'로 불리는 샤오미의 레이쥔 회장은 스티브 잡스의 경영 철학을 따르는 것으로 유명하다. 그는 한 인터뷰에서 이렇게 말했다.

"천하의 무공 중 빠른 것은 절대 당해낼 수 없다. 느리다는 것은 곧 죽음을 뜻한다."

물론 샤오미는 타사 제품을 베끼는 것으로 비판을 받기도 한다. 하지만 품질 대비 합리적인 가격을 무시할 수 없으며, 소비자 니즈를 반영한 공격적인 제품 출시로 가파른 성장세를 보이고 있는 것도 사실이다. 심지어 2021년 2분기 스마트폰 시장 점유율에서는, 샤오미가 애플을 제치고 2위에 오르는 기염을 토하기도 했다.

고객의 니즈를 빠르게 반영해야 하는 것은 비단 전자업계뿐만이 아니다. 외식업계 역시 유통 시장의 큰 축으로 부상한 MZ 세대의 소비 관념과 SNS, 유튜브 콘텐츠의 영향으로 나날이 급격한 구매 패턴의 변화를 보이고 있다. 새로운 아이템 경쟁 또한 치열한 상황이다.

이렇게 복잡하게 변하는 시장에서는 그 변화에 얼마나 민감하게 반응하고, 빠르게 대응하느냐가 곧 능력이다. 소비자 니즈를 파

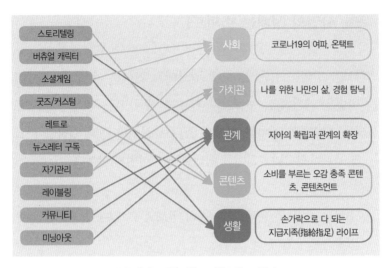

MZ 세대 2021 트렌드 키워드와 그 의미
(출처: The SMC Group 콘텐츠연구소, 김용태 저 《콘텐츠 머니타이제이션》)

악해 경영 방향을 잡고 전략을 세웠다면 최소 준비 기간을 거쳐 신속히 시장에 내놓아야 한다. 조금 미흡하더라도 일단 발을 떼는 것이 중요하다.

🍽 올바른 결정 vs 빠른 추진력

최근 경영 트렌드 가운데 스피드 못지않게 중요한 것이 바로 '피보팅pivoting'이다. 피보팅이란 본래 "축을 옮기다."라는 뜻의 스포츠 용어인데, 코로나19 이후 급격하게 변하는 소비 시장에서 "판을 옮긴다."라는 뜻의 비즈니스 용어로도 사용되고 있다.

이제는 어떤 아이템이 대세 반열에 오를지 아무도 모르는 시대가 되었다. 제품, 전략, 마케팅 등을 다각도로 계획하고 테스트하면서 그때그때 방향성을 수정해 나가는 능력이 필수인 때다. 사장님은 마치 골대를 향해 어떤 궤도를 그리며 날아올지 모를 공을 잡기 위해 주춤하게 서 있어야 하는 골키퍼와 같은 자세가 되어야 한다.

사장님에게는 올바른 결정을 내리는 정확성도 필요하지만, 무엇보다 트렌드를 읽고 빠르게 추진하는 실행력이 필요하다. 흔히들 오래 고민해야 신중한 것이고 올바른 결정을 할 수 있다고 생각하는데, 사업은 고민만 한다고 해서 옳은 선택인지 알 수 없다. 일단 실행해야 결과를 알 수 있다. 판단은 시장의 몫이기 때문이다.

사업은 정답이 있는 시험지가 아니다. 사업이라는 시험지의 채점자는 오직 소비자일 뿐이므로, 정답과 오답이 나올 확률은 반반이다. 주변에서 반대하는 아이템이었다 하더라도 장사가 잘되면 정답이고, 트렌드에 편승해 따라 했는데 장사가 안되면 오답이다. 어쨌거나 사장님이 고민만 하면 채점 받을 기회 자체가 없다. 일단 소비자에게 제품을 내놓아야만 오답을 정답으로 바꿀 기회도 오는 것이다. 정답과 오답은 사장 하기 나름이다.

나는 떠오르는 아이디어나 아이템이 있으면, 실현 가능한지 알아보고 가능성이 있다면 밤을 새워서라도 일을 추진한다. 이것저것 너무 깊게 고민하지 않고, 이거다 싶으면 일단 판을 벌린 다음에 일이 되게끔 채워 나간다.

처음 가게를 열었을 때는 시간적 여유도 있었고, 나름 완벽하게 준비했다고 생각했다. 그런데 막상 뚜껑을 열어 보니 상상했던 것과는 차이가 컸다. 그때 느꼈다. 완벽하게 준비되지 않더라도 일단 시작해보고 고객들의 반응을 체크하면서 수시로 수정해 나가야 한다고 말이다.

샌드위치 레시피를 개발한다고 가족이나 지인에게 맛보여 봤자, 정확한 피드백을 들을 수 없다. 객관성 있는 손님들에게 피드백을 받고 빨리 보완하는 것이, 사업의 안정화를 위해서는 오히려 더 빠른 방법이다.

사업을 하면 할수록 사업의 미래는 경영 방식에 있는 게 아니라, 결정 속도에 있음을 절감한다. 많은 사장님들이 "이렇게 했다가 실패하면 어떡하지?" 하는 생각 때문에 과감하게 결정을 내리지 못한다. 지금도 크게 나쁘지 않은데 군이 변화를 꾀했다가 낭패를 볼까 봐 두려워한다.

하지만 급격히 변하는 시장에서 빨리 결정을 내리지 않으면 경쟁사에 금세 밀리기 마련이다. 사업체 규모를 떠나 늘 이슈를 탐색하고 소비자의 피드백을 겸허히 수용 및 보완해 나가는 자세가 필요한 이유이다.

🍽 기회는 움직이는 자에게 온다

다시, 성공한 사람들 이야기로 돌아가 보자. 그들은 단지 운이 좋았던 걸까?

사람들은 내게 운이 좋았다고들 한다. 첫 사업부터 대박(?)이 나서 각종 매스컴에도 나오고 연 매출도 해마다 상승했으니 그럴 만도 하다. 사실, 창업 2년 만에 괄목할 만한 성장을 이루었으니 운도 어느 정도 좋았을 것이다. 그래서 나도 처음에는 그 말을 아무 생각 없이 받아들였다.

그러나 곰곰이 따져 보니 "운이 좋았다."라는 말로 내 사업을 평가하는 것은 그동안 들였던 노력의 가치를 깎아내리는 느낌이다. 나는 퇴사를 결심했을 때부터 곧바로 도전할 대상을 찾아 나섰다. 현실에 안주하지 않고 고민을 거듭했다. 메이랩을 열기로 결정한 이후에는 온몸으로 부딪치며 창업을 배웠다. 하루 15시간 이상 육체적, 정신적인 노동을 쏟아부었다. 그때부터 나는 이미 변화에 빠르게 대처하기 위해 피보팅을 하고 있었다.

그저 보기에는 매출도 높고 직원과 매장을 두고 있으니, 나는 가만히 앉아 정산이나 하고, 편하게 '사장님' 소리 들으며 돈 버는 줄 안다. 그러니 쉽게 "운이 좋았다."라고 이야기할 것이다. 하지만 운은 목표를 위해 끊임없이 움직이는 사람이 잡는 것이다.

일이 되게 만들려고 나는 여기저기 알아보고, 쉬지 않고 공부하며, 부단히 움직였다. 그러는 사이에 나는 고민을 끝내고 빨리 결단했을 뿐이다. 그 후에도 가만히 있지 않았고 결단을 정답으로 만들어내기 위해 또다시 움직였다. 백조가 호수에 우아하게 떠 있기 위해 물속에서는 끊임없이 두 발을 움직이는 것처럼 말이다.

창업에는 공식이 없다. 라면을 맛있게 끓이는 법도 결국 먹을 사람이 직접 끓여봐야 안다. 물은 얼마나 넣을지, 면은 몇 분을 삶을지, 수프를 먼저 넣을지 면을 먼저 넣을지 등등 직접 경험해야 알 수 있는 것처럼 창업도 인생도 그렇다.

모든 것이 빠르게 변하는 지금, 고민만 하다가는 아무것도 손에 들어오지 않는다. 경기 상승세가 아닌 하락세인 요즘은 더욱 그렇다. 몸을 왼쪽으로 틀었다가, 아니다 싶으면 재빨리 오른쪽으로 틀어야 한다. 그렇게 계속 움직여야 기회를 잡을 수 있다. 그 기회를 잡고 올라갈지, 아무것도 하지 않아서 그대로 사라질지는 온전히 사장님에게 달렸다.

장사는 실전이다

　나는 직장 생활을 20년쯤 하다 보니 웬만한 변수도 통제할 수 있다는 자신이 있었다. 그러나 입사 초를 돌아보면 서툴고 당황스러웠던 일이 한두 가지가 아니었다. 어디 회사뿐이랴! 결혼도 육아도 시작할 때는 자신만만했건만, 살다 보니 예측 못 한 상황에 부딪힌 적이 한두 번이 아니었다. 나 혼자서 아무리 계획을 잘 세웠어도 모든 변수가 통제되는 것은 아니었다.

　아이라는 존재는 특히 더 그랬다. 책에는 아기에게 수면 교육을 하면 백일쯤 지나 통잠을 잔다고 나와 있는데, 현실은 전혀 그렇지 않았다. 먹이고 재우는 데 문제가 없었는데 아기가 갑자기 아프기도 했다. 복직하고 나서는 양육 문제를 놓고 또 얼마나 많은 일들이 있었는지! 아무리 계획을 철저히 세워도 뜻대로 되지 않았다.

육아에 있어 계획은 크게 중요하지 않았다. 내 계획과 아이 계획은 전혀 달랐으니까.

3년 전, 내 첫 강의에 등록한 수강생 가운데 지금까지 창업 공부 중인 분이 있다. 그분은 3년 전에도 창업을 원해서 내 강의를 들었으나 아직도 부족함을 느껴 여전히 공부 중이란다.

이처럼 창업을 고민하면서 막상 실행에 옮기지 못하는 사람들을 더러 본다. 아무래도 첫 사업인 만큼 좀 더 꼼꼼하게 준비하고 싶은 마음에서도 그렇겠지만, 고민이 너무 많거나 추진력이 약해서 그런 경우가 많다.

내 수강생들 역시 처음 수업을 들을 때는 완벽하게 갖춘 상태에서 창업을 시작해야 한다고 생각한다. 물론 아이템에 대해 면밀히 조사하고 시장조사도 충분히 한 다음 창업을 해야 하지만 디데이를 정했으면 더는 고민하거나 불안해하지 말고 일단 정해진 날에 오픈해야 한다.

적당히 갖춰진 상태에서 실력이 부족하다며 창업을 미루는 것은 어리석은 일이다. 완벽해질 때까지 기다리겠다는 것인데, 그런 순간은 오지 않는다. 아무리 이런저런 시뮬레이션을 돌려보고, 완벽해지기 위해 연습한다 해도 막상 뚜껑을 열어 장사를 시작해보면 생각했던 것과는 많이 다른 현실이 펼쳐진다. 상상하지 못했던 변수들이 많다는 걸 실전에서 깨달을 것이다. 어떤 변수들이 있는지 하나하나 살펴보자.

🔔 변수 1. 부당 이득을 취하려는 사람

샐러드 매장을 열기 위해 상가에 인테리어를 진행하던 M 씨. 인테리어 업체와 계약을 마치고 시공을 하는데, 테이크아웃 창문 쪽 철판이 복도 쪽으로 2cm 정도 튀어나와 민원이 들어왔다는 상가협회 회장의 연락을 받았다. 상가협회 회장의 제지로 인테리어 작업을 진행할 수 없었다. 하는 수 없이 M 씨는 상가 입주자 관리인과 협의하려고 했지만, 관리사무소 역시 상가협회 회장과 합의를 보라는 답변만 내놓았다.

이에 M 씨는 관할 시청 건축과 및 환경과에 문의했고, 그 정도 요철은 넘어가는 게 일반적이라는 답변을 받았다. 다만, 시청 측에서는 민원이 들어오면 경고나 제지를 가할 수밖에 없는 입장이었다. M 씨가 이를 상가협회 회장에게 이야기했더니, 상가 발전기금으로 100만 원을 내면 눈감아주겠다는 어이없는 말이 돌아왔다.

이런 경험이 없었던 M 씨는 여기저기 수소문해 보았다. 그런데 다들 관행이니 그냥 100만 원을 줘 버리라고 이야기하는 것이었다. M 씨는 화도 났고 부조리에 순응하는 것은 아니라고 생각했다. 그는 나중에 민원이 들어오면 그때 뜯어 고치는 한이 있더라도 일단 인테리어 작업을 재개하기로 결심했다. 그 후 인테리어를 진행했지만 2cm 튀어나온 요철 때문에 들어온 민원은 없었다. 상가협회 회장은 몇 주 뒤 직책을 박탈당했다.

공용면적에서 시설물이 조금 튀어나오는 경우, 상가 입주자들의

80% 이상에게 사용동의서를 받으면 상관이 없다. 사업을 시작하기 전 어떻게 이런 상황까지 예측할 수 있겠는가? 물론 인테리어 공사가 지연되는 바람에 수입도 없이 월세 2주 치를 그냥 내야 하는 손해가 있었지만, M 씨에게는 창업 수업료를 지불한 셈이었다.

🍲 변수 2. 내게도 90년대생이 왔다!

직장에서 연차가 쌓일수록 신입과의 나이 차이는 점점 벌어진다. 퇴사하기 전, 나도 90년 이후에 출생한 신입 직원과 잠깐 일할 기회가 있었다. 그때 나는 이래서 '꼰대' 소리를 듣는구나 했다. 나와 직접 일로 만날 기회는 없었지만 신입 직원의 회사 생활을 보며 속으로 깜짝 놀랐던 적이 한두 번이 아니었다.

첫 번째는 칼출근, 칼퇴근이었다. 선임이나 상사가 야근을 해도, 자기 업무가 끝났다며 칼퇴근하는 신입 직원의 모습은 놀랍다 못해 멋있어 보였다. '라떼'는 그런 문화가 없었기에 신선한 충격이었다.

두 번째로 놀란 것은 거침없는 지적이었다. 대개 신입사원은 회사 생활 전반에 관한 것이며 업무 등에서 늘 배우고 흡수하는 단계라 딱히 불만을 토로하거나 문제를 지적하는 모습을 잘 보이지 않는다. 그런데 그 90년대생 신입은 회사 생활에 불만이 있거나 부조리하다고 느껴지면 이를 곧바로 표현했다. 선임은 어린 신입을 어떻게 대해야 할지 몰라 난감해했고, 나는 곧 퇴사할 거라 상관없는 일이라며 수수방관(?)했다.

그런데 창업을 하고서는 얘기가 달라졌다. 내게 90년대생이란 아르바이트생과 손님 두 부류로 나뉘게 되었다.

임홍택 저자의 《90년생이 온다》는 출간 직후 큰 반향을 일으켰다. 90년생들은 IMF 직격탄을 맞은 70년대생들과 상시 구조조정의 가능성을 피할 수 없었던 80년대생들의 모습을 보고 자라왔기에 비교적 안정적인 삶을 살기 원한다고 저자는 말한다.

그런 점에서 내 생각은 좀 다르다. 60년대생이 일구어놓은 정치적 자유, 70년대생이 쟁취한 경제 성장, 80년대생이 이룩한 문화 혁신 등 90년대생은 선배 세대들이 이뤄낸 변화의 혜택을 받으며 자라온 세대라 자신감이 넘치는 것으로 느껴진다.

물론 90년대생들 역시 아픔은 있다. 어린 시절 IMF를 겪고 가정 경제가 휘청거린 모습을 그들은 어렴풋이 기억할 것이다. 그러나 곧이어 국민의 단결된 노력으로 IMF 위기를 극복하고 월드컵이라는 큰 행사를 잘 치러내는 모습을 보면서 어느 세대보다 높은 자신감이 생겼을 것이다.

월드컵을 성공적으로 치러낸 것처럼 우리의 국민성도 한 차례 성장했다. 일만 하던 대한민국 사람들이 워라밸을 외치기 시작했고 주 5일제가 도입되고 안정화된 뒤 90년대생은 대학에 입학하거나 경제 활동을 시작했다.

90년대생들은 어린 시절부터 인터넷을 접했기 때문에 속도전에 특화되어 있다. 자라온 환경 자체가 길고 지루한 것을 참을 수 없는 환경이었다. 그들은 자신을 표현하는 데 거침이 없는 성격과 맞물려 인터넷으로 다양하게 개성을 드러내기 시작했다.

나는 사회학자가 아니므로 이렇다, 저렇다 분석하는 것은 큰 의미가 없을지 모른다. 분명한 것은 내가 물건을 팔아야 할 대상이 80~90년대생, 즉 MZ세대라는 점이다. 특히 내 손님인 그들이 맛(또는 제품)을 평가한 뒤 인터넷 개인 공간, 나아가 모두가 모이는 공간에 표현하는 것에 거침이 없다는 사실은 내게 독이 될 수도 득이 될 수도 있다.

2020년 초, 코로나19가 무섭게 확산되는 사이 자영업자들 매출은 반 토막이 났다. 월세는커녕 식자재값 내기도 버거운 상황이었다. 그때 한 치킨집에서 일본의 '우동 한 그릇' 사건과 유사한 일이 일어났다. '우동 한 그릇' 사건이란 매년 섣달 그믐, 일본의 한 소바집에 가난한 세 모자가 와서 소바 1그릇을 시켜 나눠 먹는 것을 보고 이를 안쓰럽게 여긴 사장님이 반 그릇 분량을 몰래 추가해주었고 그것도 모자라 그들이 앉을 자리를 매년 예약석으로 비워두었다는 아름다운 이야기이다. 동명의 책으로도 소개된 이 에피소드는 '선행의 대명사' 같은 이야기로 회자되고 있다.

코로나19의 치킨집 이야기는 이렇다. 두 형제가 한 치킨 가게 앞에서 서성이고 있었다. 사장님이 형제 이야기를 들어보니 형제는 치킨을 먹고 싶었지만, 주머니에 5천 원밖에 없어서 망설이고 있었다. 이를 안쓰럽게 여긴 사장님은 두 형제를 가게로 들이고 치킨 두 마리를 대접했다. 그 뒤 철부지 동생이 형 몰래 치킨 가게를 더 찾아갔고, 사장님은 그때마다 치킨을 공짜로 내주었다.

치킨 가게 사장님의 선행은 그 형의 편지로 세상에 알려지게 되었다. 놀라운 일은 그때부터였다. 자영업자뿐만 아니라 국민 대부분이 한 번도 겪어 보지 못한 팬데믹으로 힘들어하고 있던 그때, 치킨집 사장님은 '돈쭐(돈과 혼쭐의 합성어)'이 나게 된 것이다. '돈쭐 문화'는 MZ세대에서 비롯된다. MZ세대의 주축에 바로 1990년대 생이 있다.

그들은 착한 기업을 추려내고 이들에게 돈쭐을 내는 소비 행태를 보이고 있는데 이런 태도를 '미닝아웃meaning out'이라고 한다. 신념을 뜻하는 미닝meaning과 숨겨왔던 것을 공개적으로 밝힌다는 뜻의 커밍아웃coming out을 합성한 말이다. MZ세대의 소비 행태는 자신의 존재감을 드러내는 데 거침이 없다. 돈을 쓰는 데도 소신이 있어서 나쁜 마인드를 가진 기업이나 서비스, 경영 마인드가 좋지 않은 곳이 있다면 가차 없이 보이콧을 한다.

우리 세대는 오른손이 하는 일을 왼손이 모르게 하고, 음식 장사는 맛만 좋으면 된다는 가치관을 지녔다. 그러나 내 주요 고객은 우리 세대와 전혀 다른 가치관을 지닌 세대다. 이들을 손님으로 맞이하기 위해서는 제품은 물론이고 서비스와 사장님의 마인드, 심지어 성품조차 장사의 성패를 판가름하는 큰 변수가 될 수 있음을 기억할 필요가 있다. 게다가 그런 것들은 연습할 수도 없고, 미리 준비한다고 드러나는 것도 아니다.

장사는 사장님이 손님에게 재화를 주고, 화폐를 얻는 거래 관계이다. 화폐를 얻으려면 '가심비'에 만족할 만한 재화를 주어야 한다. 가심비란 가격 대비 마음의 만족, 심리적 만족감을 중시하는 소비 형태를 말하며 가성비에서 파생된 말이다. 최근에는 가성비를 넘어 가심비를 찾는 소비가 트렌드가 되었다. 우리의 주요 소비자가 90년대생이라면, 우리는 그들의 가심비를 충족시켜야 한다. 어떻게 해야 할까? 그들을 직접 겪어보는 수밖에 달리 방법이 없다.

메이랩을 열기 전, 나는 사업 경험도 없었고 요리를 전공하지도 않아서 요즘 세대의 감각적인 트렌드를 전혀 몰랐다. 그러나 메이랩을 열고 나서는 "요즘 트렌드를 모르면 시장에서 금세 도태되겠구나." 하는 정도는 느끼게 되었다. 그러고는 실전에서 경험을 쌓았다. SNS나 여러 매체를 적극적으로 활용해 그들의 트렌드를 이해하고 나아가 선점하려고 했다. 막상 그들의 문화를 접하고 보니 실제로 겪지 않고는 전혀 알 수 없는 것들이었다.

장사에서 있을 이런 변수에 빨리 대처하고 문제를 해결하려면, 장사를 최대한 빨리 작게 시작해야 한다. 경험이 쌓여 곧 자산이 되기 때문이다.

 창업을 위한 조언 한마디

코로나 팬데믹 이후 소비 시장은 정해진 답이 없이 수시로 바뀌고 있습니다. 정답을 찾은 뒤 창업하려고 하면 이미 늦습니다. 제품을 출시한 뒤 시장의 반응을 보면서 방향성을 수정해 나가는 것이 낫습니다. 정확성보다는 빠른 추진력이 더 중요한 때입니다.

2장

성공하는 창업 공식
5단계

1단계, 아이템 선정

창업의 시작은 아이템 선정이다. 아이템 선정 시 가장 중요한 기준은 내가 좋아하는 것이냐이다. 그다음으로 생산성과 효율성, 재고관리, 시장성 등을 따져보고 아이템을 선정한다.

어떤 아이템으로 창업할지 고민이 될 때, 보통 창업박람회나 지인 추천, 인터넷 검색 등을 활용한다. 그러나 다른 사람이 잘된다고 해서 나까지 잘된다는 보장은 없다. 홍수처럼 쏟아지는 창업 정보 속에서 내 마음에 쏙 드는 아이템을 찾는 일은 사막에서 바늘 찾기나 다름없다. 이럴 때는 오히려 자기 안에서 아이템을 찾는 것이 좋다. 평소 자기가 잘하는 것, 좋아하는 것, 재미있어 하는 일이 무엇인지 살펴야 한다.

아이템을 선정할 때 어렵고 막연하게 느껴지는 이유는 잘 몰라서이다. 다른 사람이 돈을 잘 번다니까 "나는 잘 모르지만 배워서 하면 되겠지."라고 생각하기 쉬운데 이는 큰 오산이다. 해산물을 잘 모르는 사람이 전문성을 요하는 아구찜 전문점을 차리기로 했다고 생각해보자. 메뉴 하나를 제대로 배우는 데만 6개월 이상 걸린다. 생선의 생태와 제철은 물론이고, 바다 생태까지 신경 써야 하기 때문이다. 맛과 서비스가 자리를 잡는 데도 시간이 걸릴 것이다.

창업 아이템을 선정할 때는 트렌드도 중요하지만 평소 자신이 좋아하거나 자신 있는 분야인지, 호감을 느끼는 것인지가 기준이 되어야 한다. 오랫동안 사업을 할 수 있는 원동력은 바로 거기서 나오고, 그런 힘이 있어야 성공에도 가까워진다.

📍 좋아하는 것을 찾는 스토리텔링 기법

자신이 무엇을 좋아하는지, 어떤 분야에 적합한지 잘 모르겠다면 스토리텔링을 해보자. 메이랩을 오픈할 때 내가 적어둔 메모를 공유하니 스토리텔링에 참고하길 바란다.

나는 요식업 창업이 적합한 사람일까?

나는 평소 예민한 체질 탓에 바깥 음식을 잘 먹지 못한다. 입맛이 까다로워 못 먹는 음식도 많다. 눈으로 확인되지 않은 식재료를 사용한 만두나 소시지 같은 음식은 잘 먹지 않는다. 외식을 거의 하지 않고 집에서 직접 만들어 먹는 일이 많다. 요리를 잘한다고 자신할 수는 없지만 나와 가족들이 먹어야 하는 식재료를 까다롭게 선별할 줄 안다. 요리하는 시간이 지겹거나 힘들지 않다. 오히려 맛있고 건강한 음식을 나와 가족이 먹게 될 생각을 하면 즐겁기만 하다.

도라지청을 판매하게 된 수강생 이야기

어릴 때부터 기관지가 약해서 어머니가 계속 도라지 달인 물을 먹였다. 성인이 된 후 도라지 덕분인지 환절기에도 끄떡없이 건강히 지낼 수 있었다. 도라지 효능에 대해 자신이 있는 만큼 깨끗하고 맛있는 도라지청을 만들어 많은 사람들이 건강해지면 좋겠다.

이런 식으로 자신에 대한 이야기를 하나씩 끄집어내 보자. 누구나 자신만의 콘텐츠를 지니고 있고, 이야기가 없는 사람은 없다. 요식업도 분야가 무수히 많다. 어떤 음식에 추억이 있는지 자기 자신을 들여다보라. 음식이 아니어도 상관없다. 내면이 하는 이야기에 귀 기울이면 자신이 만들기를 좋아하는지, 꾸미는 것을 좋아하는지, 뭔가 키우는 것을 좋아하는지 보일 것이다.

📍 유행을 덜 타는 것이어야 한다

장사는 돈이 흐르는 냇물이다. 장사를 하겠다고 마음먹은 뒤 아이템을 선택할 때 어느 냇물로 뛰어들어야 할까? 오래도록 헤엄쳐도 질리지 않는 냇물로 뛰어들어야 한다. 물고기가 많은 냇물을 따라 하겠다고 주변 경관과 상관없이 인공적으로 호수를 만들면, 그물은 강으로 흘러가지 못해 결국 썩고 만다.

오래도록 헤엄쳐도 질리지 않으려면 유행을 타지 않는 아이템이 좋다. 트렌드 주기가 갈수록 짧아지고 있고, 특히나 요즘처럼 변화의 주기가 짧을 때는 유행을 덜 타는 아이템이 좋다. 젊은 세대는 변화에 곧잘 적응하지만, 나이가 들수록 변화의 속도를 맞추기가 쉽지 않아서 유행에 덜 민감하다. 창업 시장에서 5년 이상 20년까지 살아남는 업종은 유행을 타지 않는 아이템들뿐이다.

요식업에서는 돈가스나 김밥, 국밥 등이 유행을 타지 않는 대표 아이템이다. 돈가스는 남녀노소 누구나 좋아하는 메뉴이고, 김밥은 언제든 간편하게 먹을 수 있다. 그렇다고 이 메뉴들 가운데 아무거나 하나 골라 무턱대고 창업하라는 이야기는 아니다. 당연히 다른 가게와 차별화를 두어야 한다.

메이랩 주요 메뉴는 샌드위치였지만 샌드위치가 다는 아니었다. 거기에 들어가는 모든 재료 하나하나가 매출을 올리는 데 중요한 몫을 했다. 샌드위치 하면 식빵 하나만 잘 고르면 된다고 생각하겠지만, 식빵은 물론이고 마요네즈 하나에도 신경을 썼다. 식빵만 해도 공부할 게 얼마나 많은지 모른다. 나는 식빵 외에도 치아바타, 크루아상, 베이글, 바게트 등 빵에 관한 한 전문가 수준으로 공부했다.

스프레드도 마찬가지로 나는 시중에서 파는 것을 쓰지 않고 직접 만들어 사용했다. '수제' 샌드위치라고 당당하게 홍보할 수 있었던 건 그래서였다. 채소 역시 그날그날 신선한 채소를 공수했는데 그것은 지금도 변함이 없다. 이런 것들은 겉으로 보이지 않는 작은 차이이지만, 품도 노력도 무척 많이 든다. 그런데도 이 차이를 고수하는 것은 수많은 경쟁 업체 사이에서 돋보이기 위해서이다.

한때 '대만 카스테라' 체인점이 우후죽순 생겨난 적이 있다. 달걀, 밀가루, 우유, 설탕 외에 아무것도 넣지 않은 건강식품이라는 콘셉트로 홍보한 결과 좋은 반응을 얻었다. 게다가 폭신한 카스텔라는 중년들의 향수를 자극했고, 젊은 세대에게는 새로운 간식으로 급부상하며 전국에 프랜차이즈가 속속들이 세워졌다. 그런데 한 방송사 음식 고발 프로그램에서 '대만 카스테라'에 첨가제가 들어갔다고 보도하는 바람에, 이 제품은 소비자의 신뢰를 잃기 시작했다.

사실 빵에 식용유와 일부 첨가제가 들어가는 것은 어쩔 수 없는 일이다. 하지만 이를 건강식품이라고 홍보한 업체의 잘못된 마케팅이 오히려 부메랑이 되어 직격탄을 맞은 것이다. 이를 계기로 유행을 좇는 프랜차이즈 관행에 자성의 목소리가 생기기 시작했다.

진입 장벽이 낮다는 것은 창업하기는 쉽지만 그만큼 경쟁자가

메이랩 오픈 당시의
수제 샌드위치

메이랩 샌드위치를 돋보이게 한
수제 스프레드들

많다는 뜻이기도 하다. 카스텔라 전문점은 별다른 기술 없이 빠르게 오픈할 수 있고, 재고관리에 큰 어려움이 없다는 면에서 매력적인 아이템이긴 했다. 문제는 별다른 특색 없이 카스텔라 하나만 판매하는 체인점이 우후죽순 생긴 것이었다. 이미 있는 아이템으로 오픈한다 하더라도 자신만의 메뉴를 개발하고 같은 업종, 다른 매장에서 볼 수 없는 특장점으로 차별화를 시도할 필요가 있었다.

📍 단가가 높아 마진율이 높은 아이템

작은 가게를 연다면 더더욱 단가가 높고 마진율이 높은 아이템을 선택하는 것이 좋다. 가게 특성상 대량 생산이 힘들기 때문이다. 적게 팔더라도 마진율이 높으면 수익이 높다. 메이랩 샌드위치는 '수제'라는 프리미엄으로 마진율을 높였다. 서브웨이도 매장 직원이 만드는 것은 마찬가지이지만, 메이랩에 특별히 '수제'라는 단어를 붙여 판매하는 것은 공장에서 대량으로 납품되는 빵이나 스프레드를 사용하는 것이 아니기 때문이다. 직접 조합한 스프레드와 신선한 재료 등으로 그때그때 만들어 고객에게 드린다.

고객들은 상품성을 비교하며 선택하기 때문에 '수제'인지 아닌지 금방 안다. 그리고 '수제'의 가치를 느끼면 동일 제품보다 비싸더라도 그만큼의 가치가 있다고 판단하고 구입하는 것이다. 단가가 다소 높더라도 그만큼의 품질이 느껴지는 제품이라면 고객들은 비싼 가격을 수긍하고 기꺼이 지불한다. 그런 제품에 '핸드메이드' '수제' '유기농' '소량 생산' '당일 생산' '한정 수량' 등의 키워드가 붙는다면 제품의 가치는 더 높아 보인다.

📍 자신만의 분명한 기준

창업 아이템을 선정할 때 자신만의 분명한 기준이 있어야 한다.

나만의 기준을 확고히 해야 조금 더 명확하게 시작할 수 있고, 선택할 때 흔들림도 덜하다. 무엇보다 오랫동안 장사를 유지하는 게 중요한데, 기준점을 분명히 잡아야 그게 가능해진다. 나도 그랬다. 아무래도 직장 생활에 적응된 몸이어서 너무 늦은 시간까지 일해야 하는 아이템이라면, 내가 오래 버틸 수 있을 것 같지 않았다.

나처럼 "밤늦게까지 일하는 것은 싫다."라는 기준이 있다면 술을 파는 장사는 힘들다. 반면 아침 일찍 일어나는 것이 힘든 사람은 저녁 장사를 해도 무방한 아이템을 고르면 된다. 이를테면 선술집이나 호프집, 피시방 등이 그렇다. "요리 실력이 부족하기 때문에 메뉴가 너무 많으면 안 된다.""주말에 하루는 꼭 쉬고 싶다." 하면 학교 앞이나 회사가 많은 곳에서 팔릴 만한 아이템을 생각하면 된다.

 메이랩 꿀팁

[창업 아이템 선정 기준]
- 내가 좋아하는 것이어야 한다.
- 유행을 덜 타는 것이어야 한다.
- 단가가 높아 마진율이 높은 아이템이어야 한다.
- 자신만의 분명한 기준을 세워야 한다.

2단계, 고객층 선정

  똑같이 열정을 가지고 사업을 하는데, 왜 누구는 실패하고 누구는 성공할까? 보편적 경제 성장이 이루어지고 있을 때는 특별히 깊은 고민을 하지 않아도, 그러니까 일단 장사를 시작하기만 해도 밥벌이 혹은 그 이상이 되었다. 하지만 지금은 아무리 대학을 나오고 심지어 박사학위를 받았다 해도 장사에 실패할 수 있는 상황이다.

  정부에서는 대기업의 흥망성쇠에 비교적 많은 관심을 기울이고 좀 더 많은 대책을 마련하는 게 사실이다. 소기업이나 그보다 작은 영세 자영업자들에 대한 정책은 중구난방일 때가 많고 배려도 부족하다. 이런 열악한 환경에서 작은 가게가 살아남는 중요한 비결은 고객층을 정확히 하는 것이다.

📍 고객층은 다섯 살 단위로 세분하라

창업 후 자력으로 살아남는 것을 넘어서서 성공을 거두려면, 고객층 선정이 매우 중요하다. 창업 아이템을 선정했다면, 그 가치를 알아봐 주고 기꺼이 값을 지불할 고객을 선정해야 한다. 이를테면 샌드위치를 팔더라도 메인 고객을 남자로 하느냐, 여자로 하느냐에 따라 조리법이 달라진다. 여자 회사원이 많은 상권에서 샌드위치를 판다면, 맛도 좋고 먹기도 편하면서 예쁘기까지 해야 한다. 반면 남성을 주 고객층으로 삼는다면 고기가 들어가야 하고, 한식 입맛에 맞추는 게 좋고, 양도 푸짐해야 한다.

그러나 요즘은 고객층을 단순히 남녀로만 구분하는 것은 맞지 않다. '남녀'라는 범위는 너무 광범위하기 때문이다. 연령대별로 성향과 경제적 수준이 다르므로 고객층은 다섯 살 단위로 세분해 공략해야 한다. 사람이 많은 광장 한복판에서 "여자분 손들어 보세요." 했을 때 절반이 손을 든다면 "아이를 키우고 있는 30대 여자분 손들어 보세요." 했을 때 손을 드는 사람은 절반 아래로 떨어질 것이다.

그럼 이런 의문이 들지 모른다. 이렇게 세분화해서 고객을 선정하면 매출이 줄어들지 않을까? 남녀노소 누구에게나 팔아야 수입이 늘지 않을까? 그렇지 않다. 고객층을 광범위하게 잡으면 정체성이 모호해져서 오히려 매출이 줄어든다. 다트로 그 이유를 생각해보자.

다트판은 20개로 쪼개져 있는데 점수 위치는 순서대로가 아니다. 화살을 던져 운이 좋으면 높은 점수를 받지만, 바로 옆 칸은 낮은 점수다. 가능한 한 많은 고객층을 품겠다는 야심으로 장사를 시작하는 것은 이런 다트판에 화살을 던져 높은 점수를 얻으려는 것과 같다. 고객층이 광범위한데, 언제 어떤 손님이 올지 어떻게 알 수 있겠나? 고객층이 광범위하면 메뉴는 물론이고 인테리어나 마케팅 같은 세부적인 것도 모호해질 수밖에 없다.

반면 같은 크기의 다트판이라도 구획을 다섯 개로만 나누면 원하는 숫자를 맞히는 게 훨씬 쉬워진다. 어떤 상권이든 주된 고객층이 있기 마련이다. 만약 초등학교 앞에 분식집을 차리면서 어른 손님까지 받겠다고 떡볶이를 아주 맵게 만든다면 메인 고객층인 아이들이 가게를 방문할 수 있을까?

하나의 아이템으로 메인 고객층을 좁은 범위 안에서 정하는 것을 '시장 세분화'라고 한다. 시장 세분화는 마케팅에서도 가장 기본적인 마케팅 기법으로 알려져 있다. 내가 팔 물건을 살 사람(수요)을 세분화 혹은 단편화해야 대상을 파악하고 근접하기가 쉽다. 그들의 속사정과 심리를 잘 알아야 물건을 잘 팔 수 있지 않을까?

고객을 확실히 파악해두면 다른 가게와 차별화 전략을 세울 때도 용이하고, 충성 고객도 많이 확보할 수 있다. 특히 작은 가게는 충성 고객이 많을수록 좋다.

📍 효과 만점 시장조사 방법

시장조사는 아이템, 상권 등을 파악하기 위해 해야 하지만, 수요조사 때문이라도 별도의 고객층 시장조사는 필수다. 시장조사라는 말이 거창하게 들릴지 모르겠다. 대기업에서나 하는 과정일 거라 생각하며 기껏해야 주변 지인 또는 공인중개사에게 물어보는 정도로 시장조사를 마치는 경우가 많다.

그러나 작은 가게도 사업은 사업이므로 시장조사를 대충 넘어가서는 안 된다. 장사를 처음 시작할 때는 경험이 없기 때문에 초심자의 마음으로 시장조사를 해보자. 시장조사를 하다 보면 아이템에 차별화를 둘 수 있는 지점들이 눈에 들어올 뿐만 아니라, 자기사업에 대한 애착도 한층 커진다.

가령 '샐러드 김밥'이라는 메뉴를 팔기로 했다고 가정해보자. 이 김밥을 누가 가장 좋아할지, 어디서 많이 팔릴지, 어떤 사람이 많이 먹을지 상상해보는 것이 시장조사의 첫걸음이다. 이렇게 주 고객층을 하나의 가상 캐릭터로 구상하는 것을 페르소나persona 기법이라고 한다.

샐러드 김밥의 고객 페르소나를 만들어보자. 주 고객층에 관한 각종 정보를 수집한 뒤, 몇 명의 페르소나를 만들 것인지 정한다. 이어서 각 페르소나에 대한 캐릭터를 구체적으로 묘사할 수 있어야 한다. 일단 2명의 고객 페르소나를 다음과 같이 만들어보았다.

[샐러드 김밥 주 고객층 분석]

▨ 김○○(22세) ------> 가상 이름과 개인 정보
  - 직업: 대학생 -----> 조사한 직업 가운데 가장 많은 직업군
  - 일상: 취업 준비와 시험 준비 등으로 매우 바쁨.
  - 설명: 균형 잡힌 식단을 만들기 어려워서 고민하고 있음.
  - 특징: 샐러드 김밥 고객층으로 유효하나 아직 경제 활동을 하지 않고 있음.

▨ 박○○ (27세)
  - 직업: 회사원
  - 일상: 코로나19로 도시락을 싸 와서 혼자 먹는 일이 많아짐.
  - 설명: 아침잠이 많은 편이라 출근 시간에 도시락 싸는 것을 힘들어함. 다이어트를 원하나 시간이 없는 상황.
  - 특징: 자신에게 투자하는 것을 아까워하지 않는 소비 성향을 보임.

이렇게 고객층을 가상의 캐릭터로 구축하는 과정에서, 최소 5명 이상 대면 인터뷰를 실시하고 소셜미디어, 설문조사 등 양적으로 충분히 연구해야 한다. 가족이나 친인척을 포함한 지인 가운데 메인 고객층이 있다면 양해를 구하고 그들의 하루를 좇는 관찰 연구도 좋은 방법이다.

고객층 분석을 통해 샐러드 김밥을 판매할 대상은 22세 김모 씨보다 27세 박모 씨가 적합하다는 결론에 이른다. 주요 고객층이 정해졌으면 27세 박모 씨가 많은 회사 주변에 가게를 차리기로 정한

다. 그런 다음, 그들이 주로 어디에 돈을 쓰고 시쳇말로 어떤 것에 '꽂히는지' 소셜미디어나 언론 기사 등을 통해 흐름을 파악할 필요가 있다.

⑪ 시장을 좁히는 게 왜 중요할까?

시장을 세분화하는 것은 어떤 업종이든 이제 필수가 되어 버렸다. 고객들의 욕구는 점점 다양해지고 경쟁은 심화되고 있기에 그렇다. 요즘처럼 시장 상황이 급변하는 때일수록 고객층이 세분화된 업체는 변화에 빠르게 대처한다. 변하는 시장 수요에 발맞추어 고객층을 세분화하는 것을 STP 전략이라고 한다.

STP 전략은 콘텐츠 시장에서 시작된 것으로 시장 세분화 Segmentation, 목표시장 설정Targeting, 포지셔닝Positioning 세 단계로 이루어져 있다. 시장 세분화란 고객의 성별, 소득 수준, 연령, 지역, 소비 성향, 가치관 등에 따라 시장을 세분화하는 것을 말한다. 목표시장 설정이란 제품의 이미지나 특징에 적합한 시장을 선정하는 것을 말한다. 포지셔닝이란 고객에게 타사 혹은 동종 업계 제품과의 차별성을 각인시킬 수 있도록 마케팅하는 것을 말한다. 이런 STP 전략은 회사가 보유한 자원이 한정적일 때, 특히 내 제품을 선호하는 고객층이 한정적일 때 유효하다.

처음 창업을 하면서 동시에 여러 아이템으로 가게를 내는 사람은 드물 것이다. 쓸 수 있는 예산은 정해져 있는 데다, 작은 가게일수록 마케팅에 큰 예산을 쓸 수 없다. 그래서 주요 고객층을 정확히 잡아야 일관성과 지속성을 가지고 영업을 하고 시장에서 살아남을 수 있다. 내가 팔려는 것과 그것을 살 대상, 즉 소비자들과 지속적인 관계를 유지하기 위해 전략을 세우는 것은 장사의 기본 중의 기본이다. 장사로 이익을 얻으려면 소비자의 니즈를 이해해야 하는데, 그러려면 시장을 좁히는 게 유리하다.

3단계, 콘셉트 정하기

 우리나라에서 한 해 평균 20만 개 음식점이 생긴다. 가게 살림은 갈수록 팍팍해지고 코로나19로 많은 사람들이 힘들어졌지만, 그렇다고 밥벌이를 멈출 수는 없다. 2021년 기준, 중앙부처와 광역지자체를 합쳐 창업에 지원된 사업 예산은 총 1조 5,179억 원으로 전년 대비 662억 원이나 늘었다. 작은 가게 창업도 꾸준히 늘고 있는 추세다. 가히 소자본 창업 전성시대라 할 만하다.

 이렇게 수많은 가게가 생겨나는 와중에 손님을 모으려면 콘셉트가 있어야 한다. 콘셉트concept란 작품이나 제품, 공연, 행사 따위에서 드러내려고 하는 주된 생각을 뜻한다. 가게에서는 메뉴, 인테리어, 서비스 방식, 사장님의 의상 등 가게의 모든 것에서 콘셉트를 드러낼 수 있다.

📍 가게가 100개라면 콘셉트도 100개여야

김포에는 '뱀부카페'가 있는데 대나무와 판다가 인테리어의 주된 콘셉트를 이룬다. 마치 판다가 사는 곳에 잠시 커피를 마시러 온 기분이 들게 하는 카페다. 제주도에는 '그림카페'가 있는데, 마치 그림 속에 들어와 있는 듯한 인테리어로 시각적인 재미를 준다. 아예 그림을 그리면서 커피를 마실 수 있는 드로잉 카페도 젊은 세대들에게 꽤 핫하다.

이 같은 독특한 콘셉트, 특별한 감수성이 요즘 소비자들에게 먹히고 있다. 작은 카페가 스타벅스 같은 거대 프랜차이즈를 이길 수 있는 유일한 무기는 차별화된 콘셉트라 해도 과언이 아니다.

요즘 사람들은 방문할 지역의 맛집이나 명소를 포털 사이트 또는 SNS로 미리 찾아본다. 분위기나 독특함에서 끌리는 매력이 있는지를 살펴본 뒤에 고객들의 맛 평가를 확인한다. 맛이 아주 나쁘지 않다면, 이왕이면 분위기상 뭔가 매력이 있는 매장을 방문하는 것이 요즘의 소비자들이다.

갈치가 특산물인 제주도에는 여러 갈치 전문점들이 있다. 사실 갈치는 메인 메뉴로 찾는 음식은 아니다. 밥반찬 정도의 메뉴로 인식되는 음식이지만, 제주도를 찾는 관광객들은 신선한 갈치 요리를 먹고 싶은 마음에 한 번쯤 갈치 전문점을 찾게 된다. 그런데 수많은 갈치 식당 가운데 갈치를 통으로 구워낸 식당이 있는데, 바로 '춘심이네'다.

갈치는 보통 한 뼘 크기로 잘라 굽는 것이 일반적이다. 그래야 프라이팬에 넣기에도 딱 맞고, 가시 바를 때도 편하다. 그런데 춘심이네는 편견을 깨고 갈치를 통째로 구워 손님들에게 내드렸다. 갈치 한 마리는 1미터쯤 되는데, 전혀 잘리지 않고 통으로 올라온 갈치는 그 비주얼만으로 손님들을 압도한다.

갈치구이는 특별히 요리할 것이 없는 음식이지만, 잘못 구우면 살이 으깨지거나 팬에 눌러붙는다. 실한 갈치를 잘 굽기만 하면 되는데, 이를 자르지 않고 그대로 굽는 것이 그야말로 기술이다. 이 기술이 소비자한테 인상적인 콘셉트가 되면서 춘심이네는 인기를 끌었다.

'마녀주방'이라는 식당이 있는데, 아예 음식과 인테리어를 유령의 집 콘셉트로 만들었다. 링거 팩에 담은 빨간 칵테일, 거미줄 모양으로 데커레이션한 피자, 해골 모양의 달걀프라이 등의 메뉴를 선보인다. 할로윈에 익숙한 10~30대, 공포에 호기심을 갖기 시작한 어린이들을 겨냥한 콘셉트다.

콘셉트는 장사의 주춧돌이다. 음식 조리법부터 공간, 소품까지 유명한 곳을 그대로 베끼는 것보다 자기 가게만의 콘셉트를 연구해 고유의 분위기를 내는 것이 중요한 이유이다.

메이랩 2호점인 영등포구청점 콘셉트는 연회장이다. 고객이 원하는 어떤 장소에서든 연회장 분위기를 낼 수 있도록 그림을 그려보았다. 콘셉트 출발점은 출장뷔페였는데, 출장 요리는 장소에 제한이 있고 인건비도 만만치 않아 고객에게 부담이 될 수 있다. 출

메이랩 2호점의 콘셉트는 연회장이다. 출장뷔페보다 가벼우면서도 연회 분위기를 내도록 했다.

장뷔페보다는 가벼우면서 연회 분위기를 낼 수 있는 방법을 고심한 끝에 생각해낸 것이 케이터링박스였다.

연회 분위기를 낼 수 있는 음식들 가운데 비교적 간편하게 먹는 음식들로 메뉴를 구성하고 음식들을 예쁜 포장 용기에 담아보았다. 그랬더니 조금은 캐주얼한 연회장 분위기가 나왔고, 회사나 학교 등 단체 주문이 많이 들어왔다.

📍 고객의 눈을 사로잡아라

외식업은 음식 맛이 가장 중요하다. 그러나 맛이 전부는 아니다. 사람들 입맛은 지극히 주관적이어서 100% 만족시키기가 어렵다. 그런데 안목은 다르다. 예쁘고 매력적인 것은 누구에게나 예쁘고 매력적으로 보인다. 사람은 정보를 습득할 때 80% 이상 시각에 의존하기에 그렇다. 고객의 눈을 사로잡지 못하면 맛을 선보일 기회도 사라지는 것이다.

아이템을 선정했다면 고객을 사로잡을 만한 콘셉트를 충분히 고심해야 한다. 좋은 향기, 여유 있는 음악, 부드러운 촉감 등을 통해 내 마음은 물론 지나가는 사람의 이목을 끌어당겨 그들의 마음 문을 열어야 한다.

만약 도저히 창의적인 콘셉트가 떠오르지 않는다면, 차라리 끌리는 인테리어나 플레이팅 등을 벤치마킹해 비슷하게 흉내라도 내

자. 설령 그런 경우라 해도, 벤치마킹한 큰 그림을 바탕으로 하고 그 위에 자기 색을 덧입히는 작업은 필수다.

외식업은 메뉴뿐만 아니라 인테리어 트렌드도 있다. 모던한 스타일이나 북유럽 스타일이 유행이었다가, 빈티지가 유행이었다가, 자연친화적인 인테리어가 유행하는 식으로 트렌드가 바뀐다. 요즘은 20세기 중반에 미국 중심으로 유행했던 골드나 실버 포인트의 '미드 센추리 모던Mid-Century Modern' 인테리어가 다시 유행이다.

SNS 시대에 맞게 메뉴는 물론 인테리어 트렌드에 민감해야 하는 것은 사실이지만, 그 전에 고객층 취향에 맞는 인테리어를 고민하는 게 우선되어야 한다. 가령, 20대와 40대는 분명히 다른 감성을 지니고 있기 때문이다.

인테리어 콘셉트를 잡기가 너무 막연하고 어렵다면 창업하고자 하는 아이템이 어떤 분위기와 잘 어울릴지 살펴보자. 일본 전통식을 한다면 시골 마을, 디저트를 한다면 프랑스 가정집 느낌을 벤치마킹하는 것을 고려한다.

인테리어 업체 정하기

◉ 인테리어 콘셉트는 최대한 많이 보라

어떤 일을 하든지, 많이 보고 많이 경험하는 것이 중요하다. 나 역시 메이랩을 오픈하기 전에 예쁘다고 소문난 식당이나 카페를 많이 찾아다녔고 벤치마킹할 부분은 사진을 찍어두었다. 주의할 점은 예쁘다고 이것저것 다 섞어 버리면 콘셉트가 중구난방이 된다는 것이다.

가장 주축이 되는 콘셉트를 정한 뒤 그에 어울릴 만한 요소들을 조합하자. 예를 들어, 한식을 판매하면서 프랑스 가정집 콘셉트로 인테리어를 하고 일본 가정식 식기를 구입한다면, 음식점의 특색은 사라지고 매력도 떨어진다.

인테리어를 위한 스크랩 자료

📍 사진 자료는 스크랩해두라

인테리어 참고 자료는 항목별로 스크랩을 해두는 것이 좋다. 테이블, 조명, 카운터, 간판, 화장실, 소품, 로고 등등 인테리어 분야는 직접 발품을 팔면 구할 수 있는 것부터 업체를 껴야만 제작할 수 있는 것들까지 매우 광범위하다. 따라서 그때그때 눈에 보이는 것을 수집하고 항목별로 분류해두어야 나중에 쉽게 찾을 수 있다.

업체 선정 후 자신이 생각하는 이미지를 얼른 구체적으로 전달해야 소통이 수월하고 작업도 원활해진다. 업체 선정 이후에 원하는 방향을 정리해서 이야기하려고 미루다가는 인테리어 작업에 차질이 생길 수 있다. 인테리어 자료를 미리 항목별로 스크랩해두면 훗날 다른 가게를 내거나 2호점을 낼 때도 참고할 수 있을 뿐만 아니라, 그 자체가 가게의 역사를 담은 자료가 될 수도 있다.

📍 업체 선정은 매장 계약 전에 한다

인테리어 업체 선정은 가게 임대 계약 후 알아보는 것보다 창업을 결정하고 아이템을 선정했을 때부터 알아보는 것이 좋다. 선정 기준은 자신이 생각한 콘셉트를 이해해주는 업체이면서, 시공 경험이 많은 곳이 좋다.

매장 임대 계약 직전, 인테리어 업체 사장님과 함께 현장을 방문해 점검하는 것도 좋은 방법이다. 임대료는 점포 계약 시점부터 발생하는데, 당연히 인테리어 시공도 매장을 계약하고 난 뒤에야 진행할 수 있다. 덜컥 매장 계약부터 하고 뒤늦게 인테리어 업체를 알아보면 돈과 공간을 버려두는 꼴이 되므로 그 시간을 최대한 줄이는 게 이익이다. 현장을 점검할 때 전문가가 함께 가주면 전기나 수도관, 배수관 문제, 원했던 인테리어 시공이 적합한 곳인지 등을 비교적 정확히 점검할 수 있다.

⊚ 시공업자에게 최대한 구체적으로 말한다

인테리어 업체를 선정했다면 업체에 맡기고 "알아서 해주세요." 라고 하기보다는 작업 전반에 적극적으로 참여해야 한다. "예쁘게 해주세요." "알아서 해주세요."처럼 추상적으로 표현하는 것은 특히 좋지 않다. 시공 뒤 문제가 생기면 책임 소재가 불분명해지고 서로 상대방 탓이라고 하면서 불필요한 시비가 생길 수도 있다.

인테리어 업체에 처음부터 원하는 내용을 구체적으로 전달하자. 벤치마킹한 매장의 사진, 핀터레스트pinterest에서 스크랩해둔 사진, 기타 이미지 자료 등을 통해 시각적으로 전달하면 소통이 훨씬 쉬워진다. 벽 색깔을 "분홍색으로 해주세요."라고 하는 것보다 "연분홍색으로 해주세요."라고 하는 것이 좀 더 구체적이다. 이미지를 보여주면 좀 더 확실해진다. 이것이 착오를 줄이고 시공 시간도 단축하는 방법이다.

처음부터 인테리어에 힘을 주는 것은 권하고 싶지 않다. 자재 하나, 소품 하나에 따라 금액대가 천차만별이다. 여러 가게를 다니다 보면 이 가게는 인테리어가 왜 이럴까? 하는 생각이 들지만, 막상 인테리어를 직접 해보면 수긍이 간다. 자금 사정이 넉넉지 못한데 인테리어에 돈을 들이는 것은 불필요해 보이고, 필요하다 해도 어쩔 수 없이 포기할 때도 생기기 때문이다.

나도 처음 메이랩을 열 때 집에서 주방용품을 가져오고, 청학동 중고 매장을 이용하는 등 아낄 수 있는 건 최대한 아꼈다. 그래서 조금 아쉬운 마음도 있었다. 대신 절대 포기할 수 없는 콘셉트, "마음씨 좋은 이모가 샌드위치를 만들어주는 따뜻한 주방"이라는 이미지는 꼭 가져가고 싶었다.

나만의 가게를 생각했을 때 딱 떠오르는 이미지 하나를 만들라. 그런 다음 그 이미지대로 그림을 그려나가다 보면 적은 비용으로도 원하는 콘셉트를 구현해낼 수 있다.

 창업을 위한 조언 한마디

인테리어 업체 선정은 가게 임대 계약 전에 하는 것이 좋습니다. 가게를 임대할 때는 인테리어 업체 사장님과 함께 가서 전문가의 의견을 들어보세요. 인테리어 공사 기간도 임대 기간에 들어가기 때문에 업체 선정이 늦어지면 버리는 비용이 늘어납니다.

4단계, 경쟁자 분석하기

많은 창업 관련 서적들이 '벤치마킹'을 잘해야 한다고 이야기한다. 벤치마킹이란 기업의 경쟁력을 끌어올리기 위해 다른 곳에서 배워오는 혁신 기법을 말한다. 짝퉁처럼 그대로 베껴오라는 뜻이 아니다. 벤치마킹의 기본 마인드는 "경쟁자에게 배운다."이다. 한마디로 적을 알고 나를 알아야 백전백승! 전략인 것이다.

그럼 벤치마킹 대상은 어떻게 선정할까? 설령 업종이 달라도 혁신적인 경영 기법으로 우수한 성과를 내는 기업을 벤치마킹 대상으로 삼을 수도 있고, 동종 업체 가운데 모범이 될 만한 기업을 벤치마킹할 수도 있다. 핵심은 벤치마킹 대상의 장단점을 분석한 뒤 자신의 상황에 맞도록 적용해 자신의 경쟁력을 높이는 것이다.

📍 경쟁사에는 없는 나만의 무기

샌드위치를 팔기로 결심하고 나는 상권 3km 안에서 판매되고 있는 모든 샌드위치를 파악하려고 계획했다. 특히 메이랩 바로 근처에 있던 P사와 T사가 주요 경쟁업체라고 판단되었다. P사의 B 샌드위치, T사의 A 샌드위치를 바로 사 왔다. 포장지를 펼치고는 포장한 방법이나 포장지 디자인을 꼼꼼히 살피는 것은 물론이고 빵, 채소, 고기 등 각 재료들의 무게도 저울에 달아보았다. 맛 평가도 자세히 노트에 기록했다.

그러자 상대편의 강점과 약점, 나의 약점과 강점이 눈에 들어왔다. 중요한 것은 상대편의 강점이나 내 약점이 아닌 내 강점이다. 아무리 작은 가게라도 강점이 있다면, 자본이나 경험 없이도 시장에서 우위를 선점할 수 있다. 아무리 대형 프랜차이즈 음식이 맛있다고 해도 작은 가게만의 강점이 있다면 해볼 만하다. 비슷한 가격대라면 보기에도 좋고 좀 더 건강한 음식을 찾는 것이 소비자이기 때문이다. 아니 가격이 좀 비싸더라도 그만한 가치가 있으면 돈을 더 내고서라도 사 먹는 게 사람 마음이다.

경쟁 업체 제품을 분석하자 확신이 생겼다. 경쟁사 샌드위치는 여러 사람과 기계가 대량 생산하기 때문에 모양이 비교적 가지런하고 예뻤으며, 재료의 양도 한결같았다. 메이랩 샌드위치는 초창기부터 신선하고 좋은 재료를 아끼지 않고 넣었다. 그렇다고 경쟁사에 비해 비싼 편도 아니었다. 좋은 재료를 푸짐하게 넣었으니 맛

많은 연구와 연습 끝에 단면이 예쁜 샌드위치를 만들게 되었다.

수제 딸기잼 샌드위치. 한 고객 덕분에 탄생한 차별화된 메뉴다.

도 메이랩 샌드위치가 훨씬 좋았다. 다만, 메이랩 샌드위치는 잘랐을 때 모양이 일정하지 않고 예쁘지 않은 게 아쉬운 점이었다.

여러 샌드위치들을 분석하며 좀 더 예쁘게 만들기 위해 연습에 매진했다. 단면을 잘랐을 때 채소와 계란, 베이컨 등 각 재료의 색감을 어떻게 하면 더 돋보이게 할지 연구를 거듭했다. 그러던 중 한 고객 덕분에 경쟁사와는 다른 메이랩만의 특별한 메뉴를 만들게 되었다.

가게 문을 연 지 얼마 되지 않았을 때였다. 한 여성이 아이 손을 잡고는 가게 문을 열고 들어왔다.

"아이가 간단히 먹을 만한 샌드위치 있을까요?"

엄마 옆에 있던 작고 귀여운 남자아이는 다섯 살이라고 했다. 생일이 늦다고 했는데 그래서인지 어린이보다는 아직 아기스러운 모습이 있었다.

수십 가지 메뉴 중에서 아이가 먹을 만한 것을 추천하려고 메뉴판을 보는데 채소가 많거나 소스가 아이 입맛에 맞지 않을 것 같아 선뜻 무엇을 추천해야 할지 몰라 당황스러웠다. 그렇다고 원래 메뉴에서 재료 한두 가지를 뺀다면, 아이 엄마 입장에서는 가격을 다 내는 것이 불합리했을 것이다. 나는 그분과 자연스럽게 대화를 이어나갔다. 알고 보니 그분은 내가 타깃 상권으로 잡은 아파트 주민이었다. 나는 더더욱 그분을 빈손으로 돌려보낼 수 없었다.

📍 고객의 욕구는 절대 사소하지 않다

나는 당장 그 자리에서 아침에 만든 수제 딸기잼을 식빵에 바른 뒤 먹기 좋게 잘라 포장해주었다. 물론 무료였다. 이렇게 탄생한 메뉴가 바로 딸기잼 샌드위치다. 딸기잼이야 식빵에 툭 발라 먹으면 되는 간단한 음식인데, 굳이 밖에서 사 먹는 사람이 있을까? 그렇게 생각하는 사람들이 있을 거다.

이 상권에는 젊은 엄마들이 많이 산다. 샌드위치는 식사 대용으로 간단하게 먹고 싶을 때 많이 찾는 메뉴인데, 엄마들이 자기 것만 사 먹기에는 아이가 마음에 걸린다. 그렇다고 4~7세 아이가 먹기에 채소 가득한 샌드위치는 부담스럽다. 점심과 저녁 사이, 간단히 요기하자고 샌드위치를 사 먹는데 아이 먹을 것만 따로 만들기도 애매하다. 그런 고객들을 위해 아이도 먹을 수 있는 딸기잼 샌드위치를 메뉴에 넣었더니 사이드 메뉴처럼 은근히 잘 팔리는 효자 상품이 되었다.

프랜차이즈나 대형 매장이라면 딸기잼 샌드위치는 사업성이 적어 메뉴에 넣지 못했을 것이다. 작은 가게이기 때문에 그때그때 고객의 니즈를 반영할 수 있었다. 특히나 후발 주자라면, 경쟁자 분석은 필수다. 새로 오픈한 가게가 기존 경쟁사와 별 차이가 없다면, 고객은 익숙한 기존 경쟁사를 선택하게 된다.

📍 차별화된 이미지, 포지셔닝

기존 경쟁사 제품을 분석하는 가장 주된 이유는 나만의 차별성을 가지기 위해서이다. 자기 제품의 단점을 찾아내 보완하고 기존 업체와는 다른 특장점을 갖추어야 한다. 후발 주자가 살아남을 길은 그것뿐이다. 한마디로 포지셔닝을 잘해야 치열한 경쟁에서 생존할 수 있다.

포지셔닝이란 앞서도 말했지만 특정 제품이 소비자 마음에 인식되는 모습을 말한다. 마케팅에서 포지셔닝이란 상품의 특성, 경쟁 상품과의 관계, 자사의 기업 이미지 등 각종 요소를 분석해 그 상품이 시장에서 특정 위치에 도달할 수 있도록 설정하는 일에 해당한다. 똑같은 제품이어도 어떤 포지셔닝으로 마케팅하느냐에 따라 소비자들한테는 전혀 다른 제품으로 다가갈 수 있다.

케이터링박스는 이 같은 경쟁자 분석을 통해 도출한 새로운 사업 아이템이었다.

	장점	단점
도시락	가격이 저렴함. 배달 가능.	개인 포장으로 인해 세미나나 회사 워크숍 같은 단체행사 시, 참석자들 사이의 커뮤니케이션을 어렵게 함.
출장뷔페	기업 행사 및 각종 세미나에서 참석자들 사이의 소통이 용이함.	가격이 비쌈.

'출장뷔페'라고 하면, 토그 브란슈를 쓴 요리사들이 현장에서 직접 요리하는 모습이 떠오른다. 그런데 출장뷔페는 비용이 많이 들고, 행사 장소가 요리하기에 적합한지 등등 따질 것이 많다. 그렇다면 도시락이 괜찮은 대안일 텐데, 1인당 도시락을 하나씩 먹는 것은 연회 성격상 맞지 않는다. 각자 개인 도시락을 먹느라 자연스럽게 대화가 오고 가는 게 힘들기 때문이다.

이처럼 도시락과 출장뷔페를 분석한 끝에 각각의 장점은 취하고 단점을 보완해서 만든 아이템이 케이터링박스였다. "사람과 사람을 잇는 맛있는 힘"이라는 슬로건에 따라 케이터링박스를 포지셔닝했다. 뷔페처럼 음식을 덜어서 먹으니 행사 참석자들 사이에 자연스럽게 대화가 오고 갔고 모두가 맛있게 즐기며 재밌게 행사에 참여할 수 있었다. 기업 입장에서도 뷔페보다 상대적으로 비용이 저렴한 케이터링박스를 좋아해 주었다.

이처럼 차별화된 이미지가 있으면 포지셔닝을 할 때 용이하다. 고객 입장에서 넘쳐나는 정보들 속에서 상품만 보고 구매를 결정하려면 따져야 할 것이 너무 많다. 상품의 포지셔닝이 뚜렷해야 상품을 고르는 고객의 시간을 줄여줄 수 있다. 그러므로 기업은 직관적으로 명확하게 보이는 브랜딩(상품의 이미지)으로 고객에게 다가가야 한다.

📍 포지셔닝 사례 분석

유독 포지셔닝을 잘해 성공을 거둔 사례로 모두가 수긍할 브랜드가 있다. 바로 스타벅스다. 스타벅스 원두와 편의점 커피의 원두는 원산지가 같다. 그런데 사람들은 왜 편의점 커피보다 다섯 배는 더 비싼 스타벅스 커피를 마실까? 블렌딩의 차이일 수도 있지만, 가장 큰 요인은 스타벅스가 주는 이미지 때문이다. 스타벅스는 인테리어와 로고를 포함한 모든 요소에서 소비자인 "나를 가치 있는 존재로 만들어주는" 이미지를 심어준다.

사람도 오래 만날수록 진가가 보이듯, 내가 만든 상품도 끊임없이 뜯어보고 연구해야 진가를 발견할 수 있다. "과연 내 아이템에서 어떤 가치를 끄집어낼 수 있을까?"를 고민해보자. "내 아이템은 비슷한 다른 아이템과 어떤 차이점이 있나?" "내 아이템이 어떤 이미지로 고객에게 다가가기를 바라나?"

거기에 대한 답이 마케팅 포인트가 될 것이며, 그것을 찾아내 소비자에게 직관적으로 각인될 수 있도록 정의를 내리는 것이 바로 포지셔닝이다.

포지셔닝 참고 사례로 소개할 두 번째는 바로 메이랩 샐러드 브랜드 '빛채공감'이다.

샐러드가 건강식으로 자리 잡으면서 샐러드 전문점이 우후죽순 생겨나고 있었다. 그런 가운데, 특장점 없이 타사와 비슷한 샐러드 브랜드를 낸다면 후발 주자로서 시장에 안착하기 어려울 것이라는 판단이 들었다. 그래서 양식 샐러드의 장점과 한식 비빔밥의 장점을 결합해 빛채공감을 만들었다. 샐러드가 주는 '가벼움'이라는 단점은 보완하고 비빔밥의 '든든함'을 추가한 프리미엄 샐러드 비빔밥으로 빛채공감의 포지셔닝을 잡았다.

지금은 누구보다 자신을 소중하게 여기는 시대다. 그런 사람들에게 프리미엄 샐러드 비빔밥을 선물처럼 준다. 자기 자신에게 주는 작은 사치일 수도 있고, 사랑하는 사람 또는 고마운 사람에게 주는 선물이 될 수도 있다. 빛채공감은 이런 포지셔닝으로 차별성을 꾀해 고객에게 다가가고자 했다.

흔히들 도시락은 집에서 싸 오는 간단한 음식으로 여긴다. 편의점 도시락도 있다 보니 도시락은 급하게 한 끼를 때우는 이미지로 자리 잡혀 있다. 행사나 단체 급식에서도 도시락은 그런 느낌이 강하다. 게다가 낮은 단가의 도시락은 메뉴가 부실해서 행사를 주관한 기업 이미지에 오히려 부정적인 영향을 줄 수 있다.

메이랩 빛채공감은 단순한 식사가 아닌 선물을 대접한다는 이미지를 심어주고자 했다. 도시락을 먹고 가는 것과 선물을 받는 것에는 큰 차이가 있다. 거기에 신선하고 좋은 메뉴를 수제로 만들어 '수제 선물'을 받는 느낌이 들도록 가치를 더했다.

"도시락이 어떻게 선물이 될까?" 싶기도 할 것이다. 그런데 사람들은 생각보다 음식을 많이 선물한다. 애인의 집에 처음 인사드리러 갈 때 과일 바구니나 좋은 술을 선물하기도 하고, 추석 때는 햄이나 참치, 식용유 세트를 주고받는다. 그래서 나는 식사도 충분히

빛채공감 샐러드 비빔밥. "선물 같은 한 끼 식사! 나를 위한 작은 사치!"로 포지셔닝했다.

좋은 선물이 될 수 있다고 판단했다. "선물 같은 한 끼 식사! 나를 위한 작은 사치!" 바로 그것이 빛채공감이 표방하는 이미지다.

5단계, 사업계획서 작성하기

"사업계획서 작성해보신 분 손들어 보세요!"

"그런 건 대기업이나 하는 거 아니에요? 작은 가게 열면서 무슨 사업계획서예요?"

창업 강의를 하며 사업계획서를 보여달라고 하면 열에 아홉은 사업계획서의 필요성조차 느끼지 못한다.

그러나 1장에서도 말했다시피 아무리 작은 가게라 해도 계획은 필요하다. 큰 그림을 그렸다면 그에 맞는 세분화된 계획을 세워야 한다. 하루하루 열심히 장사하며 그날그날 먹고산다고 잘못된 것은 아니지만, 미래를 위해서는 좀 더 탄탄한 토대를 만들 필요가 있다. 사업계획서는 바로 사업의 성장을 위해 필요한 토양이다.

투자를 받거나 정부 지원 사업에 참여하는 것이 아니라면 사업

항목	구분	내용
1. 사업 개요	사업 동기와 목표	한 끼라도 건강하고 고급스럽게 대접받는 느낌이 드는 프리미엄 수제 도시락을 만들어 수제 도시락 시장을 선점한다. 5년 안에 연 10억 매출 달성.
	입지 선정	매장 오픈 예정 지역
	아이템(메뉴)	샐러드 또는 샌드위치
	키워드	건강함, 편리함, 선물 같은
	차별화	샐러드의 건강함과 비빔밥의 든든함을 결합한 샐러드 비빔밥
	고객층	선물과 식사를 한꺼번에 해결하려고 하는 공공기관, 기업 행사 담당자, 또는 사랑하는 사람에게 특별한 선물을 주고 싶은 사람
	브랜드 가치	나에게 선물하는 작은 사치
2. 자금 계획	*창업 소요 금액	1천만 원
	자금 조달 계획	예금 해지
3. 제품 생산 계획	운영 방식	배달 위주
	운영 시간	AM 11:00 ~ PM 15:00
	인력 운영	피크타임 아르바이트 1명
	생산 매뉴얼	메뉴별 식재료 용량과 비율 작성
	제공 방식	홀 서빙 시 사용되는 그릇과 플레이팅, 배달 시 포장 용기와 포장 방식
4. 매출 계획	판매 계획	홈페이지 주문 접수
	경비 집행 계획	고정 지출
5. 사업 추진 일정	디데이 작성	오픈 전 디데이 스케줄표 작성
6. *손익계산 및 투자 수익 추정		본문 참고

※ '빛채공감' 사업계획서 작성 예시다. 별표(*) 내용은 본문에서 별도로 다룬다.

계획서를 굳이 어렵게 생각할 필요가 없다. 나만을 위한 간단한 사업계획서면 충분하다. 사업계획서 작성 여부에 따라 가게를 운영하는 자세가 달라진다는 점을 기억하자.

⑪ 사업계획서 내용

사업계획서에 들어가야 하는 내용은 크게 사업 개요, 자금 계획, 생산 계획, 판매 계획, 손익분기 매출 계산, 사업 추진 일정 등이다. 비교적 전문적인 사업계획서는 더 많은 항목을 포함하지만 작은 가게를 창업할 때는 이것만 있어도 충분하다. 단어만 들어도 어렵게 느껴지고 내가 할 수 있을까 하는 의구심이 들 수 있지만, 마음을 차분히 가라앉힌 뒤 각 항목들을 차분히 정리하면 뭉뚱그렸던 그림이 명확해진다.

내가 작성했던 사업계획서를 표로 정리해보았으니 참고하길 바란다.

⑪ 사업계획서의 꽃, 손익계산!

사실 사업계획서를 작성하는 궁극의 목적은 돈이다. 내 사업에 돈이 얼마나 들어갈까를 예상하는 예상 비용과 예상 수익을 비교해 투자 수익을 추정하는 것이 사업계획서를 작성하는 근본적인 목적이다. 소자본 창업일수록 자금 출처와 손익을 정확히 관리해야 한다. 작은 가게는 적은 손실이나 자금 부족에도 휘청거리기 때문이다.

◆◆ 창업 소요 금액

창업에 필요한 돈은 보증금, 임대료, 시설비, 초도 물품 구입비, 3개월 운영 자금, 홍보비 등으로 구분할 수 있다. 전체 가용 금액 또는 조달 가능한 금액을 확보한 뒤 전체 금액의 70% 선에서 투자하고 나머지 30%는 운영 자금으로 사용한다. 투자 금액 70%에서는 오픈 전 필요한 부분과 오픈 뒤 추가로 장만할 수 있는 것을 구분한 다음 꼭 필요한 것만 구입하자. 그래야 초기 투자 비용을 줄일 수 있다.

나는 메이랩 오픈 초, 집에 모셔두었던 전기밥솥부터 프라이팬에 이르는 조리 도구들을 모두 매장에 가져왔다. 없는 것은 황학동에 가서 중고로 장만했다. 냉장고만 새것으로 구입했는데 중고 냉장고에는 특유의 음식 냄새가 남아 있기 때문이다. 이런 식으로 사업계획서를 작성하다 보면 창업에 드는 초기 비용을 줄일 수 있다.

◆◆ 손익계산 및 투자 수익 추정

사업계획서에서 가장 어렵게 느껴지는 부분이 바로 손익계산이다. 회사원들도 경영지원부가 아니라면 손익계산에 대해 잘 알지 못한다. 하지만 사업하는 사람이라면 반드시 손익계산에 빠삭해야 한다. 그래야 매출을 예상하고 객단가를 정할 수 있다. 객단가란 쉽게 말해 고객 1인당 평균 매입액을 말하는데, 일정 기간의 매출액을 그 기간의 고객 수로 나눠 산출한다. 객단가가 높을수록 사업 수익이 많은 것이다. 매출액은 '입점 객수 × 구매 비율 × 객단가'로 산출한다.

손익계산을 하기 전에 반드시 손익분기점을 알아야 한다. 손익분기점이란 일정 기간 매출액이 해당 기간의 총비용과 일치하는 지점을 말한다. 쉽게 말해 매출과 지출이 만나는 지점이 손익분기점이다. 매출액이 손익분기점보다 높으면 이익이고 낮으면 손해다. 손익분기점을 구하는 기본 공식은 다음과 같다.

1) 손익분기점을 산출하는 공식

손익분기점 매출액 = 고정비 ÷ (1− 변동비/매출액)

2) 일정 매출이 발생했을 때 손익액을 산출하는 공식

손익액 = 매출액 × (1− 변동비/매출액) − 고정비

3) 목표한 이익을 얻기 위해 필요한 매출액 산출 공식

필요매출액 = (고정비 + 목표 이익) ÷ (1− 변동비/매출액)

사실 위의 공식은 아직 가게를 운영하지 않은 사람이라면 쉽게 이해되지 않을 것이다. 나 역시 회계 전공자가 아니어서 이 공식으로 손익분기점을 산출하는 게 좀처럼 익숙해지지 않았다. 따라서

비전공자 사장님들을 위해 나만의 방식으로 손익분기점을 계산하는 공식을 소개하겠다.

우선, 손익분기 매출을 계산하려면 고정 지출 금액을 알아야 한다. 고정적으로 지출하고 있는 품목, 혹은 고정 지출이 예상되는 항목들을 정리해보면 월세, 전기세, 인건비, 관리비, 렌털비, 포장 용기 구입 비용, 청소 업체 비용 등이다. 다달이 고정으로 내야 할 돈들이 생각보다 꽤 많다. 이를 계산 항목에 넣어 다음 공식으로 구한다.

{(월 고정 지출 비용) + (인건비) + (투자 수익률: 2~3%) + (감가상각비)} × 1.45 = 월 손익분기 매출

공식에서 1.45는 식자재 1차 원가와 포장, 로스 등 부수적인 비용 비율을 나름대로 정한 수치이다. 가게 상황에 따라 이 수치는 달라질 수 있다.

예를 들어 오피스 상권이라 20일만 영업 가능한 매장에서 손익분기 매출이 월 1천만 원이라고 한다면, 하루 최소 매출이 50만 원이어야 노마진으로 운영하고 있다는 뜻이다. 그런데 사장님이 가져가는 돈이 없다면 그 사업이 의미가 있을까? 손익분기점을 이익으로 전환해 노마진 이상이 되어야 한다. 즉 사장님이 가져갈 몫을 높이려면 고정 지출을 줄이고 객단가를 높여야 한다. 이처럼 손익계산을 해야 밑 빠진 독에 물을 붓고 있는지, 독을 차오르게

할 것인지 보인다.

인건비와 더불어 많이 간과하는 것이 투자 수익률이다. 사실 창업에 투자하는 돈을 은행에 예치하기만 해도 최소 1.8% 수익률을 거둘 수 있다. 적어도 장사를 한다면 수익률이 은행 이자보다는 높아야 한다. 그래서 통상 투자 수익률은 2~3%로 정하고 손익분기점을 계산한다. 1천만 원을 투자할 경우 투자 수익률은 연 20만원, 월 16,700원가량이 손익분기점이다.

감가상각비도 고정 지출에 포함한다. 감가상각비는 세법에 따라 따질수록 어렵기 때문에 대체로 투자금 전체를 5년에 나눠 월 고정 지출 금액에 반영한다. 그 외 노란우산공제(자영업자 퇴직금), 직원 퇴직금 적금, 비상금 적금 등을 고정 지출에 반영하면 위험은 줄이고 운영에 훨씬 도움이 된다. 이런 세세한 것들은 역시 직접 겪으면서 체득하게 되지만 그 전에 미리 알아두면 사업계획을 세울 때 도움이 될 것이다.

직장에서는 연말이 되면 올해 사업보고서와 내년 사업계획서를 작성한다. 나는 직장인일 때 연말마다 작성하는 사업보고서와 사업계획서가 늘 골치 아픈 업무처럼 여겨졌다. "어차피 늘 하는 일인데 굳이 보고서까지 써야 할까? 시간 낭비 아닐까?" 하는 생각도 들었다. 그런데 작게나마 내 사업을 운영하고 보니 사업계획서가 정말 중요했다. 전체적인 흐름을 미리 생각해두고, 계획서를 보며 흐름에 맞게 움직이면 장사를 좀 더 효율적으로 운영할 수 있으니 꼭 작성하자.

창업을 위한 조언 한마디

노마진 장사는 의미가 없기 때문에 손익분기점은 반드시 계산해야 하고, 투자 수익률은 최소한 은행 이자율보다는 높아야 합니다. 그러려면 고정 지출은 줄이고 객단가를 높이는 데 주력해야 합니다.

3장

기획력 있는 가게만이 살아남는다

MAYWRAP

메이랩-5월을 포장하다.

사업은 기획의 연속이다

케이팝K-pop은 명실상부 전 세계 젊은이들이 열광하는 음악 장르로 안착했다. 케이팝이 이룬 이 같은 성취의 밑바탕에는 훌륭한 작곡가이자 기획자를 주축으로 한 거대 기획사들이 있었다. 과거에는 그저 아이돌 그룹 하나가 뜨면 기업이 그 그룹을 믿고 투자하는 식이었다면, 요즘은 대형 기획사에서 글로벌 타깃을 분석하고 집중적으로 기획해 단기, 장기적으로 아이돌 그룹을 양산하는 추세로 바뀌었다.

대관절 기획이 뭐길래 대형 엔터테인먼트도 처음에는 기획사라고 불렀을까?

🍲 기획과 계획의 차이

기획은 언뜻 계획과 비슷한 말 같지만, 기획과 계획에는 엄연한 차이가 있다. 사전적 의미에서 계획이란 앞으로 할 일의 절차, 방법, 규모 따위를 미리 헤아리는 것이고, 기획이란 일을 꾀하여 계획함을 가리킨다. 즉 기획은 새롭게 시작할 것을 준비해 만드는 작업이다.

기획의 의미는 한자어를 꼼꼼히 뜯어보면 좀 더 분명해진다. 기획은 '꾀할 기企' '새길 획劃'으로 이루어졌는데, 어떤 것을 꾀하는 것은 사람만이 할 수 있는 일이다. 그래서 꾀할 기의 부수도 '사람인ㅅ'이다. 새길 획의 부수는 '그림 화畵'로 그림을 새긴다는 뜻을 내포한다. 기획은 한마디로 그림을 그려 새기는 것을 말한다.

기획은 모든 일의 주춧돌이라고 할 수 있다. 계획은 머릿속에 그린 그림을 종이에 옮길지, 조각으로 표현할지, 도구는 어떤 게 필요할지, 기간은 얼마나 걸릴지 등을 세부적으로 나타낸 것이다.

🍲 브랜드 가치, 어떻게 만들어질까?

기획은 모든 분야에서 중요하지만 창의적인 콘텐츠를 다룰 때 더더욱 중요하다. 공연, 전시, 게임, 광고의 경우 기획이 있어야 그에 맞게 전략을 세우고 콘텐츠를 개발하며 홍보도 할 수 있다. 요식업계에서의 기획은 크게 아이템, 즉 메뉴를 정할 때 활용된다. 어떻게 보면 요리를 개발하고 만들어서 고객에게 선보이는 것도 창의적인 일이므로 기획이 중요하다.

기획의 중요성을 잘 드러내는 예시로 많이 언급되는 사례가 바로 나이키다. 나이키는 미국 스포츠용품 브랜드로 1964년에 설립되었다. 나이키는 업계 선두 주자였던 아디다스를 추월하기 위해 여러 노력을 기울였는데 그 결실 중 하나가 바로 조깅화였다.

당시 미국에는 조깅 열풍이 불고 있었지만, 아디다스는 "조깅은 스포츠가 아니다."라며 조깅화 개발에 뒷전이었다. 그 틈을 치고 들어온 나이키는 우수한 기술력으로 조깅화를 만들어 아디다스 자리를 위협했다. 그 뒤 나이키는 미국의 유명 육상선수와 NBA 스타 마이클 조던에게 신발을 협찬하는 스타마케팅을 통해 미국 신발 시장에서 50%가 넘는 점유율을 보이며 엄청난 성장을 거두었다.

나이키 창업자인 필 나이트Phil Knight는 마케팅을 매우 중요하게 생각했다. 그는 "나이키는 마케팅에 기반한 회사다. 그리고 상품이 바로 우리의 가장 중요한 마케팅 도구다."라고 말할 정도로 제품에 대한 자신감도 컸다.

스타마케팅이 큰 성공을 거둔 게 사실이지만, 필 나이트는 육상선수 시절부터 본업인 운동보다 운동화를 더 좋아했다고 한다. 운동화에 대한 남다른 열정과 자신이 만든 운동화에 대한 대단한 자부심이 그의 성공에 밑바탕이 되었다고 말할 수 있다. 그 후 그는 나이키의 브랜드 가치를 높이기 위해 스타마케팅이나 광고 기획에 치중했다. 그리고 그 전략은 적중했다.

그 무렵 나이키의 브랜드 가치를 위협하는 '에이탄'이라는 회사가 있었다. 나이키의 브랜드 가치는 이미 넘볼 수 없을 만큼 높았으며, 가격도 켤레당 60~70달러로 비싼 편이었다. 그런데 에이탄의 설립자 에이탄 스턴이 한국에서 좋은 품질의 운동화를 생산하기 시작했고 한 켤레에 3달러도 안 되는 가격으로 나이키와 비슷한 품질을 내놓았다. 고객들은 품질이 비슷하다면 훨씬 저렴한 신발을 선택할 것이라는 판단하에, 에이탄은 저가 전략으로 나이키를 이길 승부수를 띄운 것이었다.

그러나 에이탄의 전략은 완전히 빗나갔다. 소비자들은 에이탄을 나이키 짝퉁으로 여기고 외면했다. 후발 주자로서 성공하고 싶었다면, 에이탄은 나이키가 아닌 다른 저가 운동화를 경쟁 상대로 삼았어야 했다. 기획 자체가 잘못되어 실패한 경우이다. 기획은 제품의 브랜드 가치를 가장 효율적으로 전달하는 데 초점을 맞춰야 한다.

🍲 기획은 거창한 것이 아니다

천안에는 유독 짬뽕 가게가 많다. 왜 그렇게 되었을까?

천안은 공업 도시라, 직장 때문에 전국 각지에서 이주한 사람들이 많고, 특히 20~40대 남성 비율이 높다. 전국 각지에서 모인 남자들에게 어떤 음식을 팔면 좋을까? 여러 메뉴가 있겠지만 그중 하나가 짬뽕이다. 해장 음식으로, 급할 때 먹는 든든하고 맛있는 한 끼로, 술안주로 이만큼 다재다능한 음식은 흔치 않다.

짬뽕 가게가 많은 천안에서도 유독 사람들이 많이 찾는 곳이 있다. 공장 단지 안에 있는 H 해물짬뽕 가게다. 이곳 사장님은 "이윤 남길 생각 말고 고객들에게 다 되돌려주자."라는 생각으로 가게를 열었다고 한다. 짬뽕의 맛도 맛이지만 그 안에 들어 있는 홍합 양부터 압도적이다.

이 식당은 오픈 초부터 공깃밥을 무료로 제공한다. 이미 짬뽕 양도 푸짐한데 공깃밥이 무료인 것은 국물에 밥을 말아 먹는 대한민국 남자들 특성을 정확히 알았기 때문이었다. 철저히 소비자 입장에서 생각했기에 그런 기획이 나올 수 있었다.

이 가게는 점차 입소문이 나면서 가족 단위 손님이 많아졌다. 그런데 어린이 손님이 먹을 것이 마땅치 않은 것을 본 사장님은 2인이상 주문 시 피자를 무료로 제공하기 시작했다. 그렇게 남성 고객은 물론, 그들의 가족까지 고객으로 끌어들이면서 H 해물짬뽕 가게는 2호점까지 냈다. 이 가게가 이처럼 승승장구한 것은 고객들의 배를 든든히 채워주는 식당이 되자는 초심을 유지한 데 있었다.

🍲 소소한 기획, 대단한 효과

계절마다 어떤 상품에 주력할지, 고객층에게 어떤 이벤트를 선보일지 하는 것도 기획이다. 이런 이벤트는 최소 한 달 전부터 생각해두는 것이 좋다. 우리나라는 유독 '○○데이'가 많은데 이런 시즌에 맞춰 주력 상품을 홍보하는 기획 마케팅도 좋은 전략이다.

메이랩은 추석 시즌이 다가오면 수제청, 수제잼을 만들어 선물용으로 선보인다. 원래부터 메이랩은 '수제, 핸드메이드, 엄마표' 음식으로 포지셔닝했기 때문에 선물도 그에 걸맞도록 기획했다. 수제청은 평소에도 답례품이나 감사 선물 등으로 꾸준한 인기를 끄는 제품이어서 추석 선물 세트는 내용을 좀 더 특별하게 구성했다. 패키지는 리본이나 추석 이미지를 담은 스티커 등을 더함으로써 한층 더 프리미엄한 느낌이 들도록 기획했다. 중요한 점은 추석 선물 세트를 한 달 전부터 블로그나 인스타를 통해 홍보한다는 것이다.

○○데이가 많다고 했는데, 대기업들은 이런 날을 절대 놓치지 않는다. 특히 밸런타인데이를 앞두고 있을 때는 대기업은 물론, 작은 가게들도 초콜릿을 가장 잘 보이는 곳에 진열하는 게 '국룰(국민 룰의 줄임말)'이다. 우리나라 고유 명절은 아니지만, 한 해를 통틀어 가장 큰 수익을 기대할 수 있는 날 중 하나이기 때문이다. 심지어 초콜릿과 상관없는 기업이나 가게도 밸런타인데이 보름 전부터 관련 이벤트를 한다.

이런 전반적인 광고와 행사들을 프로모션promotion이라고 하는

데, 시일이 임박해서 프로모션 준비를 하면 효과가 없다. 미리 준비한 뒤 최소 한 달 전, 늦어도 보름 전에는 소비자들에게 알려야 구매 대상도, 구매 기간도 확대할 수 있다. 이런 홍보들이 소비자 눈에 띄면 브랜드가 기억에 남고, 구매한 제품에 만족한다면 긍정적인 이미지로 충성 고객을 확보할 가능성이 높아진다.

기획의 장점은 또 있다. 기획을 통해 소비자의 니즈를 다시 한번 점검하게 되고, 매장 운영에도 활기가 생긴다. 좋은 기획의 예로 스타벅스가 있는데, 스타벅스에서 가장 먼저 계절 변화를 느낄 수 있도록 만든 것이다. 계절에 맞게 메뉴판 디자인을 달리 하고, 계절마다 혹은 지역마다 각종 기념품을 내놓는다. 이런 변화를 주는 데 엄청난 돈이 드는 것도 아니지만, 소비자는 저절로 지갑을 열게 된다.

소비를 자제하던 고객들도 트렌드를 반영한 예쁘고 실용적인 물건들 앞에서는 마음이 흔들리는 법이다. "이곳은 나를 위해 계속 이벤트를 하는구나. 노력하는구나." 하는 긍정적인 생각을 심어주

메이랩 추석 선물 세트 수제청과 패키지의 예

어 충성 고객들을 만들어낸다.

🍽 좋아하면서 잘하는 일을 살리라

나는 워낙 사람들과 대화하는 것, 나누는 것을 좋아한다. 혼자 잘살면 그만인 것이 아니라 다 함께 잘살고 싶은 마음이 크다. 그래서 생각한 것이 쿠킹클래스였다. 막상 쿠킹클래스를 기획하자 고민이 들었다.

"요리를 전문적으로 배운 셰프도 아니고, 오랫동안 요리를 해온 사람도 아닌 내가 과연 요리 수업을 진행할 수 있을까?" 그렇게 고심한 끝에 나만이 할 수 있는 수업을 열기로 결심했다. 쿠킹과 경영 수업을 결합한 클래스를 열면 잘할 수 있을 것 같았다. 수강생들에게 내가 잘하는 샌드위치에 대해 알려주는 동시에, 초소자본으로 창업한 꿀팁들을 나누고자 했다.

내 예상은 적중했다. 작은 매장 창업 및 운영 노하우와 요리 수업을 동시에 듣고 싶은 예비 창업자들이 의외로 많았다. 클래스 수강료 수입 외에도 뜻밖의 수확이 있었는데 수업을 준비하면서 나 역시 다시금 공부를 하게 되었다는 것이다. 수업을 준비하는 동안 샌드위치 레시피를 일반화하는 등 이 분야에서 전문적인 커리어를 쌓을 수 있게 되었다. 몸은 더 바빠졌지만, 매장 운영에는 큰 보탬이 되었다.

브랜드 전문 기획자가 아닌 이상 기획에 대해 1부터 10까지 공부할 필요는 없다. 기획은 고객 입장에서 내 가게를 바라보는 것부터 시작하자. 만일 내가 내 가게의 고객이라면 무엇이 필요할까? 그 고민이 바로 기획의 시작이다.

 창업을 위한 조언 한마디

작은 가게일수록 기획이 중요하고 초심을 잃지 않는 것이 중요합니다. 큰돈 들이지 않아도 고객의 마음을 사로잡을 수 있는 방법이 있습니다.

똑똑한 운영은
계획서에서 나온다

초등학교 다닐 때, 방학이 시작되면 관례처럼 하던 일이 있었다. 바로 생활계획표 만들기였다. 방학한 날 집에 돌아와 커다란 도화지를 펼치고는 그 위에 냄비 뚜껑을 대서 커다란 원을 그렸다. 동그란 시계 모양의 원을 기상부터 취침까지 각각의 일정별로 쪼개 하루 일정표를 써넣었다. 어린 시절 누구나 한 번쯤 이런 일정표를 만들어본 추억이 있을 것이다.

결국, 생활계획표대로 실천하는 건 작심삼일일 때가 많았다. 방학숙제를 할 시간에 친구들과 놀고 기상 시간을 넘겨 늦잠을 자기 일쑤였다. 그래도 가끔은 어머니가 내 계획표를 보고는 공부할 시간이라며 채근해준 덕에 숙제도 무사히 마치고 일기도 썼다. 적어도 계획표대로 생활해보려고 노력은 했다.

🍲 계획서 없이도 장사는 잘된다?

어른들은 왜 그토록 지키지도 못할 계획표를 쓰라고 강요했을까?

계획은 목표에 도달하기 위해 세운다. 아무런 목표도 없이 무작정 계획만 하는 것은 다리를 세울 때 기둥은 세우지 않고 물 위에 널빤지만 까는 것과 다름없다. 겉으로는 그럴싸해 보이지만 막상 다리를 건너려고 하면 풍풍 빠지는 다리 말이다.

기획으로 커다란 그림을 그렸으니, 기획을 통해 무엇을 얻을 것인지 목표를 세우고 하위 계획들을 세워야 한다. 계획의 중요성은 앞에서도 이미 이야기했으니, 이번에는 계획서 작성 요령에 대해 알아보자.

나는 회사 생활을 오래 한 탓인지 계획서를 작성하는 것이 익숙하다. 연간 사업계획서, 주간 업무계획서 등 보고서 작성이 체감상 회사 생활의 50%는 차지했던 것 같다. 사실 그 시절에는 계획서를 작성하고, 보고하고, 결재받는 그 모든 과정이 불필요해 보이고 낡은 관습처럼 여겨졌다. "이럴 시간에 좀 더 생산적인 일을 하는 게 낫지 않나?" 싶었다.

그런데 훗날 창업을 준비하며 계획서가 중요하다는 사실을 절감했다. 회사에서는 그나마 결재를 받아가는 사람, 독촉하는 사람이 있지만 매장을 운영할 때는 내가 총 책임자이기 때문에 계획서가 없으면 마냥 늘어진다.

창업 초기에는 하루하루 닥치는 일을 해결하느라 정신없고 고단해서 계획을 세운다 한들 잘 지켜질 수 있을지 의문이 들 수 있다. 그러다 보면 계획서를 건너뛰게 되고, 계획서 없이도 장사가 잘 되는데 굳이 계획서를 쓸 필요가 있을까, 하는 생각도 들 수 있다. 그런데 하루를 닥치는 대로 때우는 사람과 하루를 만들어서 사는 사람은 결과에서 큰 차이를 만들어낸다.

🍽 목적과 목표 세우기

사업을 운영하며 계획서를 작성하는 가장 큰 목적은 매출 증대이다. 세부 목표에 따라 연간, 월간, 주간 계획서의 내용이 달라진다. 메이랩을 열 당시 5개년 계획을 세웠는데 궁극적인 목표는 5년 안에 법인을 세우는 것이었다. 개인사업자와 법인은 여러 장단점이 있지만, 결론적으로 법인을 설립할 경우 대외 신용도가 훨씬 높아져 자금 조달이 비교적 수월해진다. 세금 혜택도 개인사업자보다 법인이 유리한 점이 많다. 무엇보다 법인은 책임이 막중하다.

아무튼 메이랩의 5년간의 전체 목표는 법인 설립이었고, 해마다 하위 목표들이 있었는데 그 가운데 2019년 목표와 계획서만을 소개한다.

운영 목표: 잠자는 동안에도 돈이 들어오는 플랫폼 만들기				
구분	마감	내용	세부 사항	비고
발전 방향	1월	블로그 리모델링	디자인 외주 발주	
	2월	인스타그램 쇼핑 태그		문의 중
	3월	코스 요리, 브런치 론칭	메뉴 구성 진행	
		100인 무료 시식회	협찬 구상 중	
		메이랩 홍보 브로슈어 제작	외주 발주	
	6월	아이디어스 소스 판매 론칭		수수료 협의
	9월	와디즈 리워드 론칭		
쿠킹 클래스	3월	창업 교육 오픈	강의 기획안 완료	
	5월	쿠킹클래스 양성자 과정 오픈		
	9월	중국 요리 수업 오픈		
자기 계발	3월	카메라 조작법 익히기	유튜브 촬영용	
	5월	동영상 촬영 수업		
	7월	꽃꽂이 수업 이수		

※ 2019년 메이랩 연간 운영계획서

처음 가게를 연 2017년과 2018년엔 샌드위치 품질 향상과 더불어 '메이랩'의 가치를 성장시키는 데 온 힘을 쏟았다. 쿠킹클래스를 개설한 데는 내가 워낙 사람과 나눔을 좋아해서이기도 했거니와 법인을 설립했을 때 커리어로 인정받기 위한 까닭도 있었다. 감사하게도 2018년까지 계획했던 것들을 차질 없이 완수하고는 2019년 운영 목표를 "잠자는 동안에도 돈이 들어오는 플랫폼 만들기"로 정했다. 눈치챈 사람도 있겠지만 이 말은 워런 버핏^{Warren Buffett}이 한 다음의 명언에서 따온 것이었다.

> "잠자는 동안에도 돈이 들어오는 방법을 찾아내지 못한다면 당신 은 죽을 때까지 일을 해야만 할 것이다." - 워런 버핏

나는 이른바, '부의 파이프라인'을 만들고자 했다. 그렇지 않으면 오로지 내가 노동을 해야 수익이 발생하는데, 내 노동력만으로는 5년 안에 목표를 이루기가 힘들었다. 요식업으로는 부의 파이프라 인을 만들기 어렵다고 말하는 사람도 있을 것이다. 음식을 만들어 서 그때그때 팔아야 매출이 발생하는데, 그렇지 않고 어떻게 수익 을 올린단 말인가? 방법이 있다. 다음 사례가 해답이 될 것이다.

제주 우도에 '블랑로쉐'라는 디저트 카페가 있다. 이곳은 인테리 어도 인테리어지만 '땅콩' 하나로 유명세를 탔다. 메뉴는 다른 카 페에서도 볼 수 있는 흔한 것들로 구성되었지만, 시그니처메뉴인 땅콩크림라떼, 땅콩아이스크림 덕에 사람들이 많이 찾는 명소가 되었다.

그 명소를 대기업인 롯데도 알게 된다. 지역사회와 상생 프로젝 트를 시도하던 롯데는 블랑로쉐와 콜라보해서 땅콩크림라떼를 롯 데 칸타타의 캔 커피로 출시했다. 소비자가 우도까지 가지 않아도 블랑로쉐의 땅콩크림라떼를 맛볼 수 있게 된 것이다.

이처럼 요식업도 자기만의 아이템을 특화하면 기성품으로 만들

어 판로를 개척할 수 있다. 요리에 자신 있다면 요리 강의 콘텐츠를 SNS에 업로드할 수 있고 먹방, 자영업자를 인터뷰하는 유튜버, 요리에 대한 정보를 게시하는 블로거 등으로 활동하며 부의 파이프라인을 구축할 수 있다.

2019년 한 해 동안, 메이랩은 부의 파이프라인을 구축하는 데 주력했다. 그리고 다달이 걸맞은 계획을 세움으로써, 어느 정도 목표에 도달했다. 물론 어떤 달은 부득이한 이유로 계획을 미루기도 했고, 바빠서 아직까지 완수하지 못한 계획도 있다. 하지만 눈에 잘 보이는 곳에 계획서를 떡 하니 붙여둔 덕인지, 마치 잡은 동아줄을 놓지 않듯 큰 맥락은 여전히 굳게 붙들고 있다.

🍽 스마트한 계획서 만들기

계획은 구체적으로Specific, 측정 가능Measurable하도록 세워야 한다. 이는 계획을 달성할 수 있도록Achievable 만드는 근간이 된다. 계획들과 최종 목표가 관련이 있는Relevant지도 살펴야 한다. 마지막으로 마감 기한Timely이 있어야 계획을 실행하고자 움직이게 된다. 이를 영문 머릿글자를 따서 스마트한SMART 계획이라 한다. 각 항목에 대해 좀 더 구체적으로 알아보자.

◆◆ 구체적인 계획

계획을 세울 때는 구체적일수록 좋다. 누가, 무엇을, 어떻게, 어디에서, 언제까지 할 것인지 가급적 세세하게 계획을 세워야 한다. 이를테면 9월에 추석 선물 세트를 출시하기로 기획했다면 늦어도 7월에는 계획을 세우고 8월부터는 준비에 들어가야 한다.

	주요 타깃	세트 내용	판매처	마감 기한
추석 선물 세트	30대 초반 여성	레몬청, 대추생강꿀청, 애플시나몬청	온·오프라인	8월 20일까지 주문 마감

◆◆ 측정 가능한 계획

공부 계획표를 작성할 때도 하루에 몇 단어를 외우겠다, 문제집 몇 쪽까지 풀겠다, 하는 식으로 구체적으로 쓰라고 한다. 매장 운영 계획서도 마찬가지다. 판매량을 20% 이상 올리겠다, 매출 30만 원을 높이겠다, 재료 로스를 5%대로 줄이겠다 등 목표를 수치화하는 것이 좋다. 그래야 목표가 명확해서 보기에도 좋고 달성하고자 하는 목표가 좀 더 뚜렷해진다.

◆◆ 달성 가능한 계획

목표치를 수치로 표현하라고 해서 하루 매출 50만 원인 매장에서 매출을 500만 원으로 올리겠다, 하는 식으로 계획을 무리하게 잡지 말자. 일상의 루틴을 갑자기 바꾸는 것이 몸에 좋지 않은 것처럼, 현실 불가능한 계획을 세우는 것은 정신 건강에 좋지 않다. 과감하게 투자할 생각이나 인력을 두세 배 이상 늘릴 게 아니라면 말이다.

❖ 최종 목표와 관련된 계획

하위 목표들을 작성하다 보면 욕심이 나서 무리할 수 있고 본질에서 벗어나기가 쉽다. 계획한 일들을 완수하지 못했다 하더라도, 일단 목표와 관련된 계획이라면 일정을 늦춰도 괜찮다. 일정이 늦어지는 것에 너무 연연하지 말자. 오히려 걱정해야 할 것은 본질에서 벗어난 무리한 계획들이다.

❖ 마감 기한

기껏 열심히 계획서를 작성하고는 마감 기한을 정하지 않는다면, 고무줄 없는 팬티나 마찬가지다. 계획한 프로젝트를 움직이게 만드는 것은 마감 기한이라 해도 과언이 아니다. 기한이 없다면 프로젝트는 제대로 진행되지 않는다.

물론 내가 사장이니까 일의 마감은 내가 세우면 그만이다. 하지만 정확한 마감 날짜를 정해두지 않고 계획을 세운다면, 계획을 지키지 못한 자신을 변명하게 되고 결국 그날그날 살아지는 대로 살게 된다. 그러니 계획을 세울 때는 물리적으로 얼마만큼의 시간을 할애할 수 있는지 따져보고 마감 기한을 정해두자.

"성공에서 빠질 수 없는 요소 중 하나는 목표가 무엇이든 하나의 목적에 집중하는 것"이라고 미국의 석유 사업가 존 D. 록펠러 John Davison Rockefeller 는 말한다.

여러분이나 나나 장사를 하는 목적과 목표는 크게 다르지 않을 것이다. 우리는 창업을 통해 밥벌이와 자아실현을 넘어 나와 내 가족이 남부럽지 않게 잘 살기를 바란다. 장사가 좀 더 잘된다면 어려운 이웃들을 돕고 사회에 이바지하고 싶은 마음도 있을 것이다. 그러기 위해서는 똑똑하게 사업을 운영해야 한다.

여러분이 지금 사업을 운영하고 있다면, 혹은 곧 운영할 계획이라면 연간, 월간, 주간 계획서를 반드시 쓰길 바란다. 똑똑하게 보낸 하루들이 모여 의미 있는 미래가 될 것이다.

 창업을 위한 조언 한마디

요식업이라고 해서 그때그때 음식만 팔아서 수익을 올리라는 법은 없습니다. 매장 음식을 기성품화하는 식으로 새로운 판로를 개척할 수도 있고, 재능을 활용해 유 튜버나 블로거로 활동할 수도 있습니다. 일하지 않을 때도 수익이 발생하는 구조를 만드는 것이죠.

발길을 이끄는 힘,
스토리텔링

이른 아침, 평소보다 장을 일찍 보고 매장 문을 열었다. 무더위가 한풀 꺾여 걷기에 좋은 공기여서 그랬는지, 마음이 약간 들뜬 아침이었다. 지금도 그날의 온도와 냄새를 기억하는 건 전날 밤 걸려온 한 통의 전화 때문이다.

"저…, 저녁 시간에 죄송해요. 내일이 아이 생일인데, 10인분 주문 가능할까요? 아이가 생일파티 한다고 친구들까지 다 초대했는데, 제가 정신이 없어서 깜빡했거든요."

케이터링박스 판매 초기에는 아직 전화 주문을 받을 때라 이렇게 급한 부탁이 오기도 했다. 그렇다 해도 바로 다음 날 오후 1시

픽업인 음식을 주문받은 적은 그때까지 한 번도 없었다.

"혹시 맞벌이세요?"

나도 모르게 오지랖인 질문을 해버리고 말았다. 나 역시 결혼 초부터 맞벌이였고 아이가 태어나서도 마찬가지였다. 모든 맞벌이 부모가 그렇듯 회사에 가면 아이 걱정, 집에 가면 일 걱정, 이렇게 사는 게 맞나 싶은 날들을 보내곤 했다. 그러다 보면 정말 중요해서 절대 잊지 말아야지 하던 일도 아침까지 분명 기억했는데, 일을 하다가 까먹는다. 그러고는 밤에 잠자리에 들기 전 싸한 기분이 들어 뭘까 생각하다가 '아차!' 할 때가 있다. 그 고객도 필시 그랬을 것이다.

"네ㅜㅜㅜ, 예쁘게 생일파티 해주겠다고 아이랑 손가락 걸고 약속까지 했는데 정말 깜빡했어요. 아침에 회사도 잠시 다녀와야 하고…"

"걱정 마세요. 저도 아이 어릴 때 맞벌이였거든요. 그래서 고객님 마음 잘 알아요. 아이가 입 떡 벌어지도록 멋지게, 맛있게 만들어드릴게요."

나는 그렇게 고객님을 안심시키고 새벽 장을 본 뒤 열심히 생일 파티 음식을 만들어 정성스럽게 포장하고는 문 앞까지 배달해드렸다. 그 일 이후 우리 메이랩 케이터링은 "엄마의 마음을 잘 아는" 가게가 되었다. 메이랩이 단시간에 꽤 눈여겨볼 만한 성공을 거둔 데는 이 같은 스토리의 몫이 크다고 확신한다.

🍽 스토리에는 힘이 있다

한때 별다른 노력 없이 껌 매출 상위권에 항상 올랐던 '엑스트라'라는 브랜드가 있었다. 언제부턴가 엑스트라껌 매출이 급격하게 줄면서 업계 위치마저 위태로워질 지경이었다. 회사는 초심으로 돌아가기로 하고, 이 껌의 강점 중 하나인 향기를 강조한 광고를 내보냈다. 결과는 어땠을까?

광고에도 불구하고 매출은 계속해서 줄었다. 엑스트라껌은 여기서 포기하지 않고 다시 한번 심기일전했다. 그러자 놀라운 일이 벌어졌다. 엑스트라껌 광고가 '마음을 움직이는 영상' 부문 올해의 광고로 뽑히며 매출도 반등한 것이다. 광고의 시놉시스는 다음과 같았다.

두 남녀 학생이 첫눈에 반한 듯 수줍게 미소 짓는 모습으로 첫 장면이 시작된다. 둘은 그렇게 헤어지나 싶었는데 이내 여학생이 사물함에서 책을 떨어뜨렸고, 첫눈에 반한 남학생이 어디선가 나타나 책을 주워서 준다. 여학생은 보답으로 '엑스트라껌'을 주었고 둘은 환하게 웃는다. 그 뒤로 둘은 연인이 된다. 첫 키스, 첫 다툼 등 연인 사이에서 일어나는 흔한 장면들 속에 여자는 늘 남자에게 껌을 건넨다. 남자는 여자에게 건네받은 껌 종이에 그림을 그린다.

각자 위치에서 열심히 일하던 어느 날, 여자가 해외로 출장을 간다. 그렇게 두 남녀는 잠시 헤어졌고, 남자를 그리워하던 여자의 연락으로 둘은 작은 카페에서 재회한다. 놀랍게도 카페 벽면에 남자가 그린 그림들이 전시되어 있다. 자신이 건넸던 껌 종이에 그림을 그린 남자와 함께했던 소중한 추억들이 떠오르며 여자가 눈시울을 붉히는데…, 그림의 끝에 프러포즈하는 그림이 있다. 뒤돌아보니 남자가 프러포즈 반지를 들고 그림처럼 한쪽 무릎을 꿇고 있다.

그렇게 행복한 엔딩을 맞이하고 마지막에 다음과 같은 메인 카피와 함께 처음으로 껌이 제대로 등장한다.

#give Extra get extra

"엑스트라껌Extra을 건네면 추가의 것extra을 얻게 된다."는 메시지였다. 이 광고를 본 소비자들은 추가로 얻게 되는 것이 사랑임을 눈치챘다. 소비자의 감성을 제대로 건드린 광고였는데, 놀랍게도 이 이야기가 2분이 안 되는 영상 안에 다 들어있다. 껌이 단순히 구강 청결을 위한 것이 아니라 '함께하는 것, 친밀감, 소통'을 의미할 수 있다는 콘셉트를 만들어내고 그런 감성을 일깨워 줄 만한 스토리텔링을 광고로 표현해 적중한 경우다.

🍽 누구에게나 스토리가 있다

제품을 지나치게 부각하는 광고는 이제 찾기 힘들다. 잔잔한, 또는 재밌는 이야기 가운데 자연스럽게 제품이 드러나도록 광고하는 것이 대세로 자리했다. 가게도 마찬가지다. 우리나라는 30년만 장사를 해도 30년 전통을 자랑스럽게 여기며 간판에 써 붙이지만, 다른 나라에 가보면 그보다 훨씬 오래된 식당들이 많다.

유럽의 식당들은 70년은 기본이고 100년, 120년이나 된 곳도 제법 있다. 100년 전 느낌을 고스란히 살린 가게들도 있다. 어떻게 그럴 수 있을까? 그 힘은 바로 이야기에서 비롯된다. 처음 가게를 연 흔적부터 그곳에 다녀간 손님들, 그동안 바뀐 사장님들이 함께 만들어낸 이야기를 실내 인테리어에 자연스럽게 담아낸다.

소비자에게 잊혔던 물건이 다시 팔리고, 기존 고객들을 오랜 단골로 만드는 힘이 스토리에는 있다. 그리고 누구에게나 그런 스토리가 있다.

영화 〈아웃 오브 아프리카〉의 실제 여주인공이자 작가인 이자크 디네센Isak Dinesen은 이렇게 말한다. "사람이라면 누구나 들려줄 이야기가 있다."

🍽 스토리텔링 잘하는 방법

◆◆ 스토리 수집하기

스토리를 만들려면 스토리를 수집해야 한다. 자신이 판매하는 아이템이 무엇이든 간에 일단 스토리를 찾아내자. 자기 어린 시절 이야기, 가게를 열며 느꼈던 생각, 아이템의 유래 등등 뭐든 괜찮다. 남들에겐 없는 자신만의 특별한 스토리라는 게 중요하다. 여름방학 때 곤충채집 숙제를 위해 잠자리채와 채집통을 들고 숲과 들을 헤맸던 기억이 있는가? 마치 그때처럼 펜과 수첩을 들고 기억의 숲에 들어가 스토리를 수집하라.

◆◆ 지금 당장의 스토리 가공하기

자기만의 스토리가 부족하다면 어떻게 할까? 신문, 뉴스, 유튜브 등에서 지금 당장 회자되는 스토리를 찾을 수 있다. 그런 매체에서 사람들은 어떤 스토리에 열광하고 반응하는지 살펴보자. 조회수가 많은 영상, 신문의 메인 기사, '좋아요'를 가장 많이 받은 이슈들의 줄거리를 요약해 이야기 상자를 만들어보는 것도 방법이다.

◆◆ 상품 카피에 스토리 담기

메이랩은 키즈파티용 케이터링박스를 주문받을 때 "엄마가 만든 것처럼 정성스럽게 만들어드릴게요."라는 말을 꼭 덧붙인다. 어떤 상품이든 론칭할 때 사용하는 메인 카피가 있다. 그 메인 카피에 스토리가 담겨야 한다. '빛채공감'의 슬로건을 "나를 위한 작은 사치"로 삼았는데 거기에도 스토리가 있다.

🍽 빛채공감의 스토리

손님들에게 늘 신선한 재료, 맛있는 음식만 주고자 하는 신념이 있었지만, 정작 나는 바쁜 가게 일 때문에 제대로 챙겨 먹을 수 없었다. 고민 끝에 샐러드 정기배송을 한 달 신청했다. 정기배송 시스템이 궁금하기도 했다. 그렇게 구매한 샐러드는 맛이 없고 양도 부실했다. 결국, 한 끼도 제대로 못 먹고 냉장고에 방치했더니 상해서 모두 버릴 수밖에 없었다.

건강이나 다이어트 때문에 샐러드 소비는 늘었는데, 매일 먹기에는 맛도 재미도 없다. 샐러드는 건강에 도움이 되는 음식인데 왜 맛없게 억지로 먹어야 할까? 먹는 것도 결국 나 자신을 위한 것인데 말이다. 세상에서 가장 소중한 나에게 하루 한 끼라도 제대로 된 식사를 선물했으면 하는 바람이 들었다.

신선한 샐러드와 맛있는 불고기로 비타민과 단백질을 챙기고, 메이랩에서 만든 수제 고추장 소스를 곁들여 맛과 영양 모두 잡은 균형 잡힌 완벽한 한 끼! 그 한 끼가 고객에게도 "자신에게 선물하는 작은 사치"가 되길 바라는 마음이 '빛채공감'의 스토리가 되었다.

당신은 어떤 스토리를 선택할 것인가? 일단 당신이 수집한 여러

스토리들을 살펴 당신이 선택한 아이템과 접목해보자. 아무 이야기도 들려주지 않으면 아무에게도 관심을 받지 못한다. 당신이 자신의 스토리를 들려주는 순간 사람들은 호기심을 가지게 되고, 그 스토리가 재밌다면 당신의 아이템에도 관심을 쏟을 것이다.

스토리에는 5막 구조(발단, 전개, 위기, 절정, 결말)가 있다. 일반적인 마케팅 스토리에 이 모든 것을 담을 필요는 없지만, 이것만은 꼭 기억하자. 진실한 감정, 구체적인 디테일, 의미심장한 장면 이 세 가지 요소는 스토리에 반드시 있어야 한다. 여기에 개성 있는 캐릭터가 덧붙여진다면 금상첨화다. 작은 가게에서 '개성 있는 캐릭터' 하면 대체로 사장님이 해당된다. 나는 메이랩에서 "인심 좋고, 친근한 이모 같은" 사장 역을 맡고 있다.

당신도 자기 가게에서 어떤 역을 맡고 싶은지, 어떤 역할로 포지셔닝하고 싶은지 생각해보자. 그리고 그 역을 충실히 수행해내는 배우가 되길 바란다. 물론 그 연기에 진실함이 있어야 한다. 자신의 진짜 이야기가 바탕이 되어야 고객의 마음에 닿는 법. 가짜는 반드시 들킨다는 것을 기억하자.

창업을 위한 조언 한마디

빛채공감의 슬로건이 "자신에게 선물하는 작은 사치"가 된 데는 개인적인 스토리 때문이었습니다. 이처럼 진정성 있는 스토리를 바탕으로 한 카피만이 고객들의 마음을 움직일 수 있습니다. "진실한 감정, 구체적인 디테일, 의미심장한 장면"은 필수이고 여기에 개성 있는 캐릭터가 붙여지면 금상첨화입니다.

네이밍이 중요한 이유

'메이랩'은 이름만 보면 무슨 일을 하는 회사인지, 어떤 물건을 파는 가게인지 쉽게 짐작이 되지 않는다. 메이랩 창업을 준비할 때, 상호명에 'Lab(검사실, 실험실)'이라는 단어를 붙이는 게 유행이긴 했다. 그러나 메이랩의 랩은 'Wrap'으로 '포장하다'는 의미를 지니고 있다.

메이랩(May Wrap) "5월을 포장하다"

🍽 호기심, 공감, 설득력

나는 샌드위치 하면 봄 소풍이 떠오른다. 그래서 봄을 대표하는 계절 메이(May, 5월)에 랩Wrap을 더해 메이랩이라는 이름을 만들었다. 무엇을 파는 가게인지 모른 채 '메이랩'이라는 상호명만 보면 의아할 수도 있을 것이다. 그러나 의미를 알고 나면 무릎이 탁 쳐지는 네이밍이다.

고객들은 메이랩이 무슨 가게인지 몰라도 가게를 대표하는 인포메이션 그림을 보면서 어떤 가게인지 유추할 수 있고 호기심을 가지게 된다. 메이랩이 샌드위치를 파는 가게임을 알고는 네이밍이 설득력이 있기 때문에 "아하!"라며 수긍한다.

대상을 직관적으로 표현하는 네이밍도 있다. 그럴 경우 누구나 공감할 만한 센스 있는 네이밍이 필요하다. 그렇지 않으면 매력이나 호기심이 떨어진다. 이름이 어느 정도는 낯설어야 하지만, 의미에 공감할 수 있어야 한다. 이름을 읊조렸을 때 모든 감각을 건드리는 네이밍이어야 뇌리에 박힌다.

잘 지은 이름 하나는 수천만 원을 들인 마케팅 부럽지 않은

메이랩 인포메이션

효과를 낼 수 있다. 왜 그럴까?

🍲 매출에 직결되는 네이밍 노하우

똑같은 상품일지라도 어떻게 브랜딩을 하고 어떻게 네이밍을 하느냐에 따라 매출의 차이는 극과 극이다. A 화장품 회사에서 40대를 대상으로 쿠션 팩트를 출시했다고 가정해보자. 꽃잎 추출물이 들어가 '꽃잎 팩트'라고 이름을 지었다. 그런데 홈쇼핑에서 꽃잎 팩트라고 홍보했더니 매출이 영 오르지 않는다. 문제는 네이밍에 있다.

상품 이름에 '꽃잎'이 있다고 해서 홍보할 때 군이 꽃잎을 강조할 필요는 없다. 제품을 홍보할 때는 고객들이 구매하지 않으면 안 될 이유를 명확히 보여주는 것이 중요하다. 이 팩트는 '꽃잎 팩트'보다는 '동안 팩트' '완벽 커버 팩트' 등으로 포지셔닝했어야 한다.

네이밍은 사물에 의미를 부여하는 출발점이다. 김춘수 시인의 〈꽃〉의 한 구절처럼 누군가 이름을 불러주기 전에는 다만 하나의 물건에 지나지 않는다. 네이밍을 잘하면 평범한 물건도 의미 있고 가치 있는 제품이 될 수 있다. 네이밍이 좋지 않으면 제품의 매력을 어필할 기회조차 오지 않는다.

메이랩 초창기의 대표 메뉴는 에그 샌드위치였다. 에그 샌드위치는 어디서나 볼 수 있는 흔한 메뉴였지만, 메이랩 에그 샌드위치는 싱가포르에서 수입해야만 먹을 수 있던 카야잼을 활용해 만들었다. 당연히 나는 내가 만든 에그 샌드위치가 특별한 맛이라는 걸 알았지만, 손님들에겐 그저 흔하디흔한 '에그' 샌드위치 중 하나일 뿐이었다. 싱가포르산 카야잼이 들어간 메이랩 에그 샌드위치의 매력이 잘 어필되지 않았다.

그래서 나는 메뉴판을 살짝 수정해서 에그 샌드위치 앞에 "달콤하고 폭폭한"이라는 수식어를 덧붙였다. 주문을 받고 샌드위치를 서빙할 때도 늘 "달콤하고 부드러운' 혹은 '달콤하고 폭폭한' 에그 샌드위치 나왔습니다. 맛있게 드세요."라고 말했다. 그랬더니 에그 샌드위치 재구매율이 높아졌고, 심지어 입소문도 나기 시작했다. 계란 파동이 일었을 때조차 에그 샌드위치는 메이랩의 시그니처메뉴로 당당하게 자리를 잡았다.

🍽 네이밍 유형과 방법

가게 네이밍을 직접 정하기 어렵다면 전문가의 도움을 받으라고 말하고 싶다. 왜냐하면 네이밍 전문가는 가게의 브랜드나 경영자의 철학을 객관적으로 파악해 좀 더 명확하고 세련된 네이밍을 해줄 수 있기 때문이다.

재능아지트http://www.skillagit.com/main/main.php, 크몽https://kmong.com/ 등에서 리뷰가 좋은 전문가를 만나 의뢰할 수 있고, 네이밍과 로고

를 전문으로 하는 회사에 맡길 수도 있다. 물론 여기에는 돈이 든다. 그러나 생각해보면 아이 이름도 작명소에서 지을 때 10만 원 정도는 지불한다. 자식 같은 가게가 아닌가?

가게 이름을 손수 지어주고 싶다면 다음의 네이밍 유형을 참고해 직접 지어보자.

◆ 직관적인 문장으로 나타내는 유형

네이밍을 한 단어로 해야 한다고 생각하기 쉽지만, 꼭 그렇지만은 않다. '문장형'도 좋고 짧은 단어를 나열하는 '나열 설명형' 네이밍도 가능하다. 중요한 것은 업종의 의미를 잘 나타내는 동시에 소비자의 관심을 끌 수 있는 이름이냐 하는 것이다.

하루에 꼭 섭취해야 할 채소들이 다 들어있다는 '하루 야채', 숙취 해소에도 탁월하다고 알려진 '갈아 만든 배' 같은 이름이 그런 예로, 이 제품들은 기업의 효자 상품으로 자리 잡고 있다. 이런 제품들은 제품의 특성을 구구절절 설명하지 않아도 이름만으로 어떤 제품인지 직관적으로 알 수 있다.

◆ 연상 작용을 일으키는 유형

이름을 들으면 브랜드 이미지가 저절로 떠오르는 네이밍도 있는데, 연상 작용을 노린 네이밍 유형에 속한다. 연상 작용은 소비자의 지각에 영향을 주어 브랜드를 곱씹게 만드는 효과를 일으킨다. 브랜드의 호감도를 높이는 데도 연상의 힘은 탁월하다. 메이랩은

이 유형에 속한다고 할 수 있다.

대표적인 사례로 섬유유연제 '다우니'를 들 수 있다. 다우니는 영어 'Downy'를 그대로 사용한다. Downy의 사전적 의미는 '솜털이 뒤덮인' '보송보송한'에 해당하는데, 마치 다우니를 사용하면 빨래가 보송보송해진다는 느낌을 주고자 의도한 네이밍이다. 이름이 풍기는 부드러운 어감과 원어의 의미가 잘 맞아떨어졌을 뿐만 아니라, 빨래를 부드럽게 해준다는 섬유유연제만의 제품 특성에도 잘 어울려 네이밍 효과가 극대화된 경우다. 섬유유연제 하면 다우니가 연상되도록 한 의도가 제대로 통했다고 볼 수 있다.

❖ 상징성을 활용한 유형

자신만의 고유 가치를 상징적으로 표현하는 네이밍을 할 수도 있다. '요식업계의 신'이라 불리는 더본코리아 백종원 사장님은 자신의 이름 혹은 얼굴을 내건 백다방, 백종원의 원조 쌈밥집, 백철판, 백스비어 등등 여러 브랜드를 가지고 있다. 백종원 자신이 브랜드이기 때문에 그렇다. 이외에도 원할머니 보쌈, 윤선생 영어교실, 김영모 과자점 등 창업자의 이름과 아이템을 그대로 드러내는 네이밍의 경우 제품의 신뢰감을 주려는 의도가 있다. "얼마나 자신 있으면 이름을 내걸고 가게를 열었을까?" 하는 마음이 들게 한다.

2080치약, 비타 500, 구론산 등 제품의 특징을 상징화해 네이밍한 제품은 소비자들의 뇌리에 신속하게 안착한다는 장점이 있다.

🍽 비호감 네이밍 유형

　이런 네이밍 유형을 인지하지 못했는지, 굳이 먼 길을 돌아가기로 고집하는 것처럼 보이는 네이밍도 있다. 경쟁사를 그대로 모방한 네이밍, 자기만의 멋에 취해 의미를 알 수 없게 한 네이밍이 그렇다. 이상한 이름을 지어놓고 혼자 만족해하는 경우도 많이 보았다.

　여기까지는 그럴 수 있다고 쳐도, 상호명을 저급하게 혹은 비상식적으로 짓는 경우만은 피했으면 한다. 가령, 상호명에 특수기호가 들어가서 읽기조차 어려운 이름, 지나치게 긴 이름, 부정적인 어감을 주는 이름, 논란을 야기하는 이름, 저절로 눈살이 찌푸려지는 이름 등 비호감을 일으키는 이름들이 있다. 어떻게 해서든 튀는 이름이 좋다고 생각해서 그렇게 지었겠지만, 비호감인 이름은 오히려 역효과가 날 수 있음을 기억하자.

　가게 이름은 가게의 얼굴이자 경영자의 철학을 대변해주는 것이다. 아무리 작은 가게라 할지라도 일관된 경영 철학과 타당성 있는 브랜딩으로 고객에게 공감을 일으켜야 한다. 가게 이름을 짓기가 너무나 어렵다면, 소비자 입장이 되어 아무 가게나 방문해보길 바란다. 상호명과 인테리어, 판매하는 아이템 등의 분위기가 서로 조화롭고 세련된 분위기를 지닌 곳이 좋은지, 간판과 인테리어와 메뉴 등이 제각각 따로 노는 가게가 좋은지 직접 판단해보라. 당신이 창업하고자 하는 아이템의 시작이 고객에게는 네이밍임을 잊지 말자.

🍽 네이밍 잘하는 법

◆ 수시로 메모하는 습관

나는 머리가 복잡하면 땀이 나도록 청소를 한다. 아무 생각 없이 쓸고 닦고 정리를 하다 보면 기분도 맑아지고 머릿속도 정리되는 기분이 든다. 복잡한 생각이 정리되면서 새로운 아이디어가 떠오르기도 한다. 그럴 때는 눈에 잘 띄는 곳에 두었던 펜과 수첩을 들고 떠오른 영감을 재빨리 메모한다.

※ 메이랩 2호점 오픈할 것인가, 말 것인가?

★ 오픈 시 장점	★ 오픈 시 단점
① 교육과 주문을 분리할 수 있다.	① 고정 지출이 늘어남
② 새로운 창업 수업 (케이터링 실습) 론칭 가능	② 상가 주차장 사용이 불편함
③ 주말에 돌잔치, 생신 모임, 스몰웨딩 같은 행사로 매출 상승	

★ 해결 방안

① 저렴한 임대료 대비 코스트코 진입로에 위치해 홍보 효과가 큼. 매장 간판을 메이랩이 아닌 쇼핑몰 주소인 www.케이터링.com 넣어 광고 효과를 높인다.

② 매장 3분 거리에 위치한 구청 공영주차장 이용 및 주차비용 제공.

※ 메모 사례: 메이랩 2호점 오픈을 고민할 때 적었던 메모

평소 아이디어와 별 상관없는 사람일지라도 문득 "이거 괜찮은데?" 싶은 아이디어가 떠오를 때가 있다. 순간적으로 떠오른 아이디어를 적는 것과 휘발시키는 것은 전혀 다른 결과를 불러올 수 있다. 꽤 괜찮은 생각이라 오래도록 기억할 수 있을 것 같아도, 그 순간이 지나면 영영 떠오르지 않을 수 있다.

그런 경험이 많은 나는 아이디어가 떠오를 때마다 반드시 기록하는 습관을 들였다. 게다가 이처럼 순식간에 떠오른 아이디어가 의외로 괜찮은 것들이 많다. 여러분도 메모하는 습관을 지니자.

◆ 단순한 발상, 재미있는 네이밍

최근 여러 부문에서 새로움new과 복고retro를 결합한 '뉴트로newtro'가 유행이다. 가게 네이밍과 로고에서도 뉴트로 열풍을 느낄 수 있다. '백미당' '○○상회' '○○분식' 같은 상호명은 모두 뉴트로라 할 수 있다. 단순한 발상에서 비롯된 쉬운 네이밍 같지만, 뉴트로는 어린이부터 노년에 이르기까지 모든 세대를 포용한다는 장점이 있다.

뉴트로 제품은 기성세대에게는 추억을 불러일으키고, 젊은 세대에게는 신선함을 준다. '곰표'가 들어간 맥주, 옷, 과자 등이 날개 돋친 듯이 팔리는 걸 보면 뉴트로의 인기는 당분간 꾸준히 이어질 것 같다.

지역 이름을 그대로 사용해 네이밍하는 경우도 있다. 가령, 맥주 이름을 지역 이름으로 짓는 경우가 있는데, 생산지와 원료가 그 지역과 상관은 없지만 차별성과 독특함을 줌으로써 호기심을 불러일으키는 효과를 노린 것이다.

◆ 지나친 자랑은 금물

네이밍하면서 자랑 좀 하겠다는데 무슨 상관인가 싶을 것이다. 내가 만든 음식, 내가 파는 물건이 최고라서 혹은 최고가 되길 바라는 마음에서 자부심을 듬뿍 담아 상호를 짓겠다는 이야기이다. 그러나 지나친 자랑 일색인 상호명은 좋지 않다. 왜 그럴까?

우리 주변에서 자부심 가득한 네이밍을 심심찮게 발견한다. "3대째 ○○ 최고 잘하는 집" "○○ 작품" "왕의 ○○" 등 최고를 강조하기 위해 거창한 수식어를 넣은 가게 이름들을 본다. 하지만 그런 네이밍은 믿음이 가는 게 아니라 과시욕이 느껴져서 오히려 거부감이 든다.

자신의 아이템을 정말 최고라고 생각하는 믿음, 최고가 되고 싶은 포부만큼은 충분히 이해한다. 그러나 네이밍은 사장님을 위한 게 아니라 고객을 위한 것임을 기억하자. 지나친 과시가 담긴 네이밍은 소비자의 호기심을 떨어뜨릴 뿐만 아니라, 눈살을 찌푸리게 한다. 물론 사장님의 자신감이 얼마나 크면 그런 이름을 지었겠냐며 좋게 보는 사람도 있을 것이다. 그러나 가령 음식점인 경우 진짜 대단한 맛집이라면 이름값을 할 수도 있지만, 그렇지 않으면 오히려 역효과가 날 수도 있으니 유의하자.

창업을 위한 조언 한마디

가게 및 브랜드 이름은 그 가게의 얼굴이자 사장님의 경영 철학을 말해주는 것이므로 네이밍에 특히 심혈을 기울여야 합니다. 어떻게 해서든 튀겠다는 생각에서 전혀 공감이 안 되는 네이밍, 비호감 네이밍을 하면 안 됩니다. 흔하디흔한 '에그 샌드위치'가 아닌 '달콤하고 폭폭한 에그 샌드위치'처럼 네이밍에 진심을 담으면 제품의 가치가 올라갈 수 있습니다.

이름을 정했다면
상표 등록부터!

메이랩이라고 상호를 정하고 간판도 달았으니 열심히 장사만 하면 만사 오케이인 줄 알았다. 그렇게 3년이 지났다. 정부지원금이 나오는 사업에 도전하기 위해 준비하던 와중에 상표 등록이 되어 있으면 가산점이 붙는다는 이야기를 듣고 부랴부랴 상표를 출원하려고 변리사에게 연락했다. 당연히 '변리사가 알아서 잘 하겠거니' 하고 마음을 놓고 있었는데 뜻밖의 이야기를 듣게 되었다. 메이랩과 아무 상관도 없는 사람이 '메이랩'으로 상표를 출원해놓았다는 거였다.

🍽 누가 베끼겠나 방심했다간 큰일!

알고 보니 여기저기 상표를 먼저 출원해 선점한 뒤 브로커를 통해 합의금을 받고 상표를 되돌려주는 사람들이 있었다. 나는 그런 사실을 알고는 화가 나서 잠도 오지 않았다. 3년 동안 자식처럼 키워 놓은 내 가게 이름을 의도가 불순한 나쁜 사람 때문에 포기해야 한다니! 이건 단순히 간판만 바꾸면 되는 문제가 아니었다. 처음부터 다시 시작하는 것보다 더 어려운 길을 걸어가게 될지도 모를 일이었다.

화병이 날 정도로 분하고 눈물이 나올 정도로 속상했다. 합의금을 주고 상호를 찾아오는 방법이 최선인 것 같았지만, 왠지 지는 기분이 들어 그럴 수 없었다. 다른 방도를 찾기로 하는 한편, '케이터링닷컴'은 바로 상표 등록을 진행했다.

그 후 메이랩 상표 건도 다행히 잘 해결되었다. 메이랩 상표를 출원했던 사람이 내가 메이랩을 포기한 줄 알고 상표 등록을 포기한 것이었다. 사실 자기가 직접 사용하려고 상표를 등록한 게 아니면, 비용이 들어가는데 굳이 상표를 등록할 이유가 없다. 나는 곧바로 메이랩 상표 등록을 진행했고, 억울하게 잃어버린 땅이라도 되찾은 기분이 들었다.

우리나라 상표법은 선출원주의를 채택하고 있어서 먼저 상표를 출원한 사람이 상표의 소유자가 된다. 그런데 많은 사장님들이 "누가 내 상호를 베끼겠나?" 혹은 "누가 봐도 내 가게니까!" 하는 마음에 상표 등록을 거의 하지 않는다. 그러나 상표 등록을 하지 않거나 늦게 한다면 나처럼 돈을 노린 나쁜 사람 때문에 돈도 잃고 정신 건강도 해칠 수 있다.

내가 만든 브랜드로 몇 년째 열심히 장사하고 있는데, 다른 가게에서 내 브랜드를 그대로 베껴 장사할 수도 있다. 이때 만약 상표 등록이 되지 않았다면 자신의 정당한 권리를 주장하기 힘들어질 뿐만 아니라, 오히려 상표 침해로 신고받는 어이없는 일도 벌어질 수 있다.

 메이랩 꿀팁

[상표와 상호의 차이]
- 상표란 내가 만든 브랜드를 총칭하는 말이다. 가게 이름, 심벌(symbol), 수식어 등 자신이 독창적으로 만들어낸 브랜드 이미지를 통틀어 상표라고 한다. 상표는 지식재산이므로 이를 등록해야 만에 하나 불미스러운 일이 생기더라도 보호를 받을 수 있다.
- 상호란 영업할 때 쓰는 이름을 말한다. 메이랩을 오픈하고 "메이랩입니다."라고 말하는 것처럼 상호는 가게 이름 자체일 수도 있고, 개인이 영업 활동할 때 쓰는 이름이 될 수도 있다. 상호는 관할 등기소에 등록하면 되고 등록 절차가 비교적 간단하고 빠르다.

🍲 상표 등록에 관해 알아야 할 사항

상표 출원을 하지 않는다고 당장 어떻게 되는 것은 아니다. 그러나 당신의 사업이 잘되면 그것을 눈여겨보는 사람이 반드시 있고,

그가 당신의 사업을 따라 할 가능성이 높다는 점을 기억할 필요가 있다. 잘 팔리고 있는 당신의 물건 이름, 가게 이름, 로고 등을 다른 누군가가 베껴서 장사한다면, 당신에게는 당연히 금전적 손해가 발생한다. 만약 당신이 상표 출원을 하지 않았다면 당신의 제품을 베낀 행위를 법적으로 제재할 방법이 없고, 손해배상을 청구할 수도 없다. 상표 등록이 되어있는데 타인이 무단으로 당신의 상표를 사용하고 있다면 형사상 지식재산권 침해죄, 민사상 손해배상 청구를 할 수 있다.

상표 등록은 생각보다 절차가 까다롭다. 기존에 있는 상표인지도 알아봐야 하고, 특허청에서 우선 심사하는 데만 2~6개월, 일반 심사는 1년까지 소요된다. 만약 특허청에서 상표 등록 심사를 거절했다면 어떤 사유인지 알아보고 자료를 보완한 뒤 다시 제출할 수 있다. 그 후 특허청은 최종 상표 등록이 가능한지 거절되는지 심사한 이후 최종 결과를 통지해준다.

심사에서 통과가 되면 비용을 지불하고 상표를 등록할 수 있지만, 그렇지 않다면 처음부터 다시 절차를 밟아야 하므로 꽤 오랜 시간이 걸린다. 따라서 상표 등록 과정은 변리사의 도움을 받는 것이 가장 좋지만 혼자 하는 것이 전혀 불가능한 일은 아니다.

다음의 경우는 상표 등록이 거부되니 주의하길 바란다.

◆◆ 다른 상품과 식별하기 어려운 경우

- 흔히 쓰는 용어들은 상표 등록을 받을 수 없다. 대표적인 예가 '감자칩'이다. 프링글스, 포카칩 등의 감자 과자를 통틀어 감자칩이라고 부르는 만큼, 특정 개인이 감자칩을 상표로 독점할 수 없다.
- 산지, 품질, 원재료, 효능, 수량을 표시한 이름도 상표 등록이 거절될 수 있다. 예를 들어 "제주도 100cm 갈치집"이라고 상표를 등록하고 싶다고 하자. "제주도"라는 산지와 "100cm"라는 수치 표시는 상표 등록의 거절 사유가 될 수 있다.
- 지리적 명칭이나 지도만으로 이루어진 것도 상표 등록을 할 수 없다.
- 흔한 성, 흔한 이름만으로 된 상표도 등록이 거절된다. 예를 들어 "박씨네 막걸리" 하면 심사를 통해 상표 등록이 가능할 수도 있지만 '박씨네'라고만 하면 100% 거절된다.

◆◆ 공익이나 타인의 이익을 침해하는 경우

- 국기나 국장과 같거나 비슷한 것
- 공공의 질서를 해칠 우려가 있는 상표도 등록할 수 없다. 혐오를 야기하거나 특정인을 비방하는 용어는 상표로 등록되지 않는다.

- 상품의 품질이나 소비자를 기만할 우려가 있는 상표도 등록이 거절될 수 있다. 예를 들어 상호 앞에 '유기농'이라는 단어를 붙이려면 해당 식재료가 모두 유기농 인증을 받은 제품이어야 한다.
- 이미 상표로 등록된 것, 등록된 상표와 유사한 것도 상표 등록이 거절된다.
- 고용이나 동업 관계 등을 통해 이미 사용 중인 상표를 다른 사람이 먼저 유사한 상표로 등록하는 것도 거절 사유가 될 수 있다.

🍽 내 손으로 상표 등록하기

직접 상표 등록을 하고 싶다면 가장 먼저 자신이 생각하고 있던 상표를 '특허정보검색서비스www.kipris.or.kr'에서 검색한다. 그런 다음 특허청 전자출원시스템인 '특허로www.patent.go.kr'를 이용해 상표 등록을 할 수 있다. 전문가나 업체를 통해 상표 등록할 때보다 이처럼 직접 하는 것이 비용은 저렴할 수 있다. 다만 디자인마다, 상표마다 수수료를 내야 하고 심사 청구료, 재심사 시 재심사 청구료 등이 청구되니 만약 등록할 것이 많다면 오히려 전문가에게 맡기는 게 이익일 수 있다. 잘 따져보고 신중하게 선택할 필요가 있다.

"사업이 커질지, 안 커질지도 모르는데 무슨 상표 등록이야." 하며 상표 등록을 대수롭지 않게 생각하는 분들이 있다. 상표 등록을 왜 해야 하는지조차 모르는 사장님도 많이 보았다. 그러나 내가 직접 겪어보니 상표 등록은 창업을 결심하는 것만큼이나 중요하다는 생각이 든다. 누군가는 사활을 걸고 사업을 시작하는데, 잘되고 있는 사업을 누군가 홀라당 훔쳐 간다고 생각해보라. 그럼 왜 상표 등록을 해야 하는지 답이 나올 것이다.

자신이 오랫동안 사용해온 상호와 상표를 누군가 뒤늦게 상표 등록을 하고 도용한 경우, 하루아침에 상표 사용이 금지되는 것은 물론 아니다. 해당 상표로 먼저 사업을 시작했다는 것을 소명하면 '선의의 선사용권자'로서 계속 사용할 수 있다. 문제는 그 상표 도용자가 바로 내 가게 옆에서 장사를 한다고 해도 그걸 막을 도리는 없다는 것이다. 소비자들 역시 원조와 원조 아닌 가게를 구분해낼 재간이 없다. 이를 잘 보여주는 대표 사례가 남산의 돈가스 가게이다.

남산에 돈가스 거리를 만든 원조 남산 돈가스 가게 사장님이 있었다. 임대로 오픈한 그 가게는 얼마 안 돼 택시 기사님들 사이에서 맛집으로 소문이 났다. 그 유명세를 힘입어 남산에 우후죽순 돈가스 가게가 생겨났고, 원조 남산 돈가스 가게는 방송을 타며 전국적인 인기를 끌었다. 그러자 그 건물주는 임차인인 돈가스 가게 주인에게 권리금도 주지 않은 채 계약을 종료하고 말았다. 물론, 임대인이 임차인과의 계약을 종료하는 것은 있을 수 있는 일이다. 그런데 여기에는 심각한 문제가 있었다.

그 건물주가 가게 인테리어는 물론 간판도 바꾸지 않은 채 그 자리에서 똑같이 돈가스를 팔기 시작한 것이다. 당연히 고객들은 사장님이 바뀐 줄 모르고 간판만 보고서는 계속해서 그 가게를 찾았다. 남산에서 최초로 돈가스 가게를 열고 장사를 했던 사장님은 기가 막혔지만 어쩔 수 없었다. 건물주였던 새로운 돈가스 사장님은 그 자리에서 원조라는 타이틀을 떼지 않고 장사를 이어갔고, 2013년에는 상호 앞에 번지수를 붙여 상표 등록까지 했다. 결국 이 사건은 2021년 현재까지 법적 공방 중이다.

상호나 상표 같은 무형의 자산도 자산이다. 무형의 자산이 지닌 가치는 앞으로 내가 가게를 어떻게 운영하느냐에 따라 눈에 보이는 자산보다 훨씬 더 큰 가치와 이익을 가져올 수 있다. 그러니 가게를 열기로 결심하고 상호까지 결정했다면 반드시 상표 등록부터 신청하자.

 창업을 위한 조언 한마디

가게 이름을 정했다면 상표 등록을 꼭 하세요. 직접 할 수도 있지만 상표로 등록할 디자인이 많은 경우 오히려 업체에 맡기는 게 저렴할 수도 있습니다. 상표 등록을 원한다고 무조건 다 되는 것이 아니고 절차도 의외로 까다롭습니다. 상표 등록에 관해 본문에서 설명드린 정보를 숙지하시기 바랍니다.

4장

장사에 꼭 필요한
경영 노하우

3331 법칙으로
운영하라

　재테크 전문가들이 하는 말 중에 공통된 것이 있다. 절대 한 곳에 투자하지 말고 나눠야 한다는 것이다. 자신의 전 자산을 한 곳에 올인해 투자하는 것은 무모한 일이다. 부동산 30%, 주식 30%, 예·적금(연금 포함) 30%, 금 10% 정도로 분산 투자하는 것이 재테크 방법으로 가장 이상적이다.

　가게 운영에도 같은 원칙이 적용된다. 한 가지 경영 방식만 고집하면 위기가 닥쳤을 때 리스크가 크다. "맛만 있으면 손님은 알아서 찾아오는 거야.""배달은 절대 하지 않을 거야." 등의 방침을 고수하다간 장사하기 어려운 시대다. 물론 고집을 부려도 손님이 꾸준히 찾아오고 매출이 있다면 감사한 일이겠지만, 그런 경우는 흔치 않은 시대다. 수익이 들어올 수 있는 여러 통로를 마련해두는 것이 안전한 이유이다.

그 방안으로 내가 제안하는 것이 바로 3331법칙이다. 투자나 재테크에서 말하는 분산 투자는 가진 돈을 효율적으로 불리기 위해 '돈을 쓰는 것'인 반면, 내가 제안하는 3331 법칙은 수익이 들어오는 통로를 나눈 비율이다. 매장의 총 매출액을 10이라고 보았을 때 수익 구조를 3:3:3:1 비율로 나누는 것이다.

내게 3331 법칙은 가게를 안정적이고 효율적으로 운영하는 중요한 원칙이다. 메이랩 오픈 전부터 나는 이 법칙을 계획했고, 이것이야말로 메이랩을 단시간에 성장시킬 수 있었던 결정적 노하우였다. 내가 이 법칙을 고안한 것은 메이랩이 작은 가게였기 때문이다. 매장이 작으면 손님을 많이 받기 힘들고, 그럴수록 수익 구조를 분산시킬 필요가 있다.

📍 성수기와 비수기 활용하기

창업 2년 차 지금의 메이랩 본점을 오픈할 즈음, 수제 도시락, 케이터링박스, 쿠킹클래스, 대관 및 코스 요리 이렇게 총 4개 영역에서 3:3:3:1의 비율로 매출이 발생하도록 만들었다. 혼자서 어떻게 그 많은 걸 해낼 수 있을까? 의아한 분들을 위해 지금부터 그 비밀을 공개하고자 한다.

메이랩이 구성한 4개 영역은 성수기와 비수기가 조금씩 다르다.

영역	수제 도시락	케이터링박스	쿠킹클래스	대관, 코스 요리
성수기	3~4월, 9~10월	5월, 11~1월	2월, 6~8월	상시

　수제 도시락은 소풍이 많은 학기 초와 가을이 성수기이다. 케이터링박스는 행사가 많은 5월과 연말 연초 행사 때 주로 주문이 몰린다. 외식업계 비수기인 2월, 여름휴가 전인 6~7월 혹은 8월은 너무 더워서 재료가 잘 상하기도 하고 여름휴가를 보내며 새로운 기획과 재정비 시간을 가지는 사장님들이 많다. 자기계발을 원하는 가게 사장님이나 예비 창업자들을 대상으로 하는 쿠킹클래스를 이때로 잡은 것은 그래서였다.

　이처럼 성수기와 비수기를 염두에 둔 뒤 1년 단위로 미리 계획을 짜면 비수기 때도 적자에 허덕이지 않고 매출을 유지할 수 있다.

📍 도시락 또는 단품을 세트화하기

　이 같은 3331 법칙은 경영의 다각화뿐만 아니라, 아이템의 다각화로도 확대 적용할 수 있다. 가령 음식점이라면, 단품 메뉴에 사이드를 추가해 도시락을 만들어 판매해보자. 돈가스를 판매하는 곳이라면 돈가스 도시락을 만들어 포장할 수 있게 하고 소풍에 가지고 갈 수 있도록 만든다. 돈가스는 어린이도 많이 찾는 메뉴이니 어린이 소풍용 도시락으로 만들면 김밥을 싫어하는 어린이를 위한 틈새시장을 공략할 수 있다. 내가 만든 샌드위치 도시락도 우리 상권의 많은 부분을 차지하고 있는, 어린 자녀를 둔 부모들과 1인 가구에 인기가 많다.

우리나라 1인 가구 비율은 2021년 기준, 무려 31.7%나 된다. 서울시의 1인 가구는 전체 가구 수의 33.9%에 해당한다. 비혼이 늘고 고령화로 인해 1인 가구는 앞으로도 계속 증가할 것이다. 내가 이 증가세를 눈여겨보는 것은 1인 가구와 도시락은 분명 밀접한 상관관계가 있기 때문이다.

1인 가구의 가장 큰 고민거리 중 하나는 바로 음식이다. 요리를 하려면 장을 봐야 하는데 낱개로 사면 비싸고 잔뜩 사면 버리는 식재료가 많다. 방치하다가 유통기한이 지나버리는 제품도 많다. 혼자 먹기 위해 요리하는 것이 귀찮게 느껴지기도 한다. 혼밥이 지겨울 때쯤 찾게 되는 것이 바로 도시락이다. 따로 차릴 필요 없이 메인 메뉴에 사이드 몇 가지를 곁들인 도시락은 1인 가구에 안성맞춤이다.

메이랩의 단품 샌드위치 가격은 3,000~4,000원대였다. 여기에 과일, 음료를 곁들인 1만 원짜리 도시락부터, 한층 더 고급스럽게 구성한 3만 원짜리 고가 도시락까지 단가 높은 제품을 출시하면서 매출과 수익이 늘었다.

📍 나머지 1은 개발에 힘써라

3331 법칙에서 1은 어떤 것으로 구성하면 좋을까? 메이랩의 경우 그 1을 코스 요리로 기획했다. 스몰웨딩이나 생일파티 등 소규모 파티를 진행하고자 하는 고객을 타깃으로 브런치 코스를 만든 것이다. 수프, 애피타이저, 샐러드, 메인 요리, 후식으로 이루어진 일반적인 코스 요리였다. 샌드위치 장사하던 사람이 어떻게 갑자기 브런치 코스를 개발했나 하며 의아해할 분들도 있겠지만, 케이터링 박스를 준비할 때 여러 셰프님을 따라다니며 요리를 배우다 보니 브런치 코스에 도전하기가 비교적 쉬웠다.

강사 경력은 전무했지만, 내가 알고 있는 모든 것을
아낌없이 나누려는 마음으로 개설한 쿠킹클래스

내 경우 브런치 코스는 예약을 받아 진행했기에 매장 여건에 따라 준비할 수 있어서 여유가 있었다. 같은 시간과 노동력으로 도시락을 판매했을 때보다 매출 면에서도 이익이었다. 코스 요리 1인당 7만 원으로 가정했을 경우 10명 예약이라면, 재료 준비 포함 3시간 동안 70만 원의 매출을 올릴 수 있었다.

메이랩은 3331 중 1을 코스 요리로 구성했지만, 다른 업종이나 아이템의 경우 이 1에 대해 끊임없이 연구할 필요가 있다. 과연 어디에서 1의 수익을 창출할 수 있을까?

내가 최근 론칭한 '빛채공감'의 행보도 참고가 될 수 있을 것 같아 소개한다. 빛채공감은 샐러드와 비빔밥을 결합한 브랜드로 주 수익 창구는 단체 주문과 배민 등의 배달 앱이다. 이외에 1의 추가 수익 창출을 위해 샐러드 전문점이나 카페 같은 곳에서 주문을 받기도 하고 온라인을 통한 밀키트 판매, 소스 상품화 등을 개발하고 있다.

전체 비율로 따졌을 때 1은 수고가 덜하면서 마진율이 좋은 주력 먹거리를 발굴하기 위한 창구가 되어야 한다. 1을 제외한 나머지 9의 수익 창구가 영원하리라는 보장이 없기에 그렇다. 그런 가운데 이 1에서 매출이 발생하면 보너스를 받은 기분이 든다. 때로는 이 1의 매출이 뜻하지 않게 높아져 전체 매출 가운데 30%를 넘길 수도 있다.

그럴 경우, 기존 3:3:3 중에서 마진율이 낮고 준비 과정이 제일 어려운 한 가지를 포기하고 매출이 높아지는 1로 대체한다. 그리고 또 새로운 1을 찾기 시작한다. 이런 작업을 반복함으로써 자신에게 최적화된 운영 구조를 찾아 나간다.

숨은 재능, 끼를 살려라

나는 전문 강사가 아니다. 직장 생활할 때 신입사원 교육을 한 게 다였다. 하지만 오랜 회사 생활 덕에 생긴 재능이 있는데 바로 계획서와 커리큘럼을 잘 짜는 것이다. 많은 프레젠테이션 경험을 통해 발표하는 능력도 기술처럼 향상되었다. 사람과 소통하는 것도 좋아한다. 이런 재능을 가만히 묵혀두기 아까워서 비수기를 활용해 쿠킹클래스를 열었다.

어떤 가게든 비수기가 있기 마련이다. 찌개 전문점이라면 무더위가 기승을 부리는 한여름이, 맥주집이라면 한파가 닥치는 한겨울이 비수기가 된다. 이때를 활용해 자신의 재능을 활용해보자. 투잡을 뛰라는 이야기가 아니라 자신이 판매하고 있는 아이템을 활용해보라는 것이다. 나처럼 샌드위치를 만드는 수업을 개설할 수도 있고, 나아가 창업 강의를 할 수도 있다.

강의가 부담스럽다면 블로그나 유튜브 같은 SNS에 가게 운영 노하우와 레시피 등을 올려보자. 소비자들에게 유익한 정보가 될 만한 것들이면 뭐든 좋다. 글을 쓰거나 기타 창작 활동에 재능이 있다면 아이템 관련 콘텐츠를 업로드하는 것이 적성에 맞을 것이다.

이런 SNS 활동은 우선은 마케팅 수단으로 활용되지만, 추후 방문자나 구독자가 늘면 광고가 붙으면서 수익이 생길 수도 있다. 잘하면 SNS 광고 수익이 본업에 견줄 만한 부가 수입을 창출하는 창구가 될 수도 있다.

요리가 아닌 출장이 가능한 아이템이라면, 출장 서비스나 강의도 생각해볼 수 있다. 내 지인 중에 겨울에만 스키장 근처에서 스키용품 렌털 숍을 운영하는 사람이 있다. 스키용품 렌털 숍 사장님들은 여름에는 무얼 할까 궁금해서 물어보니, 여름에는 수상 스키 강의를 한단다. 이렇게 자신의 재능을 살려서 성수기와 비수기를 잘 활용하면 1년 내내 매출 하락 고민 없이 수익을 얻을 수 있다.

직장인일 때는 몰랐다. 월급이 따박따박 들어오니 그저 다달이 저절로 수입이 생기는 줄만 알았다. 그런데 내가 사장이 되어 사업을 해보니, 내가 움직이지 않으면 절대 돈이 들어오지 않는 구조였다. 1년 내내 사장님이 움직이지 않으면 안 되는 이 수익 구조를 바꿀 순 없을까?

3331 법칙으로 가게를 운영하게 된 것은 매출 비수기를 메우기 위한 것만은 아니었다. 사장인 내가 잠들어 있는 시간에도, 혹은 한 시즌 동안 사장이 자리를 비워도 수익이 들어오는 구조를 만들어야 했다. 책을 쓰고, 영상 강의 콘텐츠를 따로 제작하는 이유도 그런 의도와 맞닿아 있다.

가게를 운영하는 사장님이라면, 혹은 사장님이 되고 싶다면 현실에 안주해서는 안 된다. 내게 월급을 주는 사람은 오로지 고객,

소비자뿐임을 잊지 말자.

 창업을 위한 조언 한마디

어떤 업종이든 성수기와 비수기가 있습니다. 작은 가게일수록 비수기에 대한 대비
책이 필요한데 3331 법칙을 기억하세요. 특히 1은 미래의 먹거리 발굴을 위한 창
구가 되어야 합니다. 수고가 덜하면서 마진율이 좋은 주력 상품을 개발하는 노력에
1을 투자하십시오.

가게 운영 전략,
패러다임을 읽어라!

스타벅스의 하워드 슐츠Howard Schultz 회장은 '자본주의의 신' '미국 기업가들의 왕'으로 불린다. 그는 많은 사람이 집이나 사무실 외의 즐거운 장소에서 최고 품질의 커피를 마시길 원할 것을 예측했고 그 예측은 정확했다. 예측을 잘한다는 것은 시대의 패러다임을 꿰뚫어볼 줄 아는 통찰력이 있다는 뜻이다.

통찰력 있는 사람은 변화될 패러다임에 대비해 전략을 세울 줄 안다. 패러다임이란 특정 시대 대다수 사람들의 사고를 지배하는 이론적 틀, 혹은 개념의 집합체를 말한다. 개인을 개별로 보면 특성이 다르지만 특정한 시기에는 전체, 즉 하나의 틀로 규정할 수 있는데 그 하나의 틀을 패러다임이라고 한다. 당연히 패러다임은 특정한 시기에 따라 모양이 수시로 바뀐다.

📍 일단, 하나에 집중하라

앞서 3331 법칙을 이야기할 때 적어도 네 가지 수익 창구를 마련하라고 이야기했다. 주로 매장에서 발생하는 수익이 주 수입원일 텐데, 창업 초기에는 한 곳에 집중하는 것이 좋다. 우선 한 가지라도 자리 잡고 일정한 수익이 발생하면 그 뒤에 하나씩 새로운 루트를 개발하는 것이다.

요식업을 시작하는 사장님들의 흔한 실수가 처음부터 홀 운영과 배달을 동시에 하는 것이다. 한번은 강의에서 이렇게 말했더니 한 수강생이 "음식 장사하는데 배달은 당연한 거 아닌가요?" 하고 되물었다. 나는 그런 질문을 받으면, 직원을 여러 명 둔 큰 프랜차이즈이거나 배달 주문만 따로 요리하는 요리사가 있다면 배달을 해야겠지만, 작은 가게는 그러면 안 된다고 말씀드린다.

이제 막 장사를 시작해서 정신이 없는데 배달 주문을 받는다고 홀에 온 손님을 소홀히 하거나 우왕좌왕하는 모습을 보이면, 가게에 대한 손님의 신뢰도가 떨어진다. 반대로 홀 손님을 응대하느라 배달이 늦어지면, 고객으로부터 컴플레인과 함께 실망스러운 리뷰를 받게 된다.

작은 가게를 열었다면 하나에 집중하자. 배달 전문점이라면 배달에, 홀 식사가 먼저라면 홀 식사에 집중해야 한다. 사실 배달 전문점과 홀 식사 매장은 주방이나 가게 동선부터 다르다. 그러므로 매장 식사가 가능한 가게를 열었다면 홀 운영에 집중해야 할 것이다.

📍 배달에 목매지 마라

앞서 거창하게 패러다임 이야기를 했는데, 이제부터 그 이유에 대해 이야기해보고자 한다. 사실 작은 가게를 열면 그날그날 운영하는 것도 벅차 집에 가면 쓰러져 잠자기 바쁘다. 미래고 패러다임이고 생각할 여유가 없다. 그런데 일이 손에 익고 장사가 익숙해지면 "이 정도 매출로는 안 되겠는데?" "더 큰 수익을 올리고 싶다." 하는 마음이 반드시 생긴다. 이때 많은 사람들이 생각하는 추가적인 수익 창구가 바로 배달이다. 현재 배달 업계 중에서 가장 높은 비율을 차지하고 있는 배달 업체와 계약을 하게 될 것이다.

하지만 배달 말고 다른 방법도 있다는 것을 염두에 두고 알아본 뒤 배달 업체와 계약해도 늦지 않다. 사실 배달을 시작하면 그때부터는 시간과의 사투다. 맛과 정성은 홀 주문과 다름없이 똑같아야 하는데 속도까지 높이려니 손이 벌벌 떨린다. 점심시간이 되면 손님이 몰릴 텐데, 배달 알람이 연속으로 울리기라도 하면 그때부터 얼굴이 창백해지면서 식은땀이 흐른다.

여차저차 홀 손님도 배달도 다 내보내고 피크타임이 지나 잠시 쉬는 동안 배달 앱 리뷰를 본다. 그런데 "배달이 늦었네, 간이 짜네, 국물이 샜네" 하는 리뷰 일색이다. 그런 리뷰를 보면 저녁 장사할 맛이 싹 사라진다. 그러니 처음부터 배달 업체와 계약하지 말고 소소한 배달 루트부터 시작해보자. 요즘은 빠른 것도 중요하지만 고객에게 프라이빗한 느낌을 갖게 해주는 것이 더 효과적인 전략이 될 수 있기에 그렇다.

📍 인플루언서 전략에 힌트가 있다

인스타그램, 페이스북 등을 보면 "마켓 오픈 얼마 안 남았어요!" "마켓 오픈 일정!" "공구 마감 임박!" 같은 문구들을 심심치 않게 볼 수 있다. 대부분 SNS에서 막강한 영향력을 행사하는 인플루언서들의 홍보 문구다. 인플루언서들은 십중팔구 자신들의 SNS를 통해 마켓을 오픈하고 공구(공동구매)를 진행한다.

인플루언서들의 외모나 라이프스타일을 동경하는 팔로워들은 그들이 먹고 마시는 것, 입고 쓰는 것에 호기심을 느낀다. 그가 파는 것을 사면 자신도 그 인플루언서처럼 될지 모른다는 마음, 혹은 인플루언서에게 소비자로서 영향력을 행사하고 싶은 마음 등 복잡 미묘한 감정에 이끌려 수많은 군중이 그들의 마켓이 열리기만을 기다린다. 그런 인플루언서들의 수익은 직장인 월급 수준부터 일반인으로서 상상하기 어려운 금액까지 천차만별에 이른다.

당장 인플루언서가 되라는 말이 아니다. 매장 운영이 어느 정도 손에 익으면 마케팅도 본격적으로 시작해야 하는데, 인스타그램이나 블로그 혹은 단골을 중심으로 자신이 만들 수 있을 만큼만 주문을 받아 판매하는 방법이 있다는 이야기다. 이때 자신이 공지한 수량만큼만 판매하고 더는 판매하지 않는 것이 포인트다.

사람들은 더는 무조건 많이 팔리는 것에 열광하지 않는다. 2000년대 초반까지만 해도 TV에서 유명 연예인이 링 귀걸이를 차고 나오면, 겨우 며칠 지나 지하철에 있는 여성들의 반 이상이 링 귀걸이를 했다. 망고 나시가 유행일 때는 전 국민이 색깔만 다른 망고 나시에 카고 팬츠, 일명 건빵바지를 입고 다녔다.

그러나 요즘은 개성이 존중받는 시대이다. 남들과 똑같은 것은 질색한다. 남들과 다르다는 건 튀는 게 아니라 특별한 것이 되었다. 정보를 공유하지만 선점하길 원하며, 대중적이지만 특별하길 원하는 것이 요즘 소비자들의 심리다. 장사할 때도 그런 심리를 반영해야 한다.

물건을 잘 파는 인플루언서는 많이, 오랫동안 판매하지 않는다. 딱 수량만큼 판매하고 그 이상은 사지 못하게 아예 주문 링크를 닫아버린다. 이때 물건을 사지 못해 아쉬워하는 고객들에게 며칠 후 슬그머니 2차 마켓 오픈을 예고하며 기회를 준다.

📍 남들 한다고 따라 하지 마라

밀당도 전략이다. 수익을 많이 올리기 위해 물건을 많이 만들어놓고 판매하거나 상시 판매한다면, 소비자 입장에서 해당 물건을 꼭 사야겠다는 심리가 줄어든다. 작은 가게라면 자신이 만들 수 있는 만큼만 판매해보자. 소량 판매가 의외로 소비자들의 구매 욕구를 높일 수 있다. 이때 주의할 점은 홀에서 판매하는 것과 인터넷에서 파는 것이 똑같은 구성이어서는 안 된다는 것이다.

예를 들어 홀 운영만 하는 작은 참치 가게를 열었다고 해보자. 매장 운영에 손해를 입지 않는 선에서 추가로 매출을 발생시키고 싶다면, 오후 2~3시까지 브레이크타임을 이용해 참치 1인분 포장 판매 서비스를 오픈하는 것이다. 평소에는 홀에서 사 먹을 수 없는 메뉴와 가격으로 구성한 뒤, 주변 상권에 있는 단골들에게만 알리거나 SNS를 통해 홍보한다. 물론 맛이 있다면 이 전략은 가게 홍보와 매출 상승이라는 두 마리 토끼를 안겨다 줄 것이다.

이렇게 가게를 알리고 매출이나 운영이 안정권에 들어서면 그때부터 규모가 큰 배달 회사와 계약을 체결해 본격적으로 배달을 시작한다. 아이템에 따라 쿠팡, 네이버 스마트스토어, 마켓컬리, 아이디어스 등으로 판매 창구를 늘릴 수 있다. 솜씨당, 탈잉, 클래스톡 같은 곳에 클래스를 열어 자신의 솜씨나 감각을 전수할 수도 있다.

"배달은 남들이 하는데 나도 무조건 해야지."라고 생각하고 배달을 얕보았다가는 이도 저도 안 된다. 사장님이 된 이상 업무 주도권은 내 것이다. 남들이 어떻게 운영하든 흔들리지도 말고 너무 조급해하지도 말자. 고맙게도 지금은 반드시 주류에 편승할 필요가 없는 시대다. 남들이 어떻게 하든 자기 형편과 상황에 맞춰서 하면 된다. 판매 창구는 얼마든지 있다.

평생직장이라는 말이 사라진 지 오래이고, 투잡을 넘어 쓰리잡까지 뛰는 시대가 되었다. 직업에 대해서도 개인이 곧 아이템이자 사장님이 되어야 하는 패러다임으로 점점 바뀌고 있다. 그러니 자신이 가지고 있는 유, 무형의 자산을 최대한 활용해보자.

 창업을 위한 조언 한마디

처음부터 대규모 배달 업체와 덜컥 계약하지 말고 프라이빗한 배달부터 시작해보세요. SNS에서 소량만 한정판매를 하는 등 작은 가게만의 전략이 필요합니다. 큰 배달 업체와의 계약은 매출이 어느 정도 안정권에 들어선 뒤 해도 늦지 않습니다.

감에 의존하지 말고
통계 경영을 하라

　어린 시절, 우리 마을 어귀에 중년 부부가 운영하는 구멍가게가 있었다. 작은 마을의 가게였기에 물건은 많지 않았으나 의외로 있을 건 다 있었다. 꼬마들 간식이나 아이스크림부터 성냥, 초, 수세미, 간장 등등 마을 사람이 필요할 것 같은 물건은 항상 있었다. 다른 가게도 그랬는지 모르지만 계산을 하려고 "아줌마!" 하고 부르면 가게에 딸린 살림집 방문을 열고 아주머니가 나와 계산했다. 소중히 쥐고 있던 동전을 건네면 아주머니는 검정색 커다란 장부에 "과자 300원" 하고 꼭 적어두셨다.

　이처럼 아날로그 시대의 데이터란 수기 장부였다. 과거 사장님들은 손으로 쓴 장부를 보고 어린이날 특정 과자가 많이 팔리고, 명절 전엔 기름이 많이 팔린다는 정보들을 확인해 장사에 활용했다. 디지털 시대의 데이터는 수기로 감당할 수 없을 만큼 방대해졌다. 과자 한 봉지를 팔아도 여러 가지 데이터가 나온다. 어느 회사 과자가 잘 팔리는지, 주 소비자층의 나이는 어떻게 되는지, 날씨가 좋을 때 잘 팔리는지 나쁠 때 잘 팔리는지, 낮에 잘 팔리는지 밤에 잘 팔리는지 등등 수많은 정보를 포함한다. 과자를 파는 가게나 제조하는 기업은 그 방대한 양의 데이터를 수치화해서 직관적인 표로 나타내야 한다.

📍 데이터를 기반으로 운영한다

요즘의 기업들은 빅데이터를 기반으로 경영을 한다. 빅데이터란 디지털 환경에서 생성되는 대규모 데이터를 말하는데, 규모가 방대할 뿐만 아니라 수치나 영상 등 형태도 매우 다양하다. 기업들은 빅데이터 분석을 마케팅 활동에 적극적으로 적용한다. 고객 또는 소비자의 빅데이터를 분석하면 타깃을 좀 더 정확히 잡을 수 있고 효과적인 마케팅에 성공할 수 있다. 그뿐만 아니라 고객 이탈 방지나 고객의 니즈를 반영한 서비스 구축에도 도움이 된다.

그렇다면 1인 가게는 어떻게 데이터를 분석해야 할까? 포스기기에 그 답이 있다. 주문을 받는 동시에 포스기기에 고객의 나이, 주문 수량, 메뉴, 시간대 등이 자동으로 입력된다. 원하면 성별이나 디테일한 정보를 입력할 수도 있다. 포스기기에 있는 그런 데이터만 잘 활용해도 장사를 하는 데 훨씬 많은 도움이 된다.

그럼 어떤 데이터가 중요할까? 시간대별, 일별, 주별, 월별 잘 판매되는 품목과 판매 수량이 특히 더 중요하다. 장사에 매우 중요한 이런 데이터를 예측하면 로스를 줄일 수 있고, 매출이 일어나는 시간을 알 수 있으니 쉬는 날 또는 브레이크타임을 정하는 데도 효과적이다. 이렇게 포스기를 기반으로 삼은 데이터는 원시 데이터source data가 된다.

원시 데이터에서 1차적으로 분석해야 할 것은 당연히 손익이다. 재료비와 인건비가 전체 매출의 55~65%를 넘지 않아야 하는데, 그러려면 불필요한 지출을 줄여야 한다. 포스기에서 나타난 데이터를 바탕으로 통계를 내보면 늘려야 할 것과 줄여야 할 것이 눈에 보인다. 잘 팔리는 메뉴는 재료를 좀 더 준비하고, 잘 팔리지 않는 메뉴는 단종시키거나 재료의 양을 줄인다. 이렇게 재고관리를 잘하면 당연히 로스율도 줄고, 불필요하게 나가는 돈을 막을 수도 있다.

📍 통계를 내서 전략을 세운다

메이랩 초창기 시절, 샌드위치의 매출 발생 시간을 분석해보았더니 오전 9시 이전과 점심시간이 조금 지난 오후 2~3시경이 가장 많았다. 이를 토대로 장 보는 시간과 브레이크타임을 정했다. 이 통계는 요일별, 날씨별로 재료를 준비하는 데도 도움이 되었다. 이런 데이터 통계를 토대로 몇 가지 분석을 추가하면 매출이 향상되고 가게 운영에도 도움이 된다.

다른 통계를 보니 비 오는 날엔 베이컨 샌드위치 제품이 잘 나갔고 5월엔 에그 샌드위치 판매율이 높았다. 나는 이 통계를 토대로 그 이유를 분석해보았다. 그러자 메뉴에 대한 전략을 어떻게 세워야 할지 눈에 보이기 시작했다. 여기에 따라 고객이 만족할 만한 메뉴를 만들면 매출은 당연히 올라간다.

앞서 도시락은 소풍이나 야유회 시즌이 성수기이고, 케이터링박스는 가정의 달인 5월과 연말 및 신년 행사가 많은 11~1월이 성수기라고 했다. 이는 감에 의존한 이야기가 아니라 지난 3년 동안 매출 통계에서 얻은 수치를 기반으로 한 팩트였다. 이렇게 정보가 구축되면 운영 계획을 세울 때도 편하다. 행사 전 단체 주문 홍보를 미리 할 수 있고, 도시락 박스 재고도 확보할 수 있다.

케이터링박스의 경우 데이터 통계는 특히 더 중요하다. 케이터링박스는 행사가 많은 연말이 대목인 만큼 해당 날짜에 확실하게 매출을 일으켜야 하기 때문이다. 특히 크리스마스이브 전 금요일과 1월 1일 신정 직전 금요일에 행사가 가장 많은데 이런 날을 대비해 미리 아르바이트생을 구해두어야 노동력 확보에 차질이 없다. 넋 놓고 있다가 주문이 들어왔는데 막상 인력을 구하지 못하거나 재고가 없다면 엄청난 손해를 감수해야 한다.

이처럼 데이터 통계를 내면 장사의 히스토리를 알 수 있고, 이를 기반으로 예측이 가능해진다. 예측이 가능하다는 것은 손님에게 적재적소의 서비스를 제공할 확률이 올라간다는 뜻이기도 하다. 자신의 가게에 대한 정보가 아예 없는 사람들을 신규 고객으로 끌어들이는 데 쓰는 마케팅 비용을 생각해보라. 그런 비용을 쓰는 것보다 이미 우리 가게를 찾은 적이 있는 고객들의 만족도를 높여 그들에게 좀 더 돈을 쓰게 하고, 다음에 또 찾게 하는 것이 비용이나 효율 면에서 훨씬 이득이 아닐까?

📍 목표도 수치화하라

〈한 사람을 위한 마음〉이라는 노래 제목을 모르는 사람도 "왜 슬픈 예감은 틀린 적이 없나~"라는 가사는 한 번쯤 들어보았을 것이다. 이 가사가 담긴 곡이 바로 〈한 사람을 위한 마음〉이다. 우리는 흔히 "안 좋은 예감은 틀리지 않는다."라고 한다. 왜 그럴까?

안 좋은 예감은 통계를 바탕으로 하기에 그렇다. 왠지 좋지 않은 기분이 들 때, 뭔가 서늘한 기운이 등줄기를 지나갈 때, 무언가 놓고 온 듯한 찜찜한 기분으로 집을 나섰을 때, 십중팔구 예감처럼 부정적인 일이 생긴다. 그런 특정 기분에 사로잡힌 뒤 우려했던 일이 발생하는 경우가 몇 차례 반복되면서 그 데이터가 우리 몸에 축적되고, 다시 비슷한 기분이 밀려오면 그 통계를 바탕으로 기시감이 든다. 그때의 기시감은 방어기제 역할을 한다.

아쉽게도 좋은 예감은 그 반대이다. 좋은 예감은 대체로 일정한 패턴 없이 찾아온다. 가게를 처음 여는 사장님들은 백이면 백 가게가 잘 될 거라고 생각한다. 벌써 2호점도 내고 차도 고급으로 바꾼다. 남들은 망해도 자신은 망하지 않을 거라고 생각한다.

안 된다고 생각하면 가게 자체를 열 수 없으니, 그런 생각으로 시작하는 것도 이해는 된다. 그러나 그토록 자신만만하던 가게들이 오픈 '빨'을 지나서도 롱런하게 될까? 장사는 좋은 기운, 우연한 행운에만 의존해서는 절대 롱런할 수 없다.

사장님이라면 숫자와 통계에 민감해져야 한다. 심지어 자신만만한 마음도 숫자로 나타내고 수치화하는 습관을 들일 필요가 있다. "오늘도 열심히 팔아보자!" 하는 추상적인 생각으로 장사에 임하면 열심히만 하고 수익이 안 날 수 있다. "열심히" 대신 "오늘 매출 150만 원 달성!"처럼 목표를 숫자로 정하자. 그래야 어떤 메뉴를 중점적으로 팔아야 할지, 직원들에게 일 분배는 어떻게 할지, 점심 장사에 집중할 것인지 저녁 장사에 집중할 것인지 등등 150만 원 매출 목표를 달성하기 위한 구체적인 방안이 나온다.

사장님은 모름지기 전략가가 되어야 한다. 직원 없이 혼자 운영하는 1인 가게 사장님도 마찬가지다. 정확히 수치화된 목표를 세우고, 이를 달성하려면 얼마만큼의 자본금과 노동력이 들어가는지 파악해야 한다. 목표와 전략을 세울 때 데이터 통계를 활용한다면 헛수고를 줄일 수 있다.

자기 자신을 믿고, 자신감 있는 자세도 중요하다. 그러나 장사를 잘하려면 숫자에 민감해야 하고, 숫자를 믿는 게 더 중요하다. 사장님이 숫자에 민감하고 정확한 목표를 제시해야 구성원들도 사장님을 신뢰할 수 있고 열심히 일할 수 있다. 그런 사장님을 직원들은 함부로 생각하지 않는다.

처음 장사를 시작할 때는 통계가 없으니 당연히 어리둥절할 수 있다. 그럴 때는 예상 매출액과 손익분기점을 정해두고 일단 장사를 해 나간다. 그렇게 하루, 일주일 장사를 해보면 예상 매출액에 얼마나 근접했는지, 가게 오픈 후 손익분기점 달성까지 몇 시간이 걸렸는지 계산할 수 있다. 데이터를 기반으로 통계를 내고 전략을 세우는 것은 초보 사장님이라도 반드시 해야 할 일이다. 영업 초반의 작은 하루들이 쌓이고 쌓여, 이를 자신의 데이터로 만들어야 판을 짤 때 유리하다. 그래야 시장에 끌려다니지 않고, 주도적으로 장사를 할 수 있다.

 창업을 위한 조언 한마디

아무리 작은 가게라 해도 통계 경영을 해야 합니다. 특히 판매 데이터는 감으로 이야기하지 말고 숫자로 이야기하세요. 막연히 "소비자들은 이런 걸 좋아해."라고 하지 말고 정확한 통계로 소비자들의 기호를 판단하세요. 목표마저도 막연히 "열심히"가 아니라 "매출 150만 원"처럼 숫자로 정하는 습관을 들이세요.

단골 고객
사로잡는 법칙!

이탈리아 경제학자 빌프레도 파레토Vilfredo Pareto는 "이탈리아 전체 부의 80%를 인구 20%가 차지하고 있다."라고 이야기했다. 놀랍게도 이 8 대 2 법칙은 이탈리아 경제뿐만 아니라 전 세계 여러 분야에서도 비슷하게 적용된다. 다음을 주목해보자.

- 백화점 전체 매출의 80%를 20% 고객이 차지한다.
- 즐겨 입는 옷의 80%는 옷장에 걸린 20% 옷뿐이다.
- 20%의 범죄자가 사회 전체 80%의 범죄를 일으킨다.
- 우수한 인재 20%가 사회 문제 80%를 해결한다.

📍 단골 주문은 시간을 만들어서라도 받는다

요식업의 경우 가게를 열고 가장 먼저 확인할 부분은, 바로 한 번 방문한 손님이 다시 찾는 빈도수이다. 2주나 한 달이 지나도 처음 방문했던 손님을 다시 볼 수 없다면 음식에 문제가 있거나 가게 위치에 문제가 있다고 볼 수 있다. 가게 위치는 온라인 홍보나 적극적인 마케팅으로 해결할 수 있다고 해도 음식에 문제가 있다면 음식 맛을 재고하거나 아이템을 바꿔야 한다.

내 경험상 단골과 신규 고객 비율이 8:2면 좋겠지만 최소 4:6은 유지되도록 노력해야 한다. 단골 비율이 높으면 높을수록 유리하다. 특히 요식업은 단골 없이 사업을 성장시키기가 어렵다. 수많은 음식점 가운데 한 번의 기회로 고객의 입맛과 마음을 사로잡아야 하기 때문에 단골 확보는 요식업의 성공 여부를 좌우한다.

메이랩은 예약제로 주문을 받고 있다. 최대한 신선하게 조리해서 보내드리기 위해 최소 일주일 전에 주문을 받고, 요리를 하기 직전에 재료를 확보한다. 하지만 단골은 예외다. 단 한 번이라도 메이랩에서 주문한 내역이 있다면 고객이 급하게 주문할 경우, 밤을 새워서라도 주문을 맞춰준다. 단골이 얼마만큼 중요하냐면, 나는 한 번 주문한 고객에게 "시간을 만들어서라도 주문을 도와드립니다."라고 홍보한 적도 있다. 그만큼 단골은 매장 운영에 있어서 큰 자산이다.

만약 신규 고객과 단골 주문이 동시에 들어오면 망설임 없이 단골손님 주문을 먼저 진행한다. 이유는 간단하다. 신규 고객은 아직 음식 맛과 서비스를 받아 보기 전이므로 아쉬움 때문에라도 기회가 되면 다시 찾는다. 상담할 때도 무조건 거절하지 않고, "이번 주는 음식 준비가 마감되어 준비가 어렵습니다. 죄송합니다. 연락처를 남겨둘 테니 다음에 다시 주문해주시면 꼭 서비스 메뉴를 챙겨드리겠습니다."라고 말한다.

그렇게 이야기하면 신규 고객은 메이랩을 기억해두었다가 아쉬움 때문에 혹은 필요에 의해 다시 찾게 되고, 다시 찾았을 때 맛과 서비스에 만족하면 단골 고객으로 남는다. 반대로 단골 고객을 소홀히 대하면 그들은 다른 가게로 가버린다. 한 번 실망한 단골 고객의 마음을 되돌리기란 쉽지 않다. 세상에 가게는 많고, 먹을거리는 널렸다.

🍽 세심한 배려로 고객을 감동시킨다

메이랩은 단체 행사 위주로 주문을 받다 보니 기업 담당자들과 연락할 기회가 많다. 이때 직장 생활 경험이 적잖이 도움이 되었다.

회사 다닐 때를 떠올려 보자. 회사에서 크고 작은 행사를 맡아서 준비할 때 행사 담당자는 음식만 준비하는 게 아니다. 그는 행사 전반을 책임지다 보니 할 일도, 챙길 일도 많다. 그런데 음식을 맡긴 업체 쪽에서 일 처리를 매끄럽게 하지 못하거나 자꾸만 이것저것 질문을 해오면, 행사 담당자의 일은 더 많아진다. 다시는 그 업체와 계약할 마음이 사라질 것이다.

나는 그때의 기억을 되살렸다. 행사 담당자가 음식 준비만큼이라도 신경을 쓰지 않도록 사전에 요구 사항을 꼼꼼히 체크하고 알아서 준비한다. 대금을 결제할 때도 기업은 대부분 사업자등록증이나 통장 사본 같은 기본 서류를 요청하는데, 담당자 요청이 오기 전에 기업에서 필요할 것 같은 서류들을 준비해 미리 보내준다. 행사가 끝나면 거래명세서와 당일 행사 사진 파일을 보내주고, 다음 행사 때도 꼭 찾아달라는 짧은 메시지를 곁들인다.

큰 수고가 드는 일은 아니지만 디테일한 배려와 서비스에 담당자는 감동을 받는다. 말하지 않아도 알아주는 세심한 가게라는 인식이 생긴다. 바로 그때 고객은 마음을 굳힌다. 나는 이렇게 한 번 주문해온 기업과 꾸준히 거래를 틀 수 있었다.

📍 감사의 마음으로 고객을 기억한다

고객의 마음을 사로잡는 가장 확실한 비법은 고객을 기억하는 것이다. 가게를 하나의 살아 있는 인격체라고 생각해보자. 수많은 고민 끝에 내 가게를 선택해준 고객이 얼마나 고마운가? 그래서 나는 그 고객을 계속 기억해둔다. 그 고객이 한동안 나를 찾지 않더라도 말이다.

1년 뒤 고객의 머릿속에 우연히 내 가게가 떠올라서 가게를 다시 찾았다. 그런데 사장님이 자신을 기억하고 있다면 고객은 얼마나 감동할까! 바쁜 일상 가운데 누군가 자신을 기억해주고 기다려주고 있었다고 생각해보라. 고객은 그 가게에 대해 오랜만에 만난 동네 친구처럼 친근한 마음이 들 것이다.

나는 주문을 받으면 고객의 주문번호와 이름, 구체적인 특징을 동시에 저장해둔다.

20200101 케이터링박스 10인 조○○ 님

– 미소가 아름다웠던 분.

조○○ 고객은 메이랩을 오픈한 지 얼마 안 되었을 때, 회사 오픈 행사 때 필요하다며 케이터링박스를 주문했던 고객이었다. 4년 만에 다시 연락을 준 것이었다. 나는 그분 전화를 받고 반가운 마음에 이렇게 말했다. "조○○님, 정말 오랜만입니다. 그동안 잘 지내셨나요? 회사 창업하신 지 벌써 4주년이 되셨네요. 축하드려요!"

그분이 어떻게 자신을 기억하느냐며 이야기하는데, 수화기 너머로도 기쁨과 반가움이 그대로 느껴졌다.

단골 고객을 충성 고객으로 만드는 것은 고객을 기억해주는 데서 시작된다. 단골은 그 고객만으로 매출을 일으키지만, 충성 고객은 새로운 고객까지 만들어준다. 요식업의 경우, 충성 고객은 친구나 동료들을 데려오거나 회식 장소로 선택하고, 다른 업체에도 그 가게를 소개해주는 등 홍보에도 적극적이다.

나는 고객 한 사람에게 감동을 주었을 뿐인데, 그 1명이 10명의 신규 고객으로 보답해준다니 이 얼마나 감사한 일인가! 그래서 고객을 기억하는 일이 중요하다. 고객 입장에서는 3개월이 지나면 우리 가게를 잊게 된다. 위치나 상호가 기억나지 않을 수 있고, 딱히 일상적으로 먹는 음식이 아니라면 그동안 음식이 당기지 않았을 수도 있다.

나는 한 번이라도 방문한 고객은 모두 저장해두었다가 명절 또는 특정 이벤트가 있을 때 주기적으로 단체 문자를 발송한다. 이때 주의할 점은 단체 문자라는 느낌이 들지 않도록 최대한 안부처럼 보이도록 하는 것이다. 그런 문자를 너무 자주 보내거나 너무 이른 시간 혹은 늦은 시간에 보내는 것은 역효과를 불러일으킨다. 광고성 문자로 여겨지면 고객은 바로 수신을 차단하기 때문이다.

나는 단체 문자를 보낼 때 내용은 같되 이름만 바꾸어 보내거나 개인별, 기업별로 나누어 호칭을 디테일하게 지칭한다. 요컨대, 마케팅 문자가 아니라 친구가 보내는 안부 문자처럼 보이게 하는 것이다. 이렇게 주기적으로 존재감을 알려야 고객의 기억에서 내 가게가 되살아나고 주문으로 이어진다. 신메뉴 출시나 책 출판처럼 좋은 일이 있을 때도 고객과 기쁨을 나눈다. 고객과 관계를 형성해 나가는 것이다.

⑩ 배달 전문점도 단골을 만들라

요즘은 배달만 전문으로 하는 음식점이 많은데, 배달 전문점도 단골 고객을 사로잡기 위한 노력이 필요하다. 배달 음식에선 사장님이나 직원의 태도를 느낄 수 없으니 맛으로만 승부하면 된다고 생각하기 쉽겠지만, 전혀 그렇지 않다. 배달 전문점은 오로지 배달 앱에 노출되는 화면과 배달 서비스에 의존한 마케팅을 해야 하므로, 오히려 한층 더 디테일한 서비스로 차별화를 줄 필요가 있다.

전화 주문을 받을 때는 최대한 친절하고 밝은 말투로 응대하고, 평소 목소리보다 한 단계 높은 톤으로 고객의 주문을 재확인시켜준다. 배달 앱 화면에 메뉴를 기재할 때는 세세하면서 센스 있는 문구를 채택한다. 가령 맵기는 어린이가 먹을 수 있을 정도인지 아닌지 등 세심히 표기해주는 것이 좋다. 서비스를 제공한다면 형식적인 게 아니라 푸짐하게 줄 수 있는 아이템을 찾아 꾸준히 주어야 한다.

앱에 리뷰를 단 손님에게는 그날그날 답글을 달아 감사의 마음을 전해야 한다. 만약 리뷰 중에 불만이 있는 고객이 있다면 어떤 점이 문제였는지 확인한 뒤 수용할 만한 문제라면 사과하고 다음에 주문을 한다면 서비스를 주겠다고 확답한다. 그 손님은 반드시 기억해두었다가 서비스를 챙겨주어야 한다.

배달 전문점이든 매장이든 너무 친절한 것은 부담스럽다. 지나치게 친절을 베풀면 고객들은 더 많은 것을 바란다. 적당하게 자신이 할 수 있는 만큼 친절을 베풀되 변함없는 것이 중요하다.

요즘 신규 고객을 늘리기 위해 인스타나 유명 블로거에게 마케팅을 의뢰하는 경우가 많다. 이처럼 신규 고객 유치도 중요하지만, 그보다 기존 고객을 붙드는 게 우선이다. 자기 가게에 한 번이라도 찾아와 주었던 고객만이라도 잘 관리해보자. 아무리 신규 고객을 확보해보았자 꾸준히 찾아와 준 단골 고객을 떠나보내면 밑 빠진 독에 물 붓기나 다름없다. 기존 고객이 단골 고객이 되고 단골이 충성 고객이 된다. 바로 이들이 가게가 롱런할 수 있게 해주는 소중한 존재이다.

 메이랩 꿀팁

[장사가 쉬워지는 고객 관리 프로그램]
인터넷에서 고객 관리 프로그램을 검색해보세요. 별도의 서버 설치 없이 이용할 수 있는 고객 관리 프로그램들이 있어요. 두세 군데 찾아보고 무료 체험도 해보고, 견적을 낸 뒤 사용해보세요. 고객 관리가 한결 수월해진답니다.

고객에게 각인될
확실한 콘셉트

　사람이 맛집을 기억하는 것은 맛 때문이 아니라, 가게 분위기 덕이 크다. 음식이 맛있어야 하는 건 너무나 당연한 이야기이고 맛의 중요성을 구구절절 언급하기엔 입이 아플 정도다. 맛 다음으로 중요한 것이 가게가 주는 느낌, 바로 콘셉트다. 똑같은 음식을 파는 A 가게와 B 가게가 있다고 가정해보자. 둘 다 맛이 평이할 경우 고객들에게 좀 더 각인되는 가게는 콘셉트가 확실한 가게이다.

손님의 기억 속엔 무엇이 각인될까?

　곰곰이 생각해보면, 우리는 3일 전에 어떤 음식을 먹었는지, 정확히 어떤 맛이있는지 잘 기억하지 못한다. 따라서 아무 특색 없는 가게에서 밥을 먹고 나간 손님이 그 가게를 아주 오랫동안 기억해줄 거라는 생각은 버려야 한다. 사실, 손님들은 늘 가는 곳만 간다. 3개월 안에 내 가게를 다시 찾지 않았다면 내 가게는 손님의 기억 속에서 사라졌다고 봐야 한다.

그렇다면 손님은 가게에서 어떤 것들을 기억할까? 손님의 뇌리에는 무엇이 남아 있을까? 손님들은 음식의 맛보다는 현관 앞 포토 스팟, 유난히 친절했던 발레파킹 직원, 키즈룸에 놓여 있던 놀이 시설과 게임기, 샹들리에가 고급스럽게 드리워진 룸, 직원이 영혼을 담아 만들어준 철판 위 하트 볶음밥 등등을 더 오래 기억한다. 그런 시간은 주로 소중한 사람과 함께하는 경우가 많기에 더욱 의미가 있다.

요식업의 경우, 감히 단언컨대 음식보다는 콘셉트를 정하는 것이 우선이다. 콘셉트는 직원들의 독특한 유니폼이 될 수도 있고, 사장님과 가위바위보를 해서 이기면 서비스를 주는 규칙이 될 수도 있다. 20분 안에 세숫대야 냉면 한 그릇을 깨끗이 비우면 냉면값이 공짜라는 영업 방침이 될 수도 있고, 하다못해 입이 떡 벌어질 정도로 예쁘고 트렌디한 인테리어가 될 수도 있다. 그런 특별한 콘셉트가 있어야 고객의 기억에 그 가게가 남고, 그래야 가게는 살아남는다.

📍 상호명에 어울리는 수식어를 만든다

상호는 가게 주인이 주관적으로 지은 것이기 때문에 고객 입장에서는 낯설 수 있다. 고객이 상호를 쉽게 기억할 거라고 생각하면 안 되는 이유이다. 각자 경험을 떠올려보자. 새로운 가게가 생겼다고 일부러 그 상호를 외우는 사람은 거의 없다. 더구나 가게들이 쉽게 생겼다가 금세 사라지는 요즘의 현실에서 그런 경향은 더욱 두드러진다.

"왜 거기 있잖아! 시장 입구에 생긴 곱창전골집." 사람들은 상호 대신 이런 식으로 가게를 기억한다. 상호만큼이나 중요한 것이 가게를 수식하는 단어라는 이야기이다.

수식어란 무엇인가? 수식어의 사전적인 의미는 "표현을 아름답고 강렬하게 또는 명확하게 하기 위해 꾸미는 말"이다. 그냥 'girl' 이라는 단어를 보면 아무 느낌이 들지 않지만, 'beautiful girl'이라고 하면 얼마나 아름다운 소녀일까 상상하게 된다. 이렇듯 수식어를 잘만 활용하면 가게를 각인시키는 데 큰 도움이 된다. 수식어는 전문성을 나타내는 데도 도움이 되기 때문에 매출에 유리하게 작용할 수 있다.

아이돌도 자신을 소개할 때 자신의 이미지를 각인시키기 위한 수식어를 인사말에 넣는다. 걸그룹 인사법 시초로 불리는 소녀시대는 2세대 아이돌 걸그룹 중 확실한 인사법으로 대중을 사로잡으며 인지도를 쌓아 올린 케이스다.

"지금은 소녀시대! 앞으로도 소녀시대! 안녕하세요, 소녀시대입니다."

한 시대를 평정하겠다는 자부심과 그룹의 콘셉트를 잘 드러낸 이미지메이킹, 그리고 그룹 명칭, 이 삼박자가 잘 맞아떨어져 소녀시대는 대중에게 안정적으로 안착했다. 그런가 하면 거꾸로 콘셉트가 분명해서 대중이 그 콘셉트에 맞게 수식어를 붙여주는 경우도 있다. 여름 노래가 잘 어울린다고 '섬머퀸', 거친 남성미가 잘 드러나서 '짐승돌', 작사나 작곡을 잘한다고 해서 '작곡돌' 등이 그렇다. 이때 전문성을 나타내는 수식어가 붙으면 그 분야에서만큼은 돋보일 수 있다는 뜻도 된다.

가게를 홍보할 때도 이를 참고할 필요가 있다. 'AA 감자탕'이라고 상호만 노출시키는 것보다, "뼛속까지 얼큰해지는 AA 감자탕입니다."라고 표현하거나 짧게 "깊고 진한 AA 감자탕" 따위의 수식어를 붙여 홍보하는 것이 훨씬 효과적이다. 그래야 고객 입장에서는 상호명을 문자로 외울 필요 없이 이미지로 가게를 기억할 수 있게 된다.

콘셉트, 작은 노력으로 충분하다

메이랩 오픈 당시 프랜차이즈가 아니라서 어떻게 하면 인지도를 높일 수 있을지 늘 고민이 많았다. 고민 끝에 가게 앞에 샌드위치 자판기를 놓았는데, 예상 밖의 홍보 효과가 있었다. 지금도 마찬가지이지만, 당시 샌드위치 자판기는 꽹장히 획기적인 기획이었다. 샌드위치 자판기가 있는 가게라며 동네 사람들에게 입소문이 났고, 샌드위치 자판기를 검색하면 메이랩이 최상단에 올라올 정도로 이슈가 되었다. 당연히 초기 홍보에 샌드위치 자판기 덕을 톡톡히 보았다.

나 역시 본명보다 메이랩으로 더 많은 활동을 이어나가고 있다. 가게 이름을 브랜드화하기 위해서다. 강의를 하거나 출판을 할 때 '조윤화'라는 사람을 강조하기보다 '메이랩' 브랜드에 내 정체성을

메이랩 매장에 설치한 샌드위치 자판기.
다소 생소한 샌드위치 자판기는 어느덧 동네의 명물이 되었다.

부여해 소개한다. 그리고 메이랩만 이야기하는 것이 아니라 각 주
제에 맞는 수식어를 붙인다. 창업 강의를 할 때는 "창업 컨설턴트
메이랩입니다." 쿠킹클래스를 할 때는 "요리연구가 메이랩입니다."
책과 관련된 인터뷰를 하거나 책을 쓸 때는 "베스트셀러 작가 메
이랩입니다." 등으로 소개한다.

이렇게 수식어를 붙여 소개하는 것이 대단한 일이 아닌 것처럼
보여도, 그 효과는 훗날 나타날 것이다. 그 분야에 사람이 필요할
때, 혹은 어떤 가게를 찾고자 할 때 그런 수식어가 단서가 되기 때
문이다. 그 효과가 당장 나타나지 않는다고 해도 수식어를 붙이려
는 노력을 소홀히 해서는 안 되는 이유이다.

📍 좋은 콘텐츠, 어렵게 생각하지 말라

좋은 수식어를 차지하려면 확실한 콘텐츠가 있는 게 도움이 된
다. 확실한 콘텐츠가 있으면 한마디로 별명 부자가 되고 신규 고객
을 확보하는 데도 유리하다. 콘텐츠를 어렵게 생각할 필요는 없다.
사장님이 가지고 있는 모든 것, 가게가 보여줄 수 있는 모든 것이
좋은 콘텐츠가 될 수 있다.

커피숍을 운영한다고 해서 SNS에 만날 커피 사진만 올릴 수는
없다. 사람들이 좋아할 만한 풍경 사진을 올리기도 하고 자신이
좋아하는 음악을 추천하는 것도 좋다. 그런 풍경과 함께 마시면

좋은 음료, 그런 음악에 어울릴 만한 커피를 소개해주면 금상첨화다. 사람들은 색다른 정보를 얻을 수 있어서 좋고, 그 가게는 감성을 아는 가게로 사람들의 기억에 남게 된다.

애견 카페라면 애견 카페 메뉴를 홍보하는 것보다, 자신의 카페 시설물을 이용하는 강아지들의 사진이나 편의시설 등을 SNS에 올리는 게 좋다. 강아지의 건강 정보, 강아지 키울 때 팁 같은 알짜 정보를 공유하면 더 좋다. 수산 시장도 마찬가지다. 앉아서 손님이 오기만을 기다리지 말고 전복 손질하는 법, 회 뜨는 법, 생선 요리할 때 비린내 잡는 법 등 수산물에 관련된 전문 지식을 글과 사진 또는 영상으로 SNS에 올려보자.

코로나 팬데믹으로 자영업자들이 모두 힘든 시기를 보내고 있다. 그러나 코로나 팬데믹이 아니었어도 비대면 시대는 기술의 발달로 인해 예고된 미래라고 많은 전문가들이 이야기한다. 언제 찾아와도 이상하지 않을 그 시대가 미처 대비하지 못한 지금 벌써 와버린 것일 뿐이다.

불과 몇 년 전만 해도, 성수기 때 관광지에 가면 손님이 발에 차일 정도로 많았다. 주차할 자리가 없을 지경이었다. 가게 앞에선 직원이 "언니! 회 한 접시 먹고 가!" 하고 손님을 불렀고 손님이 가격을 흥정하며 더 깎아달라고 하면 "그 가격엔 안 돼요." 하며 손님을 보내는 일이 흔했다. 배짱 있게 여유를 부리며 호객 행위하던 그 시대는 이미 끝났다. 코로나가 끝나더라도 말이다.

이제 사람들은 인터넷으로 SNS로 맛집을 찾아다니고 리뷰를 확인한다. 사진이 잘 나오는 가게인지, 가게에 어떤 특색이 있는지, 주변에 어떤 볼거리가 있는지 등을 검색한 뒤 해당 가게에 들를 것인가 말 것인가를 판단한다. 그 많은 가게 중 누군가 내 가게를 클릭하려면 어떻게 해야 할까? 당연히 눈에 띄는 확실한 콘텐츠를 장착해야 한다.

사람들이 클릭하는 콘텐츠를 만들기 위해서는 정보를 모으고 잘 전달해야 한다. 내가 파는 메뉴가 건강에 좋은지, 좋다면 어디에 좋은지, 식재료는 어디서 구입했는지, 하다못해 가게 주변에 어떤 볼거리가 있는지 등등 고객은 내가 제공하는 정보를 보는 시간이 아깝지 않다고 느껴져야 한다.

메이랩 역시 요식업계이다 보니, SNS를 통해 요리에 관련된 정보를 전달함으로써 고객과 소통하고 있다. 내가 직접 다녀온 맛집을 소개하기도 하고, 집에서 쉽게 해 먹을 수 있는 요리 레시피를 블로그나 인스타그램에 업데이트하고 있다. 이는 고객들과 소통하기 위해 시작한 일이었지만, 우리나라 3대 엔터테인먼트 기업과 크리에이터 계약을 체결하는 성과로 이어졌고, K-푸드를 중화권에 알리는 뜻깊은 일에도 동참하게 되었다.

처음부터 오직 홍보 목적으로 작정하고 콘텐츠를 제작했다면, 나는 아마 쉽게 지쳤을 것이다. 내가 처음 콘텐츠를 제작해 공유하게 된 출발점은, 내가 올리는 정보가 단 한 사람에게라도 도움이 되기를 바라는 순수한 마음이었다. 그 사람이 내 고객이 되어준다면 더 바랄 것이 없겠다는 생각은 물론 했다.

내가 장에서 식재료를 구입하는 과정이라든가, 식재료를 손질하는 과정 등을 영상에 담아 블로그에 올렸더니 자연스럽게 팬이 생겼다. 그분들은 내 블로그에서 정보를 얻는 것을 넘어 우리 가게를 신뢰하게 되었고 우리 가게의 단골 고객이 되었다.

콘텐츠 생산을 너무 어렵게 생각할 필요가 없다. 내가 일상적으로 하는 모든 행위, 주변에서 일어나는 모든 일이 콘텐츠가 될 수 있다. 물론 일반적인 정서에 맞지 않거나 선을 넘는 행위는 안 된다. 누가 봐도 눈살을 찌푸릴 혐오스러운 콘텐츠는 피해야 한다.

가게 오픈을 준비하는 절차와 과정을 사진이나 영상에 담아보자. 가게 출근길에 쓰레기 줍는 모습, 육수를 만드는 모습, 가게에 새로 들인 접시와 그릇, 매장 앞에 있는 나무의 변화 등도 좋은 콘텐츠가 될 수 있다. 이런 일상적인 것들을 사진 또는 영상으로 찍어서 SNS 게시글로 올려보자. 사심 없이 친근한 동네 이모, 언니, 형이 되어주는 마음으로 말이다.

 창업을 위한 조언 한마디

요즘은 SNS 전성시대입니다. 작은 가게 사장님이라면 블로그나 유튜브 활동이 매출에도 큰 도움이 될 것입니다. 너무 어렵게 생각할 필요 없이, 출근하고 일하고 청소하는 모든 일상이 좋은 콘텐츠가 될 수 있습니다. 자신의 전문 영역을 고객과 공유한다는 마음으로 쉽게 전달하면 더욱 좋습니다.

브랜드를 알리고,
브랜드 자산은 높이고

　가게는 살아 있는 생명체다. 이름을 붙여주고 의미를 부여해주고 공부하면서 키우다 보면 가게는 어느새 부쩍 자라게 된다. 내 가게이니 내 눈에 예쁜 것은 당연하지만 나만 예뻐서는 안 된다.

　우리나라는 수요보다 공급이 많다. 하다못해 한 블록 안에 같은 브랜드의 편의점이 두 곳인 경우도 있다. 우리나라 치킨집 개수(3만 6천 개)가 전 세계 맥도날드 체인점(3만 5천 개) 개수보다 많은 때도 있었다. 상황이 이렇다 보니 마케팅은 선택이 아니라 필수다.

　하지만 대기업도 아닌 작은 가게에서 상당한 비용을 들여 마케팅을 하기란 쉬운 일이 아니다. 그래서 가게 이름에 수식어를 붙이고, SNS에 콘텐츠를 올리라고 이야기하는 것이다. 그래야 가게가 고객에게 한 번이라도 더 노출될 수 있기 때문이다.

📍 온라인 시대 작은 가게의 경쟁력

대중들은 넘쳐나는 정보 속에서 살고 있다. 가만히 있어도 스마트폰만 켜면 포털 사이트와 앱의 모든 정보가 두 눈에 빨려 들어온다. 유쾌하고 간결한 유머들을 좋아하는 MZ 세대는 소위 '짤'이나 카드뉴스 형식으로 정보를 기억한다. 정보나 유머가 확실하고 임팩트 있을수록 그들을 사로잡을 수 있다. MZ 세대는 흥미를 느끼면 바로 검색해보고 직접 찾아가기도 한다. 가게가 작아도, 위치가 불리해도 승산이 있는 것은 바로 MZ 세대의 그런 점 때문이다. 소비자와 상호작용하는 방식이 오프라인에서 이제 온라인으로 바뀌었다는 이야기이다.

스마트폰을 전화기로만 생각하는 사람은 없을 것이다. 정보를 얻고 오락을 즐기는 것은 물론이고 위치 추적, 취미와 건강, 쇼핑과 투자까지 스마트폰 하나로 못할 것이 없는 세상이다. 스마트폰에 NFC(근거리 무선통신)를 장착하면 지갑, 교통카드, 신용카드, 신분증도 필요 없다. 가게 또는 브랜드가 살아남으려면 상시 접속 가능한 그 정보 속의 일원이 되어야 한다. 그 브랜드가 오래 가려면 기술적 호소력 위에 감성적 호소력이 필요하다.

작은 가게일수록 소셜커머스social commerce를 눈여겨볼 필요가 있다. 소셜커머스란 SNS상에서 일정 수 이상의 구매자가 모이면, 파격적인 가격으로 할인해 판매하는 전자상거래 방식을 말한다. 인플루언서를 통한 공구(공동구매), 카톡의 톡딜은 소셜커머스의

팬클럽이 주문한 연예인 서포트 도시락. SNS 홍보 덕에 주문처가 중국이나 미국일 때도 있다.

대표적인 예다.

판매자 입장에서 소셜커머스는 장단점이 극명하다. 기껏 할인된 가격으로 고객들을 유인했는데, 매장을 방문한 고객들에게 기억에 남을 만한 가치를 제공하지 못한다면 재구매로 이어지지 않기 때문이다. 따라서 소셜커머스는 매장을 오픈하고 어느 정도 자리가 잡혔을 때 브랜드를 알리는 홍보용으로 생각하는 게 좋다. 소셜커머스를 통해 판매한다면, 그 기회를 절호의 찬스로 생각해 특별히 만족할 만한 서비스를 제공해야 한다.

메이랩은 인스타그램과 블로그 등 가능한 모든 소셜 네트워크를 이용해 브랜드를 알리는 데 상당한 시간과 공을 들였다. 그 결과 SNS 홍보 효과를 톡톡히 보고 있다. 인스타그램 DM을 통해 팬클럽으로부터 연예인용 도시락 주문을 받기도 하는데 주문처가 중국이나 미국일 때도 있다. SNS 홍보에 공을 들이지 않았다면 외국에서 주문을 받는 것은 기대하기 어려웠을 것이다.

📍 브랜드는 마음에서 시작된다

캐나다의 한 디자인 회사 컨설팅 파트너는 이렇게 말한다.

"브랜드의 제1기능은 선택의 불안감을 해소해주는 것이다. 제품을 안다는 느낌이 강할수록 불안감이 줄어든다."

과거의 마케팅은 판매에 방점을 두었다. 그러나 지금은 그렇게 해서는 '속물' 소리만 듣는다. 가게의 일상을 고객과 공유하며 가게와 함께 고객도 성장하는 느낌이 들도록 브랜드를 노출해야 한다. 가능하다면 가게를 오픈하기 전, 가게 자리를 알아보는 과정부터 인테리어를 준비하는 모습 등을 SNS에 업로드해보자. 고객들은 기대감이 극대화되면서 가게의 행보를 관심 있게 지켜볼 것이다. 고객 입장에서 자신이 창업하는 것은 아니지만, 함께 창업하는 기분이 들고 가게를 오픈할 때 함께 기뻐해줄 수 있다.

'오느른'이라는 유튜버 겸 방송국 PD가 있다. 그가 별안간 시골 폐가를 사서 귀촌하는 콘셉트로 유튜브 채널을 개설했다. 처음에는 주말에만 있을 목적으로 시골집을 구하는 과정을 영상으로 올리더니, 점점 직업 특성을 발휘해 감각 있는 영상을 만들고 많은 시청자들의 눈길을 사로잡았다. 소소하고 잔잔한 시골 배경이 구독자들에게 평온함을 선사하면서 오느른 채널은 개설한 지 3개월도 안 돼 구독자 5만 명을 돌파했고, 2021년 12월 현재 30만 7천 명의 구독자를 두고 있다.

오느른에 올라오는 주 영상은 시골의 폐가를 사서 인테리어하는 과정과 시골의 일상들이다. 구독자들은 거기서 느끼는 소소한 행복, 이웃과 정을 나누는 모습, 인테리어가 완성되는 모습들을 지켜보면서 유튜버와 함께 성장하는 기분을 느낀다. 주거할 집 인테리어를 마친 오느른 유튜버는 읍내에 작은 집을 구해 작업실 겸 카페로 인테리어하는 과정도 다시 올리기 시작했다.

우리는 여기에서 힌트를 얻을 필요가 있다. 지금의 마케팅은 판매자의 일방적인 행위가 아닌 소비자와 관계를 형성하는 작업으로 이해해야 한다. 부모가 자식을 만나 하나씩 알아가고 성장하듯 가게도 처음부터 소비자와 관계를 맺어가면서 하나가 된다. 이를 브랜딩이라고 하는데, 브랜딩이 잘된 가게는 고객과 신뢰 관계를 형성할 수 있고, 이는 매출 상승에 주춧돌이 된다.

생각해보면 내게나 소중한 가게이고 브랜드이지, 고객이 내 가게를 소중하게 여길 의무는 없다. 전단지로 가게를 열었다고 홍보하고, 1+1 행사를 한다고 홍보물을 돌린다고 해서 고객의 눈길을 끌기 힘들다. 요즘같이 지나가는 사람조차 만나기 힘든 시대에 전단지 홍보는 종이와 시간 낭비일 뿐이다. 사람들이 지갑을 열지 않는다고, 자기 가게에 찾아와 주지 않는다고 불평하며 손 놓고 있지 말고 오픈할 때부터 계획적으로 SNS 계정을 만들어 가게와 함께 키워보자. 가게 위치와 영업 시간 등은 그 계정에 노출하면 된다.

📍 브랜드 자산을 높이는 법

나의 아침은 SNS를 체크하는 것으로 시작된다. 리뷰를 확인하고 인스타그램을 방문해준 사람들에게 안부를 묻거나 '좋아요'를

차량은 달리는 홍보 수단이다. 휴가지에 가서도 바닷가 모래밭에 상호를 새긴다.

누른다. 매장 앞에는 작은 화면을 설치해 그동안 진행했던 행사나 방송 영상을 송출한다. 메이랩 로고가 새겨진 볼펜을 제작해 만나는 사람마다 선물로 주고, 방문한 곳에 한두 개씩 놓고 온다. 메이랩 로고와 연락처로 도배한 업무용 차량은 달리는 홍보 수단으로 사용하고, 심지어 휴가지에 가서도 바닷가 모래밭에 메이랩 세 글자를 큼직하게 써두고 온다.

가게에 대한 구구절절한 설명 없이 '메이랩'이라는 이름을 노출시키는 것만으로도 꽤 쏠쏠한 마케팅이 된다. 사람들은 궁금한 것을 참지 못하기 때문에 상호를 보면 인터넷에 검색을 해본다. 그렇게 하루 최소 1명에게라도 메이랩을 알리려고 노력한다. 1개월이면 30명이 메이랩을 알게 되고, 30명 중 1명이 고객으로 이어진다면 그 1명을 단골 고객이 되게끔 한다. 한꺼번에 많은 사람이 알도록 마케팅하는 것도 필요하지만, 꾸준히 가게를 알려 고객 수를 점차 늘리는 것도 중요하다.

케이터링 행사장에 나갈 때는 명함과 팸플릿을 두둑하게 챙긴다. 단체 행사에 참석한 한 명의 고객이라도 잡기 위함이다. 그 한 명을 통해 또 다른 단체 주문으로 연결될 수 있기 때문이다. 단체 도시락에는 "여러분은 지금 메이랩에서 만든 프리미엄 도시락을 드시고 계십니다."라는 문구가 적힌 스티커를 붙여서 보낸다. 단순한 도시락을 먹는 게 아니라, 품격 있는

행사장에 남기는 메모에도 최선을 다한다.

식사를 대접받고 있음을 손님 스스로 느끼게끔 만드는 것이다.

이처럼 브랜드에 대해 호기심을 일으키고 브랜드를 체험하는 사람에게 자신을 가치 있는 존재로 느끼게끔 만드는 작업을 브랜딩이라고 한다. 따라서 브랜드의 가치는 소비자의 인식에서 비롯된다. 사람들이 기꺼이 비싼 값을 치르면서 명품을 사는 것은 그런 브랜드 가치 때문이다.

브랜드에서 비롯된 자산을 '브랜드 자산brand equity'이라고 한다. 브랜드 자산이란 다시 말해, 브랜드에 얹힌 부가적 가치라는 뜻이다. 브랜드 자산의 가치가 높을수록 소비자가 그 브랜드 제품을 구매할 확률이 올라간다. 소비자 입장에서는 같은 제품, 같은 음식이라도 자기가 브랜드 자산을 높이 평가하는 기업의 제품을 이용하는 법이다. 똑같은 디자인이라도 신생 회사의 가방보다는 비싸

더라도 샤넬의 가방을 선호하는 것이 사람들 심리다.

내 가게를 하나의 브랜드로 만들고 브랜드 자산을 높이려면 영리하게 스토리텔링을 해야 한다. 소비자가 내 브랜드에 무엇을 기대하는지도 정확히 파악해야 한다. 피부숍을 오픈해 놓고, SNS에는 맨 맛집 이야기만 업로드한다던가, 옷가게를 오픈해 놓고 명품 가방만 자랑한다면 소비자들은 그런 가게를 외면할 것이다. 자신의 업종과 연관성이 있으면서 소비자들의 심리에 반하지 않는 콘텐츠로 소통하는 것이 핵심이다.

5장

실전, 가게 운영 노하우

대표는 다 잘하진 못해도
다 알아야

　메이랩은 1인 창업으로 시작했지만 많은 분들의 도움으로 이 자리까지 오게 되었다. 물론 중소기업에도 못 미치는 작은 사업체이지만 처음 다섯 평도 안 되는 매장으로 시작한 것을 생각하면 괄목할 만한 성장을 이루었다.

　직장 생활을 하며 알게 된 법무사와 변호사님에게 운영에 관해 조언을 구했다. 창립 5주년이 되었을 때 법인 설립을 목표로 재무 관리 또한 꼼꼼하게 해두고 싶었다. 그래서 매장 오픈 2개월이 채 안 되었을 때부터 세무사 사무실에 연락해 대리 기장 업무를 위탁했다. 매장 초기였던 당시 매출액이 월 300만 원이 안 된다고 하자, 세무사는 내게 직접 관리할 것을 권했지만 나는 당당하게 이렇게 포부를 밝혔다. "세무사님, 저희 가게 엄청 큰 회사로 발전할 거예요. 그러니 기장 맡아주세요.”

그 외에도 많은 조력자가 있다. 메이랩 상표를 등록하고 조언을 아끼지 않는 변리사, 블로그 초창기부터 콘셉트를 잡아주고 방향성을 조언해주는 블로거 선생님, 인스타그램이 잘 노출되도록 노하우를 가르쳐주는 인스타그램 강사님, 사진 잘 찍는 방법을 가르쳐주는 포토그래퍼님, 콘텐츠를 촬영해주는 촬영감독님, 쇼핑몰을 관리해주는 디자이너님, 메뉴와 요리 개발을 도와주는 셰프님, 쿠킹클래스나 단체 주문 뒤 정리를 도와주는 여사님 등등 정말 많은 분들과 함께 메이랩을 이끌어가고 있다.

물론, 시간을 잘 쪼개면 혼자 할 수 있는 일들이다. 그러나 내가 하면 다섯 시간 걸릴 일을 전문가에게 맡기면 한 시간 안에 끝낼 수 있다. 여기에는 비용이 들지만 그런데도 전문가들과 협업을 하는 것은 그들의 기술을 배우는 게 장기적으로는 훨씬 이득이고, 더 큰 시너지를 낼 수 있기 때문이다.

🍽 사장님이 지켜보고 있다

가게 사장님은 가게에 관한 모든 업무를 파악해야 한다. 사장님은 한마디로 만능 엔터테이너여야 한다. 요리를 잘해서 덜컥 음식점을 냈는데, SNS 홍보도 해야지, 유튜브도 찍어야지, 돈 관리도 해야지…, 몸이 열 개라도 모자랄 것이다.

그렇다고 모든 것을 전문가에게 맡겨 놓을 수는 없다. "알아서 해주세요." 하고 맡기면 몸은 편하겠지만 지출은 계속 늘어난다. 그러니 사장님이 배우는 수밖에.

나 같은 경우, 프리랜서 플랫폼을 통해 여러 전문가들을 발굴해서 함께 작업하는 방법을 택했다. 프리랜서 플랫폼은 건별로 결제하는 시스템이기 때문에 각 분야의 전문가들에게 수업료를 낸다고 생각하고 사진 잘 찍는 법을 배우거나, 블로그 메인페이지 디자인 작업을 맡겼다.

전문가에게 작업을 맡기는 경우에도 사장님은 가만히 있으면 안 된다. 관련 자료를 찾아보면서 궁금한 것이 있으면 전문가에게 물어보고 자신의 지식으로 만들어야 한다. 어느 정도 알고 일을 맡기는 것과 아무것도 모르는 상태에서 일을 맡기는 것은 천지 차이이다.

매장 운영에서도 마찬가지이다. 창업을 하려면 관련 분야에서 최소 6개월은 일해야 한다. 프랜차이즈라면 해당 매장에서 아르바이트를 해본다. 물건 파는 사업을 하고 싶다면 적은 자본으로 도매상에 가서 물건을 떼온 뒤 오픈 마켓에 팔아본다. 그래야 관련 업계의 분위기와 용어를 알 수 있고 매출관리, 재고관리 등 장사 노하우도 배울 수 있다. 가급적이면 4계절을 미리 겪어보면서 어떤 아이템이 잘 팔리는지, 시기에 따라 어떤 기획과 마케팅을 해야 하는지, 손님 유형은 어떤지 등을 파악하는 것이 좋다.

내 지인 중에 K라는 사람이 있다. K 씨는 가게를 오픈해 프랜차이즈로 만들겠다는 꿈이 있었다. 프랜차이즈 운영은 '바지사장'에게 맡기고 자신은 여러 매장을 돌며 정산이나 하고 골프나 치러 다니겠다는 로망을 품었다. 실제로 K 씨는 특별한 준비 없이 요즘 젊은이들 사이에서 핫하다는 아이템으로 가게를 냈다. K 씨는 처음 한 달은 가게에 있었고, 그 후에는 친구 같은 매니저를 고용해 가게를 맡기다시피 했다. 그런데 K 씨가 가게에 있는 시간이 줄어들자 매출은 점차 하락했다.

그렇다고 매니저가 대충 일한 것도 아니란다. 최소한 겉으로 보기엔 사장이 없어도 열심히 일을 했다. 그런데 왜 매출이 줄어들까 궁금해서 며칠간 지켜보았더니 답은 간단했다. 매니저는 모르는 게 많았다. 다음 주 '오늘의 메뉴'가 무엇인지, A세트에서 사이드를 바꿔도 되는지, 막무가내인 고객은 어떻게 대처해야 하는지 등 업무 전반에 관해 잘 알지 못했다. 그러니 운영에 차질이 생기는 건 당연했다.

게다가 매니저에게 가게는 그저 직장일 뿐이었다. 자기 가게처럼 생각하고 일해야 할 의무가 없다 보니, 매니저는 매출에 크게 신경 쓰지 않았다.

사장님은 가급적 늘 가게에 있는 것이 좋다. 그냥 있는 게 아니라 가게와 운영의 모든 것을 알아야 한다. 만약 요식업이라면 오픈 준비부터 조리법, 손님 응대법, 정산, 마감 등에 관해 두루두루 알 필요가 있다. 그래야 직원이 사장님을 믿고 배울 수 있다.

🍽 시스템을 만들어라

그러나 사장님이 365일 가게에 있을 수는 없다. 쉬는 날도 있어야 하고, 부득이한 사정도 생긴다. 말마따나 장사가 잘돼 2호점을 내는 날이 올 수도 있다. 그럴 때는 주말, 혹은 급할 때 부를 수 있는 직원이 있어야 한다. 고정 인력을 고용할 형편이 아니라면 누구라도 바로 와서 일할 수 있는 시스템을 만드는 것이 필요하다.

시스템의 시작은 서빙과 조리법을 매뉴얼화하는 것이다. 조리기구와 물품 등은 자리를 정해두고 이름표를 붙인다. 업무자가 할 일과 업무 규칙을 정해 직원이 출근하자마자 가장 잘 보이는 곳에 붙여둔다.

[업무자가 할 일]

- 포스기 잔고 확인하기
- 바닥 청소와 테이블 닦기
- 재료 손질해두기
- 빈 소스통 채워두기
- 브레이크타임이나 한가한 시간에 화장실 점검하기
- 손님에게 늘 밝은 미소로 응대하기
- 무슨 일이 생기면 반드시 사장에게 전화하기

손님들은 일관성 있는 가게를 신뢰한다. 사장님이 없다고 맛이 달라지거나 직원들 태도가 불성실해서 서비스에 만족을 느끼지 못하면 다시는 찾지 않는다. 시스템을 만드는 것 또한 사장님이 없어도 일관된 서비스를 유지하기 위함이다. 사장님이 없어도 내 가게처럼 돌봐준 직원에게는 반드시 보답하자.

🍽 청소는 업체에 맡기자

청소는 매일 하는 것이 원칙이다. 어떤 가게라도 그렇지만, 특히 요식업에서는 청결이 필수다. 그런데 하루 종일 요리하고 손님 응대하느라 힘들었는데, 청소까지 하려면 귀찮아서 대충하고 싶어진다. 사장님도 그런 마음이 드는데 직원은 오죽할까! 그러니 차라리 주 1~2회씩 청소 전문 업체에 맡기는 것도 방법이다.

원할 때마다 일회적으로 전문 청소 업체를 부를 수도 있는데, 보통 4시간에 5~7만 원 정도면 도움을 받을 수 있다. 5만 원 지출하는 4시간 동안 쉬면서 체력을 회복하고, 더 큰 수익을 올리는 생산적인 일을 할 수 있다. 그다음 날 전문가의 손길을 받아 더욱 반짝반짝해진 매장으로 출근해 다시 힘차게 하루를 시작하는 것이다.

1인 회사라고 해서 혼자서 경영을 다 하라는 법은 없다. 여러 사람에게 도움을 구할 수 있고, 주기적으로 협업해 회사 규모를 키워나가야 한다. 중요한 것은 운영에 관련된 모든 것을 사장님이 알고 있어야 하고 배워야 한다는 것이다. 그리고 이를 시스템화함으로

써 사장님이 잠시 자리를 비우더라도 매출이 유지되도록 해야 한다. 그래야 워라밸work-life balance을 지키며 가게를 운영할 수 있다.

 창업을 위한 조언 한마디

창업하기 전에 관련 분야에서 최소 6개월은 일해보고 가급적이면 4계절을 겪어보는 것이 좋습니다. 가게 오픈 뒤 사장님은 가급적이면 가게에 늘 있는 것이 좋되 그냥 있는 건 의미가 없고, 가게와 운영의 모든 것을 알아야 합니다. 부득이 사장님이 자리를 비워도 아르바이트가 와서 바로 일할 수 있도록 업무 방법을 시스템화하십시오.

사업 자금,
절대 올인하지 말라

　우리는 지금 경제 성장의 과도기를 지나고 있다. 3차 산업에서 4차 산업으로, 대면에서 비대면으로, 고성장에서 저성장으로 넘어가고 있다. 이런 변화의 시기에 창업을 결심한 당신! 존경스럽고 장하다. 실제로 당신이 내 앞에 있다면, 밝은 미소로 힘찬 기운을 불어넣어 주고 싶다.

　어려운 시기에 창업을 시작하면 소위 말해 오픈 '빨'이라는 것이 있다. 오픈 빨에 속아 금방이라도 건물을 올릴 수 있을 것 같은 기분이 들지만, 오픈 빨은 그리 오래 가지 않는다. 그런 현상은 갈수록 심해질 것이다. 오픈한 지 얼마 안 됐는데 장사가 안 되면 금세 의기소침해진다. 예측할 수 없는 변수가 늘 도사리고 있는 요즘이 아닌가!

어려울 때를 대비해 창업할 때 예비 자금을 염두에 두고 예산을 짜야 한다. 사업계획서와 예산안을 작성했다면, 초기 투자 비용의 70%에서 최대 85% 정도만 사용해 오픈하는 것이 바람직하다. 그래야 최소 3개월은 버틸 수 있다.

🍽 예비비를 최대한 많이 확보하라

예를 들어 창업 자금이 3,000만 원이라면, 다음과 같이 예산을 작성할 수 있다.

- 부동산 임대료 = 3,000만 원 × 0.4 = 1,200만 원

  (공인중개사 수수료, 권리금, 월 임대료, 보증금 포함)

- 인테리어 비용 = 3,000만 원 × 0.3 = 900만 원

  (인테리어 공사비, 테이블 및 의자 소품 구입 등)

- 집기 및 비품 = 3,000만 원 × 0.15 = 450만 원

  (냉장고, 조리 기구, 오픈 시 들어가는 물품)

  = total 2,550만 원(예비비 450만 원)

핵심은 자신이 투자할 수 있는 금액에서 여유 자금을 남겨두고 창업을 준비하는 것이다. 수익이 발생한 뒤에 구입해도 되는 것은 그때 구입하도록 하고, 될 수 있는 한 많은 예비비를 가지고 있는

것이 좋다. 그래야 사업에 온전히 집중할 수 있다.

창업을 하고 나면 예상치 못한 변수들이 많이 생긴다. 과도한 의욕도 그 변수 중 하나다. 옆에서 아닌 것 같다고 아무리 조언해도 야심 차게 오픈한 이상 일단 밀고 나가려 하는 게 사람의 속성이다. 사업에는 정답이 없기 때문에 일단 자신이 생각한 것을 추진하는 것도 나쁘지 않다. 하고 싶은 것 하려고 자기 사업을 하는 게 아닌가?

실패할지언정 시도하고 경험해보는 것이 아무것도 하지 않는 것보다는 낫다. 여유 자금은 이때를 위해서도 필요하다. 만에 하나 실패해서 최소 3개월까지 수익이 발생하지 않더라도 버틸 수 있어야 하기 때문이다.

아무리 신중에 신중을 기해 창업을 했더라도, 창업 초기부터 바로 매출이 발생하지는 않는다. 이럴 때 예비비가 충분하지 않으면, 앉아서도 불안에 떨고 월세 걱정에 밤잠을 이루지 못한다. 어떻게든 손님을 끌어오려고 무리하게 홍보하다가 오히려 쓸데없는 지출을 할 수도 있다.

이런 점이 걱정된다면 첫 장사는 작은 매장에서 시작할 것을 권한다. 작은 매장은 최소의 창업 비용으로 적당히 여유 자금을 두며 운영할 수 있어서 좋다. 내가 메이랩을 열 당시에도 그랬다. 회사를 그만두고 내가 좋아하는 일을 하자는 생각으로, 무리하지 않는 선에서 운영하도록 공방 느낌으로 가게를 오픈했다.

처음에는 인건비나 월세 등을 감당하기 벅찰 것 같아서 혼자서 충분히 운영할 수 있는 규모로 시작했다. 메뉴도 내가 잘하는 것, 내가 좋아하는 것으로 구성했다. 그렇게 최소한의 비용으로 가게를 차렸기에 창업 자금이었던 퇴직금이 여유 있게 남았다. 만에 하나 수익이 발생하지 않더라도 월세가 적었으므로 다른 아르바이트를 해서라도 메울 자신이 있었다.

🍽 비상 통장만 네 개!

자영업자는 1년을 10개월로 생각해야 한다. 업종별로 차이가 있겠지만 대체로 추석과 설 연휴가 있는 달, 2월처럼 날짜가 적은 달은 수익이 현저하게 줄어든다. 그때를 위해서라도 해마다 예비비를 마련해두어야 한다.

나는 지출 통장을 종류별로 마련해두는 방식을 택했다. 매출 하락 시 쓸 수 있는 예비비 통장, 비상금 통장, 직원 퇴직금 통장, 마지막으로 세금 통장이 있다. 돈을 벌려고 하는 장사인데, 나갈 돈을 준비하는 통장만 네 개나 만들라고 하니 어이가 없을지도 모르겠다. 그러나 지출이나 자금 운용을 계획적으로 하려는 사장님들에게 이 방식이 도움이 될 것이다. 어떻게 하는지 좀 더 구체적으로 알아보자.

◆ 예비비 통장

예비비 통장이란 최소 3개월 운영 시 발생하는 고정 지출 비용을 항시 채워두는 통장을 말한다. 장사가 잘되는 달도 있지만, 매출이 기대에 못 미치는 달도 있기 때문이다. 서글프게도 자영업자는 수입에 상관없이 다달이 내야 할 돈이 있다. 아무리 어렵다 한들 직원 월급이나 월세를 밀릴 수는 없다.

자칫해서 직원 월급이나 월세를 밀리면 신용을 잃게 되고, 한 번 떨어진 신용을 다시 끌어올리기란 매출을 갑자기 몇 배 이상 올리는 것보다 어려운 일이다. 그러니 매출이 좀 하락하더라도 고정 지출을 감당할 수 있도록 3개월 치 예비비를 항시 마련해두자.

◆ 비상금 통장

비상금 통장은 급하게 돈이 필요할 때를 대비한 통장이다. 계획이나 예산을 미리 잘 세워두면 비상금을 쓸 일이 없지만, 그런데도 예상치 못한 일이 발생할 수 있다. 없어서는 안 될 기계가 고장이 날 수 있고, 자연재해로 간판이나 유리창이 부서질 수 있다. 뜻밖의 사고로 손님이나 직원 혹은 사장이 다칠 수도 있다. 이런 경우 보험을 들어두면 괜찮지만, 보험금 지급 사유에 해당하지 않는 일이 발생할 수도 있고, 설령 보험금 지급 사유에 해당한다 하더라도 지급까지는 오랜 시간이 걸린다. 그때 필요한 것이 바로 비상금 통장이다.

◆ 직원 퇴직금 통장(feat. 노란우산공제)

매출이 올라 직원을 고용했다면 직원을 위한 퇴직금을 마련해두어야 한다. 퇴직금에는 확정급여형(DB형)과 확정기여형(DC형)이 있다. 확정급여형은 은행이나 증권사 등에 퇴직 연금을 맡겨두는 유형이고, 확정기여형은 1년 단위로 퇴직금을 정산받을 수 있는 유형이다. 확정기여형의 경우 1년 단위로 정산된 퇴직금을 전부 금융기관에 불입해야 하는데, 근로자로서는 퇴직금을 해마다 나눠 받기 때문에 유리하다.

직원 퇴직금은 자영업자에게는 꽤 큰돈이다. DB형이든 DC형이든 미리미리 직원 퇴직금을 마련해두어야 자금 압박을 받지 않는다. 정부에서 지원하는 다양한 공제 제도가 있으니 알아보라.

사장님을 위한 노란우산공제 제도도 활용하면 좋다. 노란우산공제 제도는 요건을 채운 사업자가 다달이 적금처럼 납입하면 폐업 위기나 생계 위협, 노령 등 정당한 사유가 발생했을 때 목돈을 마련할 수 있는 제도다. 노란우산공제는 소득공제도 가능하니 절세까지 된다는 장점이 있다. 반면 다달이 납입하는 것이 부담스러울 수 있고, 원금 손해 가능성도 있으므로 신중하게 알아본 뒤 가입하라.

◆ 세금 통장

이렇게 준비했는데도 추가로 준비해야 할 것이 있다. 바로 세금이다. 통장에 돈이 찍힌다고 해서 모두 내 돈이 아니기 때문이다.

1년에 1회 종합소득세(5월)와 2회의 부가가치세 신고를 포함해 모두 3회에 걸쳐 큰 세금을 내야 한다.

이를 대비해 세금 통장을 만들어둔다. 매월 전체 매출액의 10%와 전년도 총 세금을 12로 나눈 금액을 적금 붓듯이 세금 통장에 넣어두면 훨씬 부담이 줄어든다. 이렇게 준비해두지 않으면 세금을 낼 때마다 아깝다는 생각이 들고 큰돈을 세금으로 내고 나면 의욕이 상실된다.

 메이랩 꿀팁

[지출을 줄이는 절세 비법]
① 사업용 신용카드 등록하기!
  사업자등록 뒤 가장 먼저 국세청에 사업용 신용카드를 등록하자. 분기별로 카드 사용 내역을 조회할 수 있으며 자료 없이도 매입세액공제가 가능하다.
② 세금계산서와 현금영수증 모아두기!
  택배비, 통행료 등 각종 영수증을 꼼꼼히 모아두자. 농수산물 같은 식재료를 구입할 때는 한 곳을 정해 단골로 거래하자. 그럼 계산서를 받을 수 있는데, 이 또한 세금 감면을 받을 수 있다.
③ 전기, 도시가스, 수도, 인터넷 등 각종 청구서에 사업자등록번호 기재하기!
  가게에서 발생하는 각종 요금에 사업자등록번호를 기재해서 신청하면 세금을 감면받을 수 있다.

대기업에서 하지 않는
틈새 공략하기!

대기업은 엄청난 자본과 수많은 인력을 보유하고 있다. 작은 가게가 그런 대기업의 운영 방식을 벤치마킹할 수는 있지만, 거기와 경쟁하는 것은 여러모로 불리하다. 작은 가게가 대기업과 경쟁하는 것은 계란으로 바위 치기나 다름없다(물론 절대 안 되는 것은 아니다). 그러나 독보적인 경쟁을 한다면 상대와 굳이 피 튀기는 싸움을 할 필요는 없다.

전략 분야의 아버지라 불리는 마이클 포터Michael Eugene Porter는 기업이 경쟁에서 우위를 점할 수 있는 경영 전략 원칙과 실천적 해법을 제시한 바 있다. 경쟁에서 우위를 점해야 하는 작은 가게를 위해 이에 관해 좀 더 살펴보자.

🍽 작은 가게 한국을 벤치마킹하라

나라 간 무역은 절대 우위를 기반으로 한다. 필리핀에서 바나나를 수출하고, 프랑스에서 와인을 수출하는 것은 그 나라에서 생산하는 것이 효율적이기 때문이다. 필리핀의 바나나, 프랑스의 와인이 무역 상대국에 비해 경쟁 우위에 있으므로 무역이 이루어지는 것이다. 여기까지는 경제학 기틀을 만든 애덤 스미스Adam Smith의 이론이다.

데이비드 리카도David Ricardo는 여기서 한 걸음 나아가, 한 나라가 절대 우위 상품을 모두 생산할 수 있다면 그런 경우에도 무역이 이루어진다고 했다. 예를 들어 필리핀이 바나나와 와인을 모두 잘 만들 수 있다면, 더는 프랑스에서 와인을 수입할 필요가 없게 된다. 그럼에도 프랑스에서 와인을 수입하는 것은 자국에서 와인을 만드는 것보다 그것이 비용면에서 상대적으로 효율적이기 때문이다. 프랑스의 와인이 비교 우위에 있다는 말이다.

그렇다면 자원이 없던 우리나라는 어떻게 전 세계 수출 순위 상위권에 올라섰을까? 2021년 12월 기준 우리나라 수출액 순위는 세계 7위, 무역 순위는 8위에 올라설 전망이다. 코로나 팬데믹으로 제조업 생산에 차질이 있었던 해였는데도 말이다. 1950년 한국전쟁을 겪고 불과 70년 만에 이룬 성과라는 게 놀랍다.

작은 가게라 할 수 있던 우리나라가 대기업이라 할 수 있는 강대국 사이에서 독보적인 성과를 보일 수 있었던 것은 수출품을 경쟁 우위에 놓았기 때문이다. 경쟁 우위란 경쟁 기업보다 높은 가격을 정당하게 받을 수 있는 서비스나 제품, 기술 및 편의시설을 제공함으로써 경쟁자보다 유리한 위치를 확보하는 것을 말한다.

우리나라는 자원은 없었으나 국민 대다수가 영특했고 손기술이 좋았다. 거기에다 근면 성실한 국민성이 더해져 우리나라는 제조업에서 빠른 발전을 이루었다. 특히 초창기 수출품 중 효자 역할을 한 것이 바로 철강재와 조선업이었다. 노동집약적 산업으로 인식되었던 섬유 산업은 1960년대 수출 품목 중 38%를 차지했다. 이처럼 우리나라는 다른 나라에서 어려워하는 제조업 분야에서 남다른 꼼꼼함과 성실함으로 질 좋은 공산품을 만들어냈다. 품질이 남다른 데다 가격 경쟁력까지 있다 보니 빠른 시기에 수출에서 경쟁 우위를 차지하게 된 것이다.

🍲 작은 가게의 경쟁 우위

그렇다면 우리 작은 가게도 경쟁 우위 확보가 중요하지 않을까? 돈이 될 만한 사업들은 이미 대기업이 다 하고 있다. 도시락 메뉴를 론칭하려고 시장조사를 해보았더니 대기업에서 만든 한식 도시락이 2만 원 미만이었다. 그래서 나는 저가형 도시락은 일찌감치 포기했다. 혼자 소량 만들어야 하는 나로서는 아무리 단가를 낮추어 판다고 해도 가격을 15,000원 이하로 책정하기가 어려웠다.

그러나 대량 생산하는 대기업은 같은 품질의 도시락을 1만 원 이하로 유지할 수 있다.

생산량이나 가격 면에서 대기업에 경쟁해 승산이 없다고 판단한 나는 타깃을 바꾸었다. 한 끼 식사를 대충 때우려는 고객이 아닌 제대로 갖추어진 식사를 원하는 고객과 단체를 타깃으로 삼는 게 차라리 나을 것 같았다. 문제는 내 상품에 매겨진 가격은 고객들이 충분히 '지불할 의사'가 있을 만큼 타당하냐는 것이었다.

가령 3만 원짜리 도시락을 판다면 고객 입장에서 3만 원은 도시락을 사 먹기에 적은 돈이 아니다. 그래서 구성도 다양하고, 재료도 고급스러워야 한다. 패키지 포장에도 신경 써야 한다. 이렇게 공들여 메뉴를 구성하고 좋은 재료로 도시락을 만들었다고 해도 기꺼이 3만 원을 내고 도시락을 사 먹으려면 '지불 의도'를 높여야 한다. 한마디로 3만 원을 주고 도시락을 사 먹어도 아깝지 않을 그 무언가가 있어야 하는 것이다.

그게 바로 브랜드 가치이다. 여자들이 샤넬을 사기 위해 줄을 서는 이유, 중국 사람들이 굳이 한국에 들어와서 병원 쇼핑을 하는 이유, 카메라를 좋아하는 사람들이 라이카 하면 제품 사양은 따지지도 않고 일단 구매부터 하는 이유, 그게 다 브랜드 가치 때문이다.

작은 가게의 답은 바로 거기에 있다. 제품과 브랜드 가치를 높인다면 작은 가게는 대기업에 치이지 않고 나만의 독보적인 시장을 형성할 수 있다.

🍽 틈새시장 어떻게 찾나?

아이가 어릴 때 가족 여행하면서 배낚시를 한 적이 있다. 다른 부부도 우리와 함께했다. 배는 한참을 달려서 물고기가 많이 모일 만한 곳에 자리를 잡았다. 그중 네 명은 선장님이 물고기가 많을 거라고 알려준 자리로 몰려들었지만, 나만 홀로 반대편으로 가서 아무도 자리 잡지 않은 곳에 낚싯대를 드리웠다.

그런데 놀랍게도! 선장님이 알려준 곳에서 물고기가 잡히는 동안 나는 한 마리도 낚지 못하고 있었다. 내 미끼는 물리는 족족 사라지기만 할 뿐이었다. 그렇게 한 시간 반쯤 지났을까? 반전은 없나 싶어 상심하던 찰나, 갑자기 입질이 왔다. 남편과 선장님의 코치에 따라 열심히 릴을 돌렸더니 어린 돌돔 한 마리가 올라왔다. 그 후 용왕님이 잘 기다렸다고 칭찬해주셨는지 참돔 두 마리와 보리멸 한 마리를 더 선물로 받았지만, 아쉽게도 낚시 시간이 끝나 되돌아왔다.

'틈새'란 남이 모르는 좋은 낚시터라는 뜻을 지니고 있다. 장사 잘된다고, 잘 팔린다고 소문난 곳에 따라가는 게 아니라 그들이 가지 않는 틈을 공략해 물건을 내놓는 것이다. 남들이 하지 않는 것을 할 수도 있지만 남들이 하는 것에 독창성을 부여해 가치를 높이는 것도 틈새를 노리는 판매 전략이 될 수 있다.

카카오TV에 〈맛집의 옆집〉이라는 프로그램이 있다. 대박 난 음식점 옆에 같거나 비슷한 업종으로 가게를 냈는데 장사가 잘 안 되는 가게를 찾아가는 프로그램이다. 신선한 기획 의도에 눈길이 갔다. 맛집 탐험, 먹방, 쿡방이 대세인 방송가에서 "맛집의 옆집은 무슨 생각으로 가게를 차렸을까?" 하는 호기심에서 출발했다는 것 자체가 틈새를 공략한 모양새다.

패널들이 어떤 맛집 옆에 있는 식당을 탐방했다. 옆의 맛집과 같은 메뉴가 있었고, 그 외에도 이것저것 다른 메뉴가 눈에 띄었다. 방송을 위한 설정인지는 몰라도, 가게에는 손님이 한 명도 없었고 사장님은 방에 누워 있었다. 한 패널이 무슨 생각으로 가게를 차렸냐고 물으니 맛집만큼 만들 자신이 있었단다. 그래놓고 가격은 맛집보다 1천 원 싸게 내놓았다.

나라면 어땠을까 생각해보았다. 마음에 드는 자리가 대박 맛집의 옆집뿐이라면 어떤 업종의 가게를 내놓는 것이 좋을까? 물론 맛집 메뉴를 맛집 이상으로 해낼 재간이 있다면 같은 메뉴로 승부를 볼 수도 있을 것이다. 그래서 남산 돈가스 거리, 신당동 떡볶이 타운처럼 해당 메뉴로 특화된 거리가 형성될 수도 있다.

하지만 특정 상권에서 한 가지 음식으로 특성화 거리가 형성되기란 개인의 노력만으로는 어려운 일이다. 사장님들의 합의가 이루어져야 하고 구나 시의 적극적인 노력과 지원이 있어야 한다. 경쟁할 대상이 아주 많거나 경쟁자가 너무 뛰어나다면 차라리 틈새시장을 파고드는 것이 맞다. 틈새시장을 찾는 방법은 다음과 같다.

- 고객의 특성을 관찰한 뒤 하나를 택한다.

- 고객의 니즈를 파악하고 하나에 초점을 맞춘다.
- 매장 주변 상권에 어떤 특징이 있는지 파악한다.
- 위 세 가지 특징이 어떤 결론에 도달하는지 집중해 '하나의 결과'를 도출한다.

만약 맛집 메뉴가 냉면이고 그 옆에 식당을 차린다면, 냉면을 먹고도 성에 차지 않는 고객이 있는지, 후식을 원하는 고객이 있는지 파악한다. 20대가 많이 찾는 상권이라면 20대가 후식으로 즐기는 핫도그나 꽈배기 등 입이 꽉 차고 달콤한 후식을 판매하는 것이 좋다. 만약 30~40대 상권이라면 냉면이 잘 팔리지 않는 밤 시간대나 날씨가 선선할 때 잘 팔릴 아이템을 정하는 것이 좋다. 가령 야식 메뉴로 잘 나가는 닭발이나 오돌뼈, 혹은 국수나 국밥 등이 적당할 듯하다.

🍽 사고의 전환이 필요하다

한때 피자헛과 미스터피자가 피자 업계 1, 2위를 다투던 때가 있었다. 이때 도미노피자는 오로지 배달 서비스만 선보이겠다며 틈새시장을 공략, 뒤늦게 경쟁에 뛰어들었다. 배달만 하면 되니 창업에도 큰 비용이 들지 않은 데다, 30분 이내 배달 보증 서비스가 효과를 내면서 2019년 기준 매출 기준 1위를 달성했다.

대형마트에서도 틈새시장을 공략한 사례들을 찾아볼 수 있다. 1인 가구를 위한 소포장된 식재료, 바쁜 현대인들을 위한 밀키트 제품이 그렇다. 회식이나 단체 모임이 줄어든 대신 혼술족이 늘어난 것을 겨냥해 소주 업계도 과일 향을 많이 첨가하고 도수를 낮춘 캐주얼한 제품들을 내놓아 성공을 거두었다.

아프리카에 신발을 수출하기 위해 영업사원 두 사람을 보냈다는 이야기가 있다. 그들이 아프리카에 가서 보니 거의 모두가 신발을 신지 않고 다녔다. 그중 한 사람은 "이곳 사람은 신발을 신지 않습니다. 수출이 어려울 것 같습니다."라는 보고서를 제출했고, 다른 사람은 "모두가 신발을 신지 않으니 신발을 한번 신길 수만 있다면 황금 시장이 될 것입니다."라며 사업계획서를 제출했다. 과연 어떤 영업사원의 예견이 맞았을까?

결과는 여러분이 생각한 그대로이다. 그리고 어떤 영업사원이 될 것인가는 당신의 선택에 달렸다.

 창업을 위한 조언 한마디

작은 가게가 저가 전략으로 대기업과 경쟁하는 것은 무모한 일입니다. 그러나 대기업이 하지 않는 틈새를 발굴해 경쟁 우위를 확보하면 작은 기업도 대기업과의 경쟁에서 충분히 승산이 있습니다. 메이랩의 고급화 전략, 배달 전문으로 업계 1위에 오른 도미노피자, 밀키트 제품으로 판로를 개척한 대형마트의 틈새 전략이 힌트가 될 것입니다.

메뉴 수는 Down,
전문성은 Up!

메이랩을 처음 오픈했을 때 샌드위치 개수만 20여 가지가 넘었다. 오픈 전엔 초도 물량을 확보한 상태였기에 첫 2주는 손님이 왔을 때 모든 메뉴를 내놓을 수 있었지만, 어느 정도 시간이 지나자 손님들이 찾는 메뉴가 갈리면서 로스가 발생하기 시작했다.

많은 메뉴를 팔려면 준비할 재료 또한 당연히 많아진다. 그중 잘 나가지 않는 메뉴의 식재료는 유통기한이 지나 폐기하게 되는데, 하필 식재료가 똑 떨어진 날 해당 메뉴 주문이 들어온다.

메뉴가 많으면 생산성도 떨어진다. 혼자서 많은 메뉴를 감당하며 배달까지 한 적이 있는데, 배달 최소 주문 금액은 3만 원이었다. 샌드위치 1개 가격이 7천 원이었으니 5개 이상을 주문해야 하는 소비자 입장에서는 이왕이면 골고루 주문하는 게 당연했다. 그러다 보니 배달 1건에 5가지 메뉴의 샌드위치를 만드는 게 일상이었다. 만들 때는 손이 많이 가서 힘들고, 설거지는 설거지대로 쌓였다. 이런 일이 몇 주 반복되면서 영업 마감할 무렵에는 녹초가 되어 손가락 하나 까딱하기 싫어졌다.

🍽 시그니처메뉴를 개발하라

나는 〈서민갑부〉에 출연한 경력도 있고 해서 이 프로그램을 즐겨보는 편이다. 출연자들을 보면 대개 단일 메뉴에 집중해 성공한 사례가 많다. 햄버거, 팥빙수, 짬뽕, 빵은 물론 캘리그라피, 뜨개질 등 자신이 잘하는 것, 남들이 하더라도 나만의 독창성을 더한 제품을 소비자에게 선보이는 경우가 대부분이다.

채널 A 〈서민갑부〉 266회에 출연.

동두천에서 유명한 햄버거 가게인 S버거가 있다. 사장님은 원래 옷 장사를 했다고 한다. 동두천에 햄버거 가게가 한두 군데가 아닌데, 사장님은 햄버거 패티 개발에만 2년 가까이 공을 들여 가게를 차렸다. 그는 결국 햄버거 단일 메뉴로만 연 매출 4억 원을 올리며 〈서민갑부〉에 출연하게 되었다. 여기에 중요한 힌트가 있다.

고깃집이라면 고기 외에 냉면, 찌개, 백반, 국밥 등을 다 준비할 필요가 없다. 고깃집이라면 고기에 집중하고, 냉면 전문점이라면 냉면에 집중하자. 작은 가게에서 다른 메뉴를 추가하기 시작하면 점점 버거워지면서 주력 상품의 질이 떨어져 이도 저도 안 된다.

특히 요식업은 시장이 큰 만큼 경쟁도 심하다. 내가 판매하고자 하는 메뉴를 다른 사람도 판매할 가능성이 높다. 타깃을 세분화해 단일 메뉴로 전문성을 강화해야 할 이유이다.

내 경우 샌드위치 전문점을 시작할 때도, 쿠킹클래스를 오픈할 때도 처음에는 메뉴가 수십 가지였다. 그러다 보니 로스 문제도 있었지만, 전문성이나 퀄리티 평준화가 어려운 게 더 큰 문제였다. 그래서 고안해낸 것이 시그니처메뉴를 만들어 단일 브랜드로 론칭하는 것이었다.

시그니처메뉴 만들기

1. 내가 잘 만들 수 있는 메뉴와 판매 중인 메뉴를 모두 적어본다.
2. 원가 대비 비용이 많이 드는 메뉴, 손이 많이 가는 메뉴, 재료 보

관이 어려운 메뉴 등을 하나씩 지워나간다.

3. 마지막에 남은 메뉴가 가장 잘 나가는 메뉴라면 해당 메뉴를 시그니처메뉴로 정한다.

4. 위 세 가지 기준으로 비슷한 카테고리 메뉴를 한 개씩 적어 2~3가지 메뉴를 추가한다.

빛채공감도 시그니처메뉴를 만들면서 탄생한 브랜드이다. 소고기에 샐러드를 더한 새로운 스타일의 비빔밥이라는 기획하에 빛채공감이 탄생했으나, 우리 매장에서 만들어 판매하면 기존의 주력 브랜드인 케이터링박스와 겹치기도 하고 소비자 입장에서도 브랜드가 산만해 보일 우려가 있었다. 그래서 생각해낸 아이디어가 샐러드 비빔밥을 하나의 브랜드로 만들어 창업을 원하는 분들에게 주는 것이었다. 레시피를 전수하고 브랜드도 사용할 수 있게 말이다.

이렇게 시그니처메뉴 하나만 판매하면 전문성도 높아지고, 재료 로스율도 낮아진다. 소비자 입장에서는 메뉴 고민 없이 빠르게 주문할 수 있다는 장점이 있다.

빛채공감의 시그니처메뉴, 샐러드 비빔밥.

🔔 선택과 집중, 버림의 미학

요리도 잘하고 장사 욕심도 나서 이 메뉴, 저 메뉴 넣게 되는 순간 특색이 없고 평범해진다. 작은 가게일수록 전문성이 필수 조건이다. 마케팅을 잘하면 기회가 한 번 주어질 수 있지만, 전문성이 부족하면 두 번의 기회는 없다. 1인 기업이 오래도록 살아남으려면 전문성을 갖춰야 한다.

빛채공감을 예로 들면, 소고기의 어느 부위가 가장 맛있는지, 소고기와 어울리는 채소들은 무엇인지, 소스 비율은 어떻게 해야 음식과 최상으로 어울리는지 등을 연구했다. 많은 창업자들에게 그 비법을 전수하고 레시피를 충분히 통달할 수 있도록 돕는 일을 하고 있다. 이 역시 단일 메뉴이기에 가능한 일이다.

가게가 시그니처메뉴로 손님들에게 어필한 뒤 어느 정도 자리를 잡았다면, 한두 달 간격을 두고 같은 카테고리의 다른 메뉴를 출시해보자. 이때 전혀 다른 메뉴라면 전문성이 떨어지고, 동시에 여러 메뉴를 내려면 완성도가 떨어진다. 한마디로 선택과 집중을 잘해야 한다.

세계적인 IT 기업 애플도 처음에는 수백 개의 제품을 출시했다. 그러나 잘 나가지 않는 제품들을 과감히 버리고 애플이 잘하는 것, 잘 만드는 것, 잘 팔리는 것을 선택해 집중하기 시작했다. "애플은 절대 실수하지 않는다."라는 이미지는 그렇게 만들어진 것이다. 그래서 한때 아이폰과 애플워치가 전 세계 휴대폰 시장을 평

정하는 업적을 달성하기도 했다.

　유명한 작가들은 입을 모아 말한다. 글은 쓰는 것보다 탈고하는 것이 더 중요하다고. 탈고란 불필요한 것들을 도려내고 버리는 과정이다. 글쓰기뿐만 아니라 방정리, 집정리, 하물며 인간관계도 덧붙이는 것보다 버리는 것이 더 어렵다. 불필요한 것을 버리는 것이 옳고 버려야 한다는 점을 알지만 미련이 남는다. 손님들이 실망하면 어떡하지? 매출이 떨어지면 어떡하지?

　그런 걱정은 할 필요가 없다. 한 가지에 통달한 전문가가 된다면 말이다.

🍽 메뉴 그 이상의 가치

　코로나 시국에 전체 창업 수는 소폭 감소했지만 부동산업을 제외하면 상반기 창업률은 10.2% 증가했다(《뉴시스》 2021. 8. 30). 경제가 어려워도 밥벌이는 해야 하니 말이다. 창업률이 증가했다는 것은 소비자 입장에서는 선택할 가게가 많아졌다는 것이고, 창업자 입장에서는 경쟁해야 할 가게가 많아졌다는 이야기다. 창업 경쟁률이 높을수록 소비자 수준이 높아지는 이유이다.

　10년 전만 해도 음식점은 맛으로 승부했다. 간혹 눈길을 끄는 인테리어로 고객을 끄는 음식점도 있었고, 유행에 따라 특정 종목 장사가 잘되기도 했다. 그러나 지금은 다르다. 맛은 기본, 확실한 콘셉트가 있어야 한다. 이때 맛과 콘셉트의 연관성이 분명해야 설득력이 있고 상승 효과를 기대할 수 있다.

예를 들어, 짬뽕 가게라면 일반인은 먹기 힘든 아주 매운 짬뽕을 먹기 챌린지로 내놓는 콘셉트가 가능하다. 마카롱 가게라면 독특한 맛과 모양을 셀럽들에게 어필해 셀럽들이 찾는 가게라는 콘셉트로 홍보한다. 과일 가게라면 그 자리에서 먹기 좋게 다듬어주는 콘셉트가 가능하다. 평범한 가게에 특별한 가치를 부여하는 것이 바로 그런 콘셉트이다.

장사는 결국 콘셉트 경쟁이다. 고객의 감동과 관심은 거저 얻을 수 없다. 전문성이 느껴지는 맛과 확실한 콘셉트가 더해져야 고객들의 관심을 받고 성공적인 장사로 이어질 수 있다.

메이랩 꿀팁

[두 개 이상의 브랜드 운영 원칙]
두 개 이상의 브랜드를 만들고 싶다면 아이디어와 재능이 기본이 되어야 한다. 넘치는 아이디어와 재능이 있다면 메이랩처럼 새로운 브랜드에 도전해보라. 메이랩은 기본적으로 수제 도시락을 판매하고 있는 브랜드인데, 메이랩이라는 상호 아래, 케이터링닷컴(온라인주문플랫폼), 빛채공감, 그릭왕자, 프렌치도그, 백줄김밥 같은 브랜드를 개발해서 기능을 나누어 따로 운영하고 있다. 두 개 이상의 브랜드를 운영할 때는 도와줄 사람이 필요하며, 그런 사람은 반드시 업무를 숙지하고 있어야 한다.

고객이 내 가게를
찾아야 할 이유?

맛과 콘셉트가 창이라면 차별화는 방패이다. 창은 손님을 모으고, 방패는 손님을 경쟁자에게 빼앗기지 않게 도와준다.

요식업의 경우 창업하기 전 메뉴와 콘셉트를 잡았다면, 어디에 차별화를 둘 것인지를 정해야 한다. 차별화란 사전적 의미로 "둘 이상의 대상을 각각 등급이나 수준 따위의 차이를 두어 구별된 상태"를 뜻한다.

"내 가게, 내 메뉴는 동종업계 다른 가게, 다른 메뉴와 무엇이 다를까?" 차별화를 위해 이런 질문을 던져야 한다. 그리고 이런 질문의 답을 찾기 위해서는 숲이 아니라 나무를 봐야 한다. 당연하다 싶은 것도 하나하나 되짚어 보고 어떤 장점을 내세울 수 있을지 현미경 같은 눈으로 세심히 관찰하는 자세가 필요하다.

이제 가장 먼저 할 일은 경쟁사와 결별하는 것이다. 남을 의식하는 순간 남과 비슷해지기 때문이다. 나는 일할 때 나와 내 브랜드를 동일시한다. 다른 가게를 따라 하는 것이 아니라 내가 가진 개성의 일부를 브랜드에 녹여낸다. 사람은 누구에게나 장점이 있다. 브랜드에 자신의 장점을 녹여내 다른 가게와 차별성을 두자. 장사란 곧 사장님의 장점을 판매하는 일이다.

🍲 내 브랜드에는 특별한 무언가가 있다

하루는 수강생이 이런 질문을 했다. "쿠킹클래스에서 배운 메뉴로 똑같이 창업해도 괜찮을까요?" 나는 흔쾌히 그러라고 한다. 다른 사람이 내 메뉴 그대로 창업하면 나는 손해 아닌가? 나는 그 점에 대해 걱정하지 않는 것이 그가 만약 내게서 배운 메뉴를 똑같이 따라 한다면 차별성이 없어서 장사가 되지 않을 것이기 때문이다.

자기 장점을 녹여낸 뒤 차별화시킨다면 그건 그 사람 나름의 브랜드가 되고 내가 환영하는 바이다. 물론 브랜드 이름이나 패키지, 메뉴 구성까지 똑같이 따라 하는 것은 모방이 아니라 도용이며 이는 명백한 위법 행위이다.

내 브랜드는 다른 가게와 다른 점이 분명해야 한다. 어차피 요식업에서 메뉴는 크게 갈리지 않는다. 중요한 건 어떤 메뉴를 시그니처메뉴로 정할지, 다른 가게에서 볼 수 없는 특별함은 무엇인지이다. 가게의 차별성은 거기에서 나온다. 메이랩 샌드위치를 오픈할 당시 나는 다음과 같은 차별성을 두었다.

- 샌드위치 자판기를 둔다.
- 키즈 도시락의 경우 100% 유기농을 쓴다.
- 냉동 제품을 사용하지 않는다.
- 샐러드에는 2가지 드레싱이 나간다.

  등등

여기에 "엄마의 마음으로 정성스럽게 만든다."라는 신념을 더했다. 그러자 대기업에서 대량 생산한 샌드위치와는 확실한 차별성이 생겼다. 빛채공감도 마찬가지였다. '샐러드 비빔밥'이라는 콘셉트에 다른 차별성을 더함으로써 빛채공감이 샐러드, 포케, 비빔밥과 같은 선상에 놓이지 않도록 노력했다. 빛채공감의 차별성은 다음과 같았다.

- 상대적으로 저렴한 양상추 대신 고급 채소 6종을 사용한다.
- 기본 토핑으로 올라가는 8가지 재료는 각각의 요리와도 같으므로 샐러드에서 그치지 않고 포만감 있는 한 끼 식사, 술안주로도 손색이 없다.
- 양식의 샐러드와 한식 비빔밥을 결합해 만든 샐러드 비빔밥이다.
- 샐러드의 가벼움을 보완하고, 칼로리는 낮추면서 비빔밥의 포만감은 더했다.

[마케팅 포인트 잡는 법]

아무리 장점이 많아도 마케팅을 할 때는 가장 남다른 것 한 가지만 집중적으로 내세워 포지셔닝해야 한다. 가령 "샐러드의 가벼움을 보완하고, 비빔밥의 포만감은 더했다."를 내세워 마케팅하고 싶다고 하자. 그러나 이는 주관적인 해석이기 때문에 소비자 입장에서는 단번에 와 닿지 않을 수 있다.

따라서 홍보 문구를 이렇게 바꾸었다. "빛채공감 프리미엄 샐러드 비빔밥은 양상추를 사용하지 않습니다."

"샐러드에 양상추가 없다고? 그럼 대체 어떤 재료가 들어가지?" 같은 호기심을 이끌어내는 전략이다. 이런 식으로 기존의 샐러드와는 다르다는 것에 포인트를 주고, 그 한 가지 장점만을 내세워 홍보했더니 브랜드가 소비자의 인식에 더욱 각인되었다.

🍽 특별함으로 승부한 브랜드

나는 케밥을 좋아해서 한때 터키 음식점만 찾아다닌 적이 있다. 한국인이 운영하는 터키 음식점이 아닌, 진짜 터키사람이 운영하는 음식점, 주방장이 최소한 네팔 등지에서 온 외국인이어야 했다. 그러다 정착한 곳이 대학로의 이xxx이었다. 음식 맛은 좋긴 했지만, 돌아서면 생각날 정도로 아주 뛰어난 정도는 아니었다. 그런데도 케밥이 먹고 싶을 때마다 그곳에 간 까닭은 터키를 물씬 느낄 수 있었기 때문이었다.

무엇보다 우리나라 최초 터키 요리 전문점이라는 콘셉트가 아주 강렬했다. 게다가 사장님이 터키에서 직접 공수한 그릇이며 탁자, 카펫 등의 소품들이 내 마음을 강하게 끌어당겼다. 술을 좋아하지 않는 내게 딱 알맞은 깔끔하고 가벼운 느낌의 터키 맥주를 맛볼 수 있는 것도 좋았다. 좁은 골목길을 지나 허름한 2층 계단을 올라서면 나오는 매장 위치도 그야말로 터키에 와 있는 듯한 기분이 들게 했다.

빛채공감 브랜드를 준비하며, 오랜만에 다시 가보니 가게 위치가 대로변으로 바뀌어 있어서 그 점은 아쉬웠다. 은밀하고 비밀스러운 통로를 통해 터키로 여행하는 듯한 이국적인 정취가 대로변이라는 위치 때문에 확실히 줄어들었다.

요컨대 자기 브랜드가 내세울 수 있는 장점 하나를 메인으로 내세운 뒤 공략하라는 이야기이다. 만약 그 장점이 다른 브랜드의 장점과 크게 다르지 않더라도, 자신의 장점을 당당하게 드러내는 용기가 필요하다.

일본에 '오토코마에 두부'라는 브랜드가 있다. 오토코마에 회사에서 만든 두부인데, 한 모가 200엔으로 일반 두부에 비해 2배나 비쌌다. 게다가 딱히 공격적인 마케팅을 하지도 않았는데 입소문만으로 2006년 일본 히트 상품 6위, 연 매출 60억 엔(약 820억 원)을 달성한다. 대체 어떤 점이 특별한지, 전략은 무엇이었는지 궁금해서 《오토코마에 두부》라는 책을 읽어보았다.

오토코마에 두부는 포장 용기부터 남달랐다. 겉 포장지에 콩이나 두부 이미지를 내세우는 일반 두부와 달리 한자로 '男' 자를 크고 굵직하게 표기해 호기심을 불러일으켰다. 궁서체로 쓰인 '男'

자는 건강하고 힘찬 느낌을 주었다. 겉면 이미지뿐만 아니라 포장 용기도 특수 용기로 만들어 두부에서 나오는 물이 밑에 고이도록 했다. 두부에서 수분이 빠지면 맛이 진해진다는 것을 고려한 장치였다.

무엇보다 독특한 것은 두부에 스토리를 부여한 점이었다. 일본어 '오토코마에'를 직역하면 '남자다운'이라는 뜻으로 오토고마에 두부는 '남자다운 두부'가 된다. 일반적인 두부 제품에 '담백한, 맛있는' 등의 수식어를 붙이는 것을 생각하면 매우 이례적인 네이밍이다. 이 회사에서 두 번째 출시한 두부 이름은 "바람에 나부끼는 두부장수 조니"란다. 물을 빼는 용기부터 눈에 확 띄는 패키지 포장, 두부에 부여한 특별한 스토리텔링까지. 성공하지 못하면 이상할 정도로 차별화를 잘 시킨 예이다.

🍽 사소해도 남다른 차별성을 찾아라

콘셉트뿐만 아니라 서비스로도 차별화를 꾀할 수 있다. 거창한 서비스가 아니어도 좋다. 사소하지만 고객들의 감동을 자아내 머릿속에 각인시킬 만한 것을 개발하자. 메이랩의 사례로 남다른 서비스의 예를 설명해보겠다.

❖ 남다른 서비스 1: 사진 전송

메이랩은 도시락이나 케이터링 주문을 받으면 재료 준비와 만드는 과정, 혹은 음식 세팅 후 사진을 찍어서 주문한 고객에게 보낸다. 이처럼 사진 전송 서비스를 제공하는 까닭은 우선은 고객에게 신뢰를 주기 위함이다. 더불어, 단체 주문을 준 고객은 대부분 기업, 학교, 센터 같은 곳이므로 홍보 자료로 쓰라는 의도도 있다.

어떤 고객은 거꾸로 행사를 마칠 무렵 행사 사진을 찍어서 내게 보내준다. 그때 또다시 고객과 연락을 주고받게 되는 것도 좋지만, 이렇게 받은 이미지는 메이랩 홍보로 활용하기에도 아주 훌륭하다.

차별화를 어렵게 생각할 필요가 없다. 오히려 어렵게 아이디어를 짜내 차별화를 시도했지만, 이미 누군가는 시행하고 있는 콘셉트일 확률이 높다. 나로서는 대단한 아이디어였는데 고객은 식상하게 느낄 수 있다는 말이다. 자신이 가장 잘하는 것, 자신의 특기나 취미를 살려 가게의 개성을 드러내면 그것이 곧 가장 빠르고 효과적인 차별화 전략이 될 수 있다.

사진 전송 서비스는 누구나 할 수 있고, 어느 업종에서도 할 수 있는 일이지만 잘 하지 않는다. 귀찮기도 하고 "굳이 뭘 그렇게까지?" 하는 생각이 들 수 있다. 그러나 나는 사진 찍는 것을 좋아하고 사람과 소통하는 것도 적성에 맞는다. 고객을 한 번의 주문과 판매로 끝나는 관계로 생각하지 않고 인연을 이어갈 수 있는 소중한 친구로 여긴다. 그런 감수성을 매장 운영할 때도 활용하는 것이다.

❖ 남다른 서비스 2: 문의에 빠른 안내

요즘은 먼 곳에서도 주문을 픽업하러 오는 고객이 많다. 그렇다 보니, 영업시간, 오는 길 안내, 주차 정보, 주문 방법 등을 묻는 고객들이 많아졌다. 어찌 보면 사소하고 당연한 문의이지만, 답장이 늦으면 고객은 "나를 귀찮아 하나? 장사하기 싫은가?" 같은 기분이 들 수 있다.

나는 그런 문의가 들어오면 지체 않고 바로 답장을 보내곤 하는데, 반복적인 내용이다 보니 스마트한 시스템을 이용한다. 네이버 스마트 플레이스에서 제공하는 스마트콜 서비스를 이용하면 매장 위치, 주차 정보, 영업시간, 예약 방법 등을 바로바로 안내할 수 있다. 그 외 자주 답장하는 내용과 인스타그램 해시태그 문구 등은 스마트폰 스마트 입력 기능을 이용해 초성으로 입력해두면, 긴 문자를 작성하는 시간을 줄일 수 있다.

이런 사소한 서비스도 충분히 차별화가 된다. 내 가게를 이용하고 싶어서 문의하는 고객에게 답장이 늦거나 바빠서 불친절하게 대답한다면 고객은 어떤 마음이 들겠는가? 굳이 불편함과 불쾌함을 감수하면서까지 내 가게를 이용할 이유가 없을 것이다.

다른 가게와 차별성을 두는 가장 확실하고 빠른 방법은 고객의 불편함을 헤아리고 해결해주는 것이다. 장사가 잘되는 가게를 따라 하느라 그것만 보고 연구할 게 아니라 내 가게, 내 손님이 무엇을 원하는지 좀 더 눈여겨볼 필요가 있다.

창업을 위한 조언 한마디

우리 가게는 뭔가 남다른 게 있어야 합니다. 많고 많은 가게 중 우리 가게를 찾아야 하는 이유를 만드세요. 그것이 마케팅 포인트가 될 것입니다. 거창한 것일 필요는 없고 작은 장점일지라도 당당한 자세가 필요합니다. 하다못해 손님을 향한 작은 서비스에도 정성을 기울인다면 그것으로 차별화할 수 있습니다.

6장

성공을 부르는
가격 책정과 예약제

싸게 팔면
장사가 잘될까?

빛채공감 샐러드 비빔밥 브랜드를 만들고 시식회를 열었다. 사업에 관심 있는 분들이 시식회에 오셨는데, 지방에서 오신 몇몇 분들이 단가에 우려를 나타냈다.

"브랜드 취지도 너무 좋고, 맛도 좋은데 저희 지역에서는 아무래도 좀 비쌀 것 같아요."

나는 그렇게 이야기하는 예비 사장님에게 이렇게 물었다.

"사시는 곳에 스타벅스나 설빙이 있나요?"

"네. 있죠."

"혹시 그 지역 스타벅스나 설빙은 서울보다 싸게 파나요?"

예비 사장님은 무언가 깨우친 표정으로 가격이 같다고 했다. 가격이 비싸서 장사가 안 되느냐고 물었더니 그렇지는 않단다. 빛채공감은 샐러드가 아니라 감사한 마음을 전할 수 있는 선물이라고 말씀드리며 안심시켰다.

사장님이라면 자기 아이템에 자신감과 확신을 가져야 한다. "고객들이 너무 비싸다고 뭐라고 하는 거 아닐까? 비싸서 안 팔리면 어떡하지?" 하는 생각으로 움츠러들면 창업을 다시 생각해보는 게 낫다.

🍴 작은 가게에서 박리다매가 안 되는 이유

1인 창업을 하는 사람이 박리다매로 매출을 올리겠다는 것은 소금 자루를 들고 물에 들어가는 것과 다름없다. 예를 들어 동네에 테이크아웃 카페를 오픈하려고 시장조사를 해보니, 근처 카페에서 아메리카노를 1,500원에 팔고 있다. 그렇다면 나는 얼마짜리 커피를 파는 것이 좋을까?

가격 경쟁력에서 승부를 보고자 아메리카노를 1,200원으로 책정한다면, 상권 안에 있는 모든 고객을 선점하고 그 이상의 유동인구가 있어야 수익을 올릴 수 있다. 처음에는 싸다고 소문나고 오픈빨 덕에 잠시 매출이 오르는 것처럼 보이지만, 경쟁사의 1,500원짜리 커피도 비싼 가격은 아닌 데다 단골이 있으므로 고객은 서서히 분산될 것이다. 인건비나 월세 등 고정 지출은 그대로인데 고객이 줄어들면, 일은 일대로 하고 수익성은 떨어지기 때문에 경영의

악순환이 이어진다.

저가 판매를 세일즈 포인트로 잡을 경우, 고객 입장에서는 품질을 기대하지 않게 된다. 싼 게 비지떡이라는 인식이 강해질 뿐이다. 수익률이 낮다고 뒤늦게 가격을 올리면 그나마 있던 고객마저 잃게 된다. 작은 가게에서 수익을 올리기 위해서는 판매 수익이 높은 상품을 개발해 매출을 키우는 전략이 효과적이다.

메이랩에서 한식 도시락 가격을 3만 원 이상부터 책정한 이유도 그런 까닭이다. 작은 기업은 대기업의 생산량이나 가격 경쟁력을 이길 수 없지만, '수제'로 제작하면 이야기는 달라진다. 수제 맥주, 수제 햄버거, 수제청 등 작은 기업은 다양한 제품을 '수제'로 제작할 수 있다.

'수제'란 손으로 만든 것, 즉 기계 과정을 거쳐 대량으로 만들지 않고 사람이 직접 만든 것을 뜻한다. 그만큼 정성이 들어가고 손맛이 가미되기 때문에 수제는 기성품과 차별화된다. 게다가 대량 유통을 위해 각종 첨가물을 섞어 만든 음식보다 수제는 건강하고 안전하므로, 다소 가격이 높아도 수긍이 간다. 이런 이유들로 작은 가게는 객단가를 높이는 전략을 세워야 한다.

📍 한 가지라도 프로가 되어라

고객들이 값싼 것만 좋아할 거라는 생각은 착각이다. 값이 '싼'

제품은 품질을 기대하지 않고 대충 구입하는 제품일 뿐이다. 싸구려 품질을 좋아할 사람은 없다. 다만 돈이 부족하거나 돈을 써야 할 가치를 못 느껴서 값싼 제품을 사는 것일 뿐. 지불할 가치가 있다면 기꺼이 지불하는 것이 요즘의 소비 트렌드이다.

따라서 관건은 소비자의 '지불 의도'를 높이는 것이다. 어떻게 해야 소비자의 '지불 의도'를 높여 지갑을 열게 할까? 그 방법에 대해 알아보자.

누군가에게 돈을 받으려면, 우선 프로가 되어야 한다. 어설픈 아마추어에게 기꺼이 돈을 지불할 사람은 없다. 요식업을 예로 들면, 한 가지 메뉴에서라도 빨리 프로가 되는 게 중요한 이유다. 누누이 말했듯 메뉴가 많지 않아야 프로가 되는 시간이 빨라진다. 계란을 이용해 10가지 이상의 메뉴를 만드는 사람과 스크램블 에그만 만드는 사람 중에 누가 더 스크램블 에그를 잘 만들까? 답은 뻔하다.

자신이 만든 제품이 무엇이든 그것에 대해 완벽히 숙지해야 한다. 그 제품에 자부심을 가지고 남들에게 당당하게 추천할 수 있어야 한다. 자기가 느끼기에 비싼 것 같고 양심의 가책이 있다면 고객도 그 점을 바로 알아본다. 자기가 만든 제품이 터무니없이 비싼 것 같다면, 정말 제품의 질이 저렴한 건 아닌지 재고해봐야 한다.

살다 보면 영업하는 사람을 많이 만나게 되는데, 영업 잘하는 사람들은 눈빛과 자세부터가 다르다. 자기가 파는 물건이 무엇이든, 심지어 보험이든 영업 잘하는 사람들은 확신에 가득 차 있다. 하물며 종교를 전도하는 사람도 자기가 믿는 신에 대한 믿음이 남다르다. 자기가 믿고 확신하는 게 있기 때문에 남에게 자신 있게 권하는 것이다.

내가 파는 제품이 어떤 기능과 어떤 장점이 있는지, 어떤 영향을 미치는지 정도는 확실히 알아야 한다. 그래야 고객도 그 마음을 고스란히 느낄 수 있고 제품에 대해 신뢰를 가지게 된다. 그때 비로소 고객은 지갑을 열게 된다.

⑪ 가치를 더해 프리미엄을 만들라

가치價値란 어떤 대상이 지닌 '쓸모'를 말하며, 인간의 욕구 또는 관심의 대상이 되거나 인간이 목표로 삼는 성질을 말한다. 사람마다 가치를 두는 포인트는 다르지만, 재화나 상품의 경우 경제적인 만족감을 주는 것에 경제적 가치를 둔다. 경제적 만족감은 개인의 주관적인 판단을 뛰어넘는 무언가가 있을 때 충족된다.

요즘의 소비자들은 상품을 구매할 때 단순히 '쓰임새'만 따지는 게 아니라 '가치'까지 따진다. 예를 들어 이왕이면 비건, 업사이클, 공정무역, 후원 등 나와 이웃, 나아가 지구를 이롭게 하는 가치에 소비를 한다. 이른바 가치 소비가 대세이다. 내가 구매한 업사이클 제품이 지구에 이로울 것이라는 믿음, 공정무역 제품이 지구 건너편에 사는 이웃을 풍요롭게 할 거라는 믿음이 내 소비에 가치를 더해주는 것이다. 그렇다면 우리가 창업하고 판매하는 제품에는 어떤 가치를 부여해야 할까?

고객의 가심비와 가안비를 채워야 한다. 가심비란 가격 대비 마음의 만족을 추구하는 소비 형태이고, 가안비는 비용을 지불하더라도 건강과 안전을 추구하는 소비 형태를 말한다. 한마디로 마음의 만족 혹은 삶의 질과 안전을 높여주는 상품을 선호하는 것이 요즘의 소비 형태다.

빛채공감을 예로 설명해보겠다. 나는 빛채공감을 선물이라고 이야기하곤 하는데, 즉 도시락이라는 상품만 파는 게 아니라 선물이라는 가치를 얹어서 팔고 있다. 단순한 도시락, 한 끼 대충 때우는 비빔밥, 대량 생산한 다이어트 샐러드가 아니라, 나 자신에게 혹은 소중한 누군가에게 주는 근사하고 맛있는 선물 말이다.

적어도 빛채공감을 먹는 시간만큼은 자기 몸을 소중하게 여기고 건강함과 먹는 즐거움까지 챙길 수 있도록 만들었다. 단순히 맛만 그렇다는 게 아니라 정말 선물 받는 느낌을 주기 위해 고급스러운 패키지와 선물 세트를 구성했고, 재활용이 가능한 페트병에 음료를 담아 넣었다. 어떤 업계든 나날이 경쟁이 치열해지고 있는 요즘, 살아남으려면 전문화, 차별화, 프리미엄화밖에는 방법이 없다. 가치를 더한 프리미엄 제품을 제공하는 것이 작은 가게의 핵심 전략이 되어야 한다.

창업하려는 사람들은 이 점을 잘 생각할 필요가 있다. 매출이 오르는 것과 수익이 오르는 것은 전혀 다른 문제이다. 박리다매식으로 많이 팔겠다고 저가형 제품을 싸게 팔면 마진율이 무척 낮아진다. 거기에 배달 플랫폼까지 이용한다면 수수료나 배달비로 빠져나가는 돈이 많아서 잘못하면 팔수록 적자를 보는 구조가 된다.

가격을 낮추려면 제품의 질도 낮아지는데 소비자들이 이를 원할까? 값싸게 팔면 대기업의 물량 공세에 버틸 수 있을까? 특히나 요식업에서는 단가를 낮추면 값싼 재료를 써야 하는데, 저렴한 재료를 사용하면 맛을 보장하기가 힘들다. 내 아이가 먹어도 될 만큼 안심한 재료를 사용하고 정성을 쏟아야 소비자들의 입맛을 사로잡을 수 있다. 그런 제품을 꾸준히 공급하려면 손익분기점을 넘도록 가격을 책정해야 한다. 가격에 걸맞는 값어치가 있다면, 고객은 반드시 지갑을 연다.

 창업을 위한 조언 한마디

요즘의 소비 트렌드는 한마디로 가치 소비입니다. 이왕이면 친환경, 공정무역, 후원 등 제품의 쓰임새에 선한 가치가 덧붙여진 제품을 삽니다. 돈을 써야 할 가치를 못 느껴서 값싼 제품을 살 뿐 품질이 나쁜 제품을 원하는 사람은 없습니다. 작은 가게에서 가격을 낮추고 제품의 질을 떨어뜨리는 전략을 주의해야 하는 이유입니다.

소비 심리를 고려한
고가 정책

한때 몸이 좋지 않아 이제 막 오픈한 요가 학원에 다닌 적이 있다. 오픈한 지 얼마 안 된 때라 학원은 수강생이 많지 않아 한산했고 몸도 마음도 편하게 운동할 수 있었다. 그런데 수강료 할인 이벤트를 하면서 학원에 점점 수강생이 몰려들기 시작했다. 원장님 입장에서는 당연한 수순이었지만, 기존 회원들은 인구 밀도가 높아져 운동하기가 불편해졌고 강사님이 개인별 지도해주는 시간도 줄었다. 수강료가 저렴해져서 새로운 회원은 늘어났지만, 기존 회원들은 조용히 이탈하기 시작했다. 나 역시 다른 요가 학원을 알아봐야 했다.

코로나 팬데믹이 종식되어도 비대면 시대는 계속될 것이다. 아무리 가격이 싸도 회원이 바글바글한 운동 시설보다는 좀 비싸도 프라이빗한 시설이 더욱 인기를 끌게 될 것이다.

🍴 자신을 위해 투자하는 고객을 잡아라!

창업하는 많은 분들이 전 국민을 사로잡는 사업가로 발돋움하겠다는 부푼 꿈을 안고 사업을 시작한다. 그러나 5천만 국민 모두가 타깃이 되는 장사는 단언컨대 없다. 경기가 좋건 나쁘건 상관없이 자기 자신을 위해 투자할 수 있는 고객을 타깃으로 삼는 사업을 선택하라. 그게 훨씬 빠른 성공의 지름길이다. 그런 사업에는 어떤 게 있을까? 어떻게 그런 사업이라고 판단할 수 있을까? 이에 앞서, 소비자들이 '가격'을 어떻게 인식하는지부터 알아볼 필요가 있다.

가게를 여는 사장님도 다른 가게에서는 소비자이다. 나도 소비자로서 지갑을 열 때는 순간적으로 혹은 오랫동안 여러 가지 고민과 판단을 한다. 사업을 하기 전에도 음식에 관심이 많았고, 알레르기와 건강 때문에 식재료를 고르는 것이 무척 까다로웠다. 음식을 조리하는 것보다 더 공을 들였던 것이 식재료 구매였다.

그럼 다른 사람들은 음식 또는 식품을 구매할 때 어떤 것들을 따질까? 음식 또는 식품에 관해 지불 의도를 결정 짓는 요소들을 알아보자.

• **품질**: 식품을 선택할 때 가장 중요한 요소는 당연히 맛이다.

맛은 기본이고 맛이 주는 즐거움, 식감, 친숙함 등을 고려해 식품을 구매한다. 이런 것들을 통틀어 제품의 품질이라고 할 수 있다.

품질에는 재료, 성분, 성능, 부작용 여부, 유통기한 외에도 제조사, 조리 방법 등에 대한 것이 모두 포함된다. 품질이 좋아야 맛도 좋고 식감도 좋다. 품질 좋은 맛있는 음식을 먹을 때 기분도 좋아진다.

* **건강**: 나이 드신 분들만 건강을 챙길 거라고 생각하지만 전혀 그렇지 않다. 요즘은 젊은 층도 건강하고 즐겁게 사는 데 큰 비중을 두고 노력과 투자를 아끼지 않는다. 심지어 패스트푸드에도 웰빙 바람이 부는 건 그래서이다. 샌드위치, 햄버거, 베이글 등 한 끼 식사로 빠르게 먹을 수 있는 음식들조차 이왕이면 건강하고 깨끗한 것을 찾는다.

이제는 양보다는 질로 승부해야 하는 시대이다. 객단가만 높여서는 안 되고 품질 또한 높여야 한다. 무농약, 무항생제, 유기농 제품을 사용하는 것이 유리할 수 있고, 주문 즉시 만드는 등 건강과 신선함을 잡는 노력이 필요하다.

* **가족**: 주로 가족의 식사를 담당하는 구성원은 식품을 구매할 때 가족의 입맛과 건강을 염두에 두고 구매를 결정한다. 부모가 건강한 식습관을 지녔다면, 자녀들도 건강한 식습관을 지닐 확률이 높다.

- **사회**: 착한 소비가 트렌드이다. 물건을 구매할 때 윤리적인 동기를 생각하는 소비자가 늘었다는 이야기이다. 유전자 조작GMO 식품은 기피하고, 공정무역 제품 및 동물복지 제품을 선호하는 경향이 소비의 한 축을 이루고 있다. 사회적 가치를 추구하는 제품은 사회에 기여한다는 이미지를 줌으로써 소비자의 자존감을 높인다. 카페라면 공정무역 원두를 사용하거나 고급 원두를 사용해 블렌딩하는 것을 고려해야 하는 이유이다.

- **기타**: 그 밖에도 소비자들은 실용적 가치와 쾌락적 가치를 따진다. 제품은 당연히 기능적으로 좋아야 하지만, 나아가 소비 자체가 즐거움을 주어야 한다. 한 품목에 대해 두 가지 가치를 적절히 고려해 구매하기도 하지만, 대개는 품목에 따라 한 가지 성향 혹은 한 가지 가치를 추구하는 소비 행태를 보인다. 이를테면 어떤 장비를 살 때 무조건 실용성을 추구하는 사람이 있는가 하면, 디자인이나 상징적 의미, 소비 자체가 주는 기쁨에 더욱 이끌려 물건을 구매하는 사람도 있다.

🔘 돈쥴내는 MZ 세대의 소비 심리

지금의 대한민국을 이끄는 이들은 MZ 세대다. 이들은 경제, 문화, 사회에서 새로운 트렌드를 만들며 대한민국을 주도하고 있다.

MZ 세대의 나이는 현재 20~40대 초반으로, 한마디로 청년층이다. 어느 시대나 청년층은 존재했고 시대를 초월해 청년만이 지닌 고유의 특성이 있다(당당하다, 개성이 강하다 등). 그러나 시대적 상황에 따라, 어떤 변화를 겪느냐에 따라 청년들의 가치관은 매우 달라진다.

소비 면에서 지금의 MZ 세대는 착한 소비를 추구한다. "돈쭐난다."는 표현도 이들로부터 나온 말이다. 이들은 어떤 기업, 어느 브랜드가 환경 보호에 기여하는지, 부조리는 없는지, 직원들에 대한 처우나 환경이 좋은지 등을 따져보고 소비한다. 한편으로는 자기 자신을 위한 소비도 아끼지 않는다. 앞서 가심비와 가안비에 대해 이야기했는데 MZ 세대는 나아가 '나심비'를 따진다. 나심비란 "내 마음에 들면 비싸도 살 거야" 하는 소비 심리를 말한다.

나 때는 그저 한 푼이라도 아껴야 잘 산다고 생각했고, 돈이 생기면 가족을 위해 먼저 썼다. 하지만 1인 가구가 늘어나고 아무리 아껴도 서울에 내 집 마련하기 어려운 청년들로서는 어떻게 될지 모르는 '미래의 나'보다는 '지금의 나'가 더욱 소중하다. 살 수 없는 집을 위해 돈을 모으느니 할부로 외제 차를 사고, 최신형 전자제품을 사기 위해 술을 끊기도 한다. 캠핑 용품을 사기 위해 아르바이트나 중고 거래를 하고, 다이어트를 위해 닭가슴살 샐러드를 먹을지언정 커피는 스타벅스 커피를 마신다.

생각해보면 MZ 세대가 아니더라도 가치를 위해, 나를 위해 돈을 쓸 때는 쓰게 된다. 아픈데 진료비가 싼 병원을 찾아다니는 사람이 있을까? 아이가 다닐 학원을 가장 저렴한 곳으로 선택하는 부모가 있을까? 사고 싶다면, 돈을 써야 한다면 어떻게 해서든 구매하고 투자한다. 가치 있는 소비에 만족한 소비자들은 계속해서 그 경험을 유지하기 위해 노력한다. 자신의 소비 패턴을 유지하고, 나아가 더 좋은 경험을 위해 부를 좇는다.

고객 입장이 되어 소비를 생각하라

[요즘 3만 원 가치]

- 식사: 한 끼 잘 먹었다.
- 술: 생각보다 적게 나왔네.
- 옷: 생각보다 싼데?
- 1년 구독료: 집안을 거덜내라 거덜내!

– 인터넷에 떠도는 유머

요즘은 3만 원이 그리 큰돈처럼 느껴지지 않는다. 해마다 물가 상승률이 가파르게 치솟는 것이, 장보기가 겁이 날 지경이다. 치킨 한 마리에 2만 원, 배달료까지 하면 2만 원이 훌쩍 넘는다.

2021년 11월 기준 소비자물가지수 상승률은 3.7%이다. 소비자 물가지수는 가계에서 소비하는 품목을 대상으로 산정하는 물가지수를 말하며, 물가지수란 물가의 움직임을 한눈에 알아볼 수 있게 지수화한 지표를 말한다. 기준이 되는 시점을 100으로 놓고 비교

시점의 물가 수준을 표시한다. 우리나라 소비자물가지수의 기준 시점은 2015년이다. 통계청은 2015년을 100으로 놓고 460개 조사 항목을 가중 평균해 매월 물가지수를 산출해 발표한다.

2015~2020년까지의 연간 물가상승률은 0.5~1%에 그쳤지만, 2021년 6월 이후는 매달 2.5~3.7%로 비교적 높은 상승률을 보이고 있다. 작은 가게도 소비자도 모두 어려운 상황이다.

이런 상황에서 고객들이 기대하는 소비 가치는 더욱 커질 수밖에 없다. 같은 3만 원을 소비해도 고객들이 원하는 가치는 3만 원 그 이상이다. 그 소비 대상이 음식이라면 맛은 기본이고 내 몸에도 이롭고 사회, 나아가 지구에도 이로운 가치를 창출하는 착한 기업(가게)이 만든 것을 택한다.

단 한 번의 소비로 자신의 쾌락이 충족될 뿐만 아니라 윤리적인 가치 또한 지킬 수 있다면, 고객들은 기꺼이 지갑을 연다. 작은 가게 사장님은 이런 소비자들의 심리를 이용해 단가를 책정하고 롱런할 수 있는 방법을 찾을 필요가 있다.

 창업을 위한 조언 한마디

돈의 가치가 점점 떨어지고 있다는 느낌이 드는 건 물가가 빠르게 오르고 있기 때문입니다. 2021년도 하반기 물가상승률은 매달 3% 이상 오르며 인플레이션이 우려될 정도입니다. 그럴수록 소비자는 같은 돈을 내고도 더 큰 가치를 기대하게 됩니다. 착한 소비를 추구하는 MZ 세대의 소비 트렌드를 기억할 필요가 있습니다.

한번 정한 가격은 바꾸기 어렵다: 가격 책정 실전편

🏪 원가율을 정확히 계산하라!

판매 가격을 산정할 때 가장 먼저 검토해야 하는 것이 바로 원가율이다. 원가율이란 매출액에 대한 원가의 비율을 말한다. 커피의 원가율은 판매 가격의 30~35%가 적당하고 커피 외 음료는 35~40%, 샌드위치는 판매 가격의 40~45%가 적당하다.

다음의 표에서 제시한 비율대로 판매 금액을 책정하면 시장 가격보다 더 비싸게 나온다. 이를 토대로 적정 가격을 책정하는 몇 가지 기준을 소개하고자 한다. 이를 기준으로 해서 각자의 상황에 맞게 플러스, 마이너스를 해나가면서 판매 금액을 책정하면 될 것이다.

구분	비율
1차 원가(식자재)	30%
2차 원가(임대료, 인건비, 포장재 등)	20%
각종 공과금과 세금	10%
로스, 할인, 홍보비 등	10%
순수익(시설 재투자, 테스트, 보너스 등)	30%
판매 금액	100%

※ 단가 책정에 바탕이 되는 원가 비율

가격 책정의 기준은 크게 주관적 방법, 객관적 방법, 심리를 이용한 방법으로 구분한다. 각각에 대해 자세히 살펴보자.

주관적 가격 책정 방법

◆◆ 적정 가격 책정법

적정 가격 책정법이란 내가 판매할 제품이 시장에서 통상적으로 팔리는 금액을 말한다. 예를 들어, 샌드위치를 만들기 위해 공들인 노력, 재료비, 인건비, 기타 비용을 더해 개당 10만 원은 받아야겠다는 마음이 들었다고 치자. 그렇다고 샌드위치 1개 가격을 10만 원으로 책정하는 사람은 없다.

큰돈을 벌고 싶다고 시장 가격은 무시하고 무조건 높은 가격으로 판매하는 사람은 장사할 의지가 없다고 봐야 한다. 메뉴를 세팅해놓고 본인이 소비자라고 생각해보라. 샌드위치 하나를 10만 원에 살 수 있나? 답은 금세 나온다. 그동안 자신이 소비자로서 가졌던 소비 경험과 앞서 따져본 원가 비율을 종합해 적절히 타협점을 찾아 가격을 책정할 수 있다. 이것이 적정 가격 책정법이다.

❖ 최고 가격 책정법

소비자들은 가격을 곧 품질이라고 생각하는 경향이 있다. 비싸면 비싼 값을 한다고 생각한다. 위스키 브랜드 '시바스 리갈'은 극심한 경쟁 속에서 한때 업계에서 많이 뒤처져 있었다. 그런데 패키지와 라벨 스티커를 고급스럽게 바꾸고 가격을 20% 정도 올렸더니 동일한 제품인데도 판매량이 증가했다. 이처럼 기존에 있던 제품, 같은 카테고리, 같은 공간이라도 세련되고 고급스럽게 디자인하면 훨씬 비싼 값을 받을 수 있다. 실제로 비싸 보이기 때문이다.

메이랩도 그런 이유로 포장과 꾸미기에 정성을 쏟고 있다. 음식점 음식은 집에서 만든 음식과 분명 달라야 하지 않을까? 어디서 그런 차별점을 줄 수 있을까? 나는 그것이 플레이팅과 인테리어 등이라고 생각한다. 이 이야기는 뒤에서 자세히 하겠지만, 음식은 눈으로 먼저 먹는다는 말이 괜히 나온 게 아니다.

최고 가격 책정법은 이렇게 상품의 고급화 전략을 꾀한 뒤 "고객이 이 정도까지는 지불할 수 있겠다."라고 생각해 가격을 책정하는 방식이다. 물론 최고 가격을 책정하기 위해서는 앞서도 이야기했지만 시장, 즉 소비자가 납득할 만한 요소가 있어야 한다.

해외의 명품 브랜드들은 유독 한국 소비자들을 좋아한다고 한다. 우리나라 사람들은 명품의 값어치를 인정하고 자신의 존재감을 돋보이게 해주는 비용을 기꺼이 지불한다는 것이다. 샤넬, 에르메스 등 고가의 명품 브랜드는 몸값을 올리기 위해 완성품에 조금의 하자라도 있으면 바로 불에 태워버린다고 한다. 제품의 희소성을 높이려는 것이다.

우리나라 소비자는 명품의 희소성과 가치를 높이 산다는 이야기이다. 자영업자도 이를 참고해야 한다. 자신의 상품이 시장에서 희소성이 있고 특별한 재료를 써서 시장에서 흔히 볼 수 없는 제품이라면 원가 비율보다 훨씬 높은 최고 가격으로 책정할 수 있다.

ⓘ 객관적 가격 책정 방법

◆ 원가가산가격 결정법

원가가산가격 결정법이란 쉽게 말해 생산 원가를 기준으로 일정 이익률을 고려해 가격을 결정하는 방법을 말한다. 시장 상황이나 경쟁사, 상권 등은 고려하지 않고 제품의 원가와 이익률만 따지므로 이 방법은 한계가 있다. 가격탄력성(가격에 따른 수요량의 변화)이 크지 않고 경쟁이 치열하지 않을 때 활용하면 좋은 방법이다.

예를 들어, 샌드위치 1개당 소요된 변동비용(인건비 등)이 5,000원,

고정비용(임대료 등)이 10만 원, 예상 판매량 100개, 희망 수익률이 30%라고 한다면 가격은 다음과 같이 산출한다.

개당 원가 = 개당 변동비 + (개당 고정비/100개)

= 5,000원 + (100,000원/100개) = 6,000원

가격 = 단위당 원가 / (1 - 희망 수익률)

= 6000원 / (1 - 0.3) = 4,200원

◆◆ 손익분기 가격 결정법

손익분기 가격 결정법은 예상 판매량을 정하고 매출액이 총비용과 일치하도록 가격을 설정하는 방식에 해당한다. 자신이 투자한 금액을 역순으로 계산해 나가면 가격이 산출되는 방식이다. 이 방법으로 가격을 결정하면 반드시 손익분기를 넘겨야 이익이 발생하므로 예상 판매량을 잘 잡아야 한다. 위의 조건으로 샌드위치 가격을 계산해보면 아래와 같다.

가격 = 개당 총비용 = 개당 변동비 + (개당 고정비/100)

= 6,000원 = 5000원 + 100,000원/100개

◆◆ 목표 수익 기준 가격 결정법

목표 수익 기준 가격 결정법은 매장을 오픈할 때 들인 투자 비용에 목표 수익을 더해 가격을 결정하는 방법으로 가장 현실적인

가격 책정 방법이라 할 수 있다. 다만, 가격 경쟁력에서 불리할 수 있으니, 경쟁사에 비해 가격이 높다면 서비스나 제품의 질을 높일 방안을 찾아봐야 한다. 공식은 다음과 같다.

개당 원가 = 개당 변동비 + (개당 고정비/100)

가격 = 개당 원가 + (투자 금액 × 목표 수익률)/예상 판매량

심리를 이용한 가격 책정 방법

◆ 앵커링 효과

앵커링 효과anchoring effect는 배의 닻을 의미하는 앵커anchor에서 유래한 말이다. 항해하던 배가 닻을 떨어뜨린 곳에 정박하듯이 처음 본 가격이 소비자 뇌리에 깊이 박히는 효과를 앵커링 효과라고 한다. 소비자는 특정 제품의 가격을 인지하는 순간 그것을 기준점을 하여 지불 가격의 범위를 정한다. 가격 책정에서 신중해야 하는 것은 그 때문이다.

할인행사로 잠시 값을 내릴 때는 그러려니 하다가, 단돈 100원이라도 값을 올리면 비싸다며 돌아서는 것이 소비자의 심리다. 처음 오픈하는 매장일수록, 프랜차이즈가 아닌 개인 매장일수록 차별화나 확실한 콘셉트로 높은 가격을 유지하는 전략이 중요하다. 그 후 다양한 이벤트나 프로모션으로 고객을 유치하는 것이 바람직

하다.

할인행사를 너무 자주 하는 것도 문제가 된다. 어떤 옷가게에서 신상 재킷을 10만 원에 팔았는데, 가을맞이 이벤트라며 같은 재킷을 일주일 뒤 3만 원에 판매하면 10만 원에 구매한 고객은 기분이 어떻겠는가? 처음 한 번은 그럴 수 있다 해도 이런 식이 반복되면 매출에 타격이 생긴다.

높은 가격으로 팔다가 얼마 안 가 할인행사를 하는 식이면, 높은 가격으로 판매할 때 매출이 일어나지 않는다. 게다가 품질도 의심받게 되어 호감과 신뢰마저 잃을 수 있다. 사람도 첫인상이 중요한 것처럼 가격도 첫 이미지가 중요하다는 것을 꼭 기억하자.

◆ 중간값의 마법

과학자들은 가격을 인지하는 행위가 뇌에 극심한 고통을 유발한다고 한다. 물건을 살 때 주머니 사정을 고려해야 하는데, 원하는 물건을 살 수 없을 때 드는 괴리감은 단지 괴리감에 그치지 않고 고통을 안겨준다는 것이다.

친구의 생일날 특별한 음식을 사주겠다고 비싼 레스토랑에 데리고 갔다. 그런데 메뉴판 가격을 보니 심장이 두근거린다. 눈앞에 산해진미가 차려졌지만, 다음 달 카드값을 생각하니 정신적으로 피곤해지고 입맛도 떨어진다. 이런 식사가 과연 만족스러울까?

아무리 비싼 제품이 비싼 값을 한다고 해도 일상적으로 소비하는 제품이라면 소비자들의 주머니 사정을 고려해야 한다. 고급화 전략과 소비자 주머니 사정의 간극을 줄이는 게 관건인데, 중간값 전략이 해결책이 될 수 있다.

메이랩에서는 행사 문의가 들어오면 제안서를 보내드린다. 이때 3가지 단위의 메뉴 리스트를 제공하는데, 먼저 기준이 되는 1인 금액을 정해 메뉴 리스트를 만든다. 손익분기점은 넘기는 객단가이지만 아주 부담스러운 금액으로 느껴지지 않는 값이다. 그렇게 기준이 되는 1인 메뉴 목록과 금액이 적힌 표 왼쪽에 메뉴 가짓수를 줄여 기준보다 조금 적은 금액의 표를, 오른쪽에는 메뉴를 추가해 고가 금액대가 나오는 표를 작성한 뒤 보낸다.

15,000원/인	20,000원/인	30,000/인
수제발사믹소스 그린샐러드 무화과쳐트니 샌드위치 달콤하고 부드러운 에그샌드위치 소세지야채꼬지 다과박스 계절과일	생과일치즈샐러드 크로와상샌드위치 달콤하고 부드러운 에그샌드위치 수제바질소스 나초칩 쉬림프꼬지 수제불고기유부밥 다과박스 계절과일	스파이시소스 연어샐러드 무화과쳐트니 샌드위치 타타르소스 햄치즈샌드위치 불고기유부밥 혹은 캘리포니아롤밥 와인소스 떨갈비 야채구이 쉬림프꼬지 바질페스토 나초칩 견과류를 듬뿍 올린 매콤닭강정 마카롱과 브라우니 수제쿠키 계절과일
일회용 접시 및 수저: 인원수에 따라 서비스로 제공	일회용 접시 및 수저: 인원수에 따라 서비스로 제공	일회용 접시 및 수저: 인원수에 따라 서비스로 제공
배송료: 35,000원	배송료: 35,000원	배송료: 35,000원

※ 케이터링박스 3단계 메뉴 구성 제안서

이렇게 제안서를 보내고 나면 왼쪽 저가 라인을 선택하는 경우는 거의 없다. 대부분이 가운데 있는 기본 메뉴 또는 오른쪽에 있는 고가 메뉴를 선택한다.

❖ 숫자의 비밀

사람들은 가격을 볼 때 주로 앞자리 숫자에 영향을 받는다. 그래서 10,000원보다는 9,900원으로 값을 매기는 게 한때 유행이었다. 이제는 그런 전략이 만연하다 보니 9가 아닌 8을 앞자리에 사용하는 풍조가 생겼다. 커피 가격은 5천 원이 아닌 4,800원으로, 재킷 가격은 3만 원이 아닌 28,000원으로 책정한다.

숫자에도 이미지가 있다. 일반적으로 홀수는 차가운 느낌을, 짝수는 따뜻한 느낌을 준다. 마케팅에서 지표를 사용할 때는 긍정적인 지표가 더욱 설득력이 높다. 가령, 음식값을 10% 할인한다고 하면 할인액이 잘 체감되지 않지만 "10,000원 → 9,000원"이라 홍보하면 더욱 큰 할인처럼 느껴진다.

모든 비즈니스의 시작과 끝은 가격에 의해 결정된다고 해도 과언이 아니다. 가격 결정력은 대기업, 작은 가게를 막론하고 지속적인 성장을 이끌어가고 평가받는 데 있어 가장 강력한 능력이다. 개인사업자는 자선사업가가 아니므로 고객에게 좋은 재료로 정성껏 만든 제품을 공급하고, 고객의 니즈를 만족시키는 서비스를 제공했다면 합당한 보상을 받는 게 당연하다. 보상은 사업자가 다시 열심히 뛸 수 있는 원동력이 된다.

반대로 소비자 입장에서 가격이란 구매 의사 결정에 가장 큰 영향을 미치는 요인이다. 따라서 사장님 입장에서는 가게를 운영하는 가장 큰 힘이 가격인 셈이다. 가격에 따라 소비자 인식도 달라지므로 가게를 열기 전 가장 마지막 관문인 가격 책정의 문을 잘 열기를 바란다.

 메이랩 꿀팁

[원가율 높은 제품에서 마진을 남기는 법]
원가 비율이 높은 아이템이 있다. 손이 많이 가고, 시간이 많이 들고, 인건비가 많이 투입되고, 좋은 재료를 사용하는 아이템이 그렇다. 당연한 이야기이지만, 원가 비율이 높은 아이템은 상대적으로 마진이 적다. 이런 아이템은 단품보다는 세트가 좋고, 이벤트 메뉴로 원가 비율이 낮은 아이템과 함께 판매하면 마진을 남길 수 있다.

돈과 시간,
두 마리 토끼 잡는 예약제

네일숍이나 뷰티 살롱 등 디자이너 혼자 운영하는 숍은 예약제가 활성화되어 있다. 예약제로 매장을 운영하면 효율적으로 손님을 관리할 수 있고, 매출도 안정적이다. 그렇다면 식당은 어떨까?

규모가 큰 고급 레스토랑만 예약제로 운영할 거라고 생각하는데 그렇지만은 않다. 규모가 작은 식당들도 예약제로 운영하면서 손님과 사장님 모두에게 즐거움을 안기는 곳이 늘고 있다. 예약제로 매장을 운영하면 어떤 점이 좋을까?

📍 예약제가 사장님에게 좋은 이유

처음 메이랩을 열었을 때, 내 가게를 열었다는 기쁨과 설렘에 힘든 줄도 모르고 일했다. 오픈하고 첫 한 달간은 휴일 없이 아침 6시부터 밤 10시까지 영업을 했다. 가게가 집 근처여서 상권 분석은 나름 할 만큼 했다 생각했고, 행여 낮에 바빠 손이 모자랄까 봐 샌드위치 자판기에도 샌드위치를 가득 채워 넣었다. 문제는 그 뒤였다.

장사는 제법 잘되는 것 같았지만, 그것과 별개로 몸이 몹시 고단했다. 새벽같이 재료를 구입한 뒤 매장으로 출근해 부랴부랴 손질하고 세팅한다. 오전에 손님이 많을 것으로 생각했지만 생각보다 한가했고, 언제 손님이 올지 몰랐다. 출근 직후부터 마감할 때까지 매장 앞을 지나가는 사람들의 연령대와 성별을 체크해보니 오전 10시부터 저녁 7시 사이에 손님이 다녀가고 있었다.

처음에는 그런 줄도 모르고 손님이 없는 시간에 몸은 잠시 쉬었지만, 괜스레 초조해서 마음은 잠시도 쉬지 못했다. 분명 오후쯤 손님이 다시 올 텐데 한가한 게 적응이 안 돼 자꾸만 신경이 쓰였다. 쉴 때도 온전히 쉬지 못하고 청소니 공부니 가만히 있지 못하는 내 성격 탓도 있었다. 가게 문이 열린 내내 언제 손님이 올까 늘 전전긍긍했고, 기다리던 손님이 찾아와 샌드위치를 만들 때가 가장 보람되고 뿌듯했다.

케이터링박스를 론칭한 뒤에는 무조건 예약으로 진행했다. 예약제로 운영하자 일주일, 한 달 스케줄이 잡히고 일할 시간을 조정할 수 있었다. 그래서 좋았던 것은 최상의 컨디션을 유지하게 된 것이었다. 컨디션을 조절하며 일하니 능률이 오르고 무엇보다 금세 지치는 일이 없었다. 조바심이 일지 않으니 몸은 활력을 되찾았다.

📍 사장님이 경계해야 할 외로움

예약제를 운영한 뒤 가장 좋은 변화는 뭐니 뭐니 해도 더는 외롭지 않게 된 것이었다. 사실, 1인 창업자가 가장 경계해야 할 것은 외로움이다. 모든 것을 혼자 결정하다 보니 정신적인 에너지 소비가 생각보다 크다. 손님들에게 좋은 제품을 만들어드리는 것은 물론이고, 표정이나 행동 등 태도 면에서도 좋은 서비스를 제공해야 하는데, 혼자 있다 보면 항상 그러기가 쉽지 않다.

혼자 책임질 일이 많아지면 생각이 많아지고, 생각이 많아지면 말수가 적어지고 미소도 잘 지어지지 않는다. 혼자 있는 시간에 매출과 지출 등 걱정이 쌓여 금세 고독해지고 급기야 우울감에 빠지는 사장님도 더러 있다. 나는 성격상 우울감에 빠지는 일은 거의 없다. 생각이 많아지면 최대한 움직이려 하고 늘 긍정적, 생산적으로 사고하기 위해 노력하는 편이어서 그런 것 같다.

우울감은 홀로 근심이 많아지면서 기분이 언짢고 활기가 없는 상태로, 심해지면 우울증에 걸린다. 우울증은 정신 질환이며 강한 스트레스를 유발한다. 스트레스는 모르는 사이 우리 몸에 암을 만든다. 혼자 사업을 운영하는 사장의 정신 건강과 균형 잡힌 삶을 위해서라도 예약제는 좋은 방안이다.

📍 작은 가게일수록 손님 한 분이 소중하다

시장에는 수요보다 공급이 많다. 배달 앱 혹은 SNS를 통해 원하는 음식은 무엇이든 손쉽게 구할 수 있는 시대가 되었다. 이처럼 공급이 많다는 것은 경쟁이 심하다는 뜻이지만, 이를 역이용하면 매출을 올릴 방안이 나온다.

뭐든 쉽게 구하면 소중함을 느끼지 못하는 게 사람의 속성이다. 2021년 하반기 온 나라를 강타했던 요소수 파동을 많은 사람이 기억할 것이다. 요소수 공급이 원활할 땐 그것이 그리 중요한 것인지 누가 알았겠나? 요소수가 부족하자 화물차 운행이 중단되고 공장 가동이 멈추고 유가가 치솟으며 물가가 심하게 요동쳤다. 그때까지 요소수가 그리 중요한 것인지, 아니 요소수라는 존재 자체를 모르는 사람도 많았을 것이다. 없어 봐야 그 소중함을 안다.

반대로 쉽게 구하지 못한다면 어떨까? 이끌림 현상이 발생한다. 이끌림 현상이란 공급이 부족하고 구매가 한정적일 때 더욱 가지고 싶고 쟁취하고 싶어지는 심리를 말한다. 맛집에 손님이 길게 줄을 선 모습을 보면, 자기도 모르게 줄을 서게 된다. "음식을 먹는데 굳이 저렇게까지 기다려야 할까?" 싶다가도 "도대체 얼마나 맛있기에 줄을 서는 걸까?" 하는 호기심을 견디지 못하는 것이다.

정말 맛이 뛰어나거나 특색 있는 음식이라거나, 오직 그 가게에서만 맛볼 수 있는 음식이라면 기꺼이 줄을 서는 사람이 많을 것이다. 다만, 이렇게 손님들을 줄 세우는 것도 어느 정도의 규모와 많은 인력이 있어야 가능한 일이다. 인력이 적거나 혼자 운영하는 가게라면 손님에게 최고급 재료와 서비스를 제공하는 것에 한계가 생긴다. 노동 시간은 필요 이상으로 늘어나고 한 분 한 분 제대로 케어하지 못해 불만이 폭주한다.

예약제는 그런 단점을 보완해준다. 예약제로 하면 손님 한 분 한 분께 정성을 쏟을 수 있고, 만족할 만한 식사 또는 서비스를 제공할 수 있다. 손님들은 정성스러운 서비스에 보답이라도 하듯 SNS에 정성스러운 리뷰를 올려준다.

예약제를 하면 필요한 시간대에 필요한 만큼만 재료와 인력을 구하면 되기에 비용 절감 효과도 덤으로 생긴다.

손님의 만족도가 극대화된다

예약제는 손님 스케줄에 맞추는 것이면서도, 사장님이 원하는 시간대에만 예약을 받는 시스템이다. 일과 개인 시간을 나눌 수 있다는 점에서 예약제는 특히 육아와 가게 운영을 병행하는 주부 또는 프리랜서 등의 직업을 가진 사장님들에게 적합하다.

좋은 서비스는 경험해본 사람이 안다. 예약을 하고 설레는 마음으로 매장에 들어선 손님은 깨끗하게 세팅된 테이블에 기분 좋게 자리를 잡는다. 주차장도 여유 있게 쓸 수 있다. 깔끔한 요리복을 입은 요리사가 기분 좋은 미소로 정성 들여 요리하는 모습을 지켜볼 수도 있다. 마치 나 한 사람을 위해 이 매장이 존재하는 것처럼 느껴진다.

예약에 맞춰 재료를 준비하고 만들기 때문에 음식은 신선하며 소홀함이 없다. 붕어빵 틀에 찍어 내기식의 음식을 먹지 않아도 되고, 하루 종일 일하느라 지쳐 찌들어 있는 사장님 혹은 요리사를 보지 않아도 된다. 비대면 시대가 본격화되고 있는 이때 매장에서 받을 수 있는 인원은 제한적이다. 어차피 그럴 바에는 예약제를 통해 안전하고 건강하게 식사하는 것이 손님도 사장님도 마음 편하다.

사람들은 늘 현재를 사는 것처럼 보여도 사실은 과거와 미래 사이를 왔다 갔다 한다. 《심리학의 원리》를 쓴 윌리엄 제임스William James는 시간의 흐름 속에 한 점을 찍어 현재라고 한다면 그 점은 금세 과거가 된다고 통찰한다. 나는 그 사이를 잇는 점이 되고 싶다.

특별한 날을 위해 손님이 설레는 마음으로 우리 매장을 예약하고, 나는 그날을 기다리고 있을 손님을 위해 최선을 다해 준비한다. 마침내 손님이 매장을 찾는 디데이, 깔끔한 세팅과 맛있는 음식으로 손님이 기다렸을 특별한 날을 완벽하게 만들어준다. 손님은 음식을 즐기는 그 순간과 공간이 주는 느낌을 반드시 기억한다. 추억이 된 그날을 곱씹으며 친구들에게 자랑하고, 우리 매장을 다시 방문해주기도 한다.

바쁘게 움직이고 많이 일한다고 누가 알아주지 않는다. 작은 가게 사장님에겐 평가받을 상사도 없고, 일을 시켜야 할 직원도 없다. 중요한 것은 누구를 위해 효율적으로 움직이느냐 하는 것이다. 장사는 하루 이틀하고 말 취미 활동이 아니다. 좋아하는 일인 동시에 수입이 되어야 한다. 따라서 오래도록 버티는 것이 중요한데 예약제가 답이 될 수 있다.

나도 마찬가지다. 그러나 돈 많이 벌어 나 혼자 잘 먹고 잘사는 삶은 내 꿈이 아니다. 나는 모두가 함께 잘사는 사회적 기업을 꿈꾼다. 그러려면 더더욱 일과 휴식의 균형을 통해 오래도록 사업을 유지하고 발전해 나갈 필요가 있는데, 예약제가 그 꿈을 앞당겨 줄 것이다.

 창업을 위한 조언 한마디

비대면 시대 예약제는 선택이 아닌 필수가 되고 있습니다. 재료비와 인건비를 줄이면서도 최상의 제품과 서비스로 고객을 만족시키고 사장님에게는 최상의 컨디션과 계획적인 삶을 준다는 점에서 예약제는 장점이 많습니다. 작은 가게일수록 단골 한 분이 소중하기에 예약제를 고려할 필요가 있습니다.

포장과 장식,
우습게 보지 않기!

　인터넷으로 물건을 구매해본 사람이라면 '상세페이지'를 모르는 사람이 없을 것이다. 상세페이지란 온라인 쇼핑몰에서 판매되는 물건을 돋보이게 홍보하는 제품 설명서를 말하며 이미지와 텍스트, 그리고 디자인이 어우러져 있다. 상세페이지 제작에도 적잖은 비용이 들어간다. 소비자들이 보고 물건을 살지 말지 판단하는 가장 중요한 제품 설명서이므로 그럴 만도 하다. 물건 하나에도 이렇게 상세페이지에 공을 들이는데 음식이라면 어떨까?

🍴 매출 올리는 플레이팅 원칙

음식을 플레이트(접시) 위에 올리는 것을 플레이팅이라고 한다. "보기 좋은 떡이 먹기도 좋다."는 속담이 있듯이 플레이팅은 어제 오늘 갑자기 유행한 것이 아니다. 사람이 식기를 사용하기 시작하면서부터 플레이팅 개념이 있었고, 사람들은 그 중요성을 인식했다. 요리는 재료를 다듬고 조리하고 그릇에 예쁘게 담아내는 것까지가 모두 포함된다. 즉 플레이팅은 요리의 끝이 아니라 완성이므로, 결코 소홀히 할 수 없는 필수 과정이다.

플레이팅에는 몇 가지 기본 원칙이 있다.

◆◆ 음식과 어울리는 그릇 사용하기

내가 음식점 컨설팅에서 가장 먼저 하는 일은 그릇과 플레이팅을 바꾸는 것이다. 상세페이지를 만드는 디자이너가 따로 있듯이 플레이팅 강의만 하는 강사분들도 있다. 많은 음식점 사장님들이 플레이팅에 대해 고민하지만, 전문가의 영역이라 생각하고는 쉽게 바꾸지 못한다.

그러나 그릇만 바꿔도 요리의 퀄리티가 몇 단계는 업그레이드된다. 굳이 비싼 그릇을 고집할 필요도 없다. 비빔밥은 유기그릇을, 스테이크는 무쇠 주물팬이나 넓은 접시를 사용해보자. 우드 트레이나 채반 등을 사용하면 특색 있는 모양새를 낼 수 있다. 참신한 플레이팅은 고객의 눈길과 발길을 사로잡는다.

❖ 샐러드나 과일은 투명한 용기에

샐러드나 과일은 투명한 그릇 혹은 투명 컵에 담아보자. 투명한 용기는 내용물의 신선함을 보여주는 동시에 먹기에도 편하다. 똑같은 샐러드도 투명 컵에 담으면 3,000~5,000원 정도에 판매할 수 있고 도시락에 담아 한 끼 식사처럼 만들면 8,000~9,000원 선에서 판매할 수 있다.

❖ 용기 교체로 근사한 한정식을

한 반찬가게 사장님이 내게 컨설팅을 의뢰했다. 그분은 밥과 반찬을 담은 도시락을 판매하고 있었는데, 반찬 6종이 포함된 도시락이 9,000원이었다. 반찬은 더할 나위 없이 맛이 좋았다. 문제는 플라스틱 도시락 용기였다.

밥이 뜨거우면 반찬도 뜨거워지므로 식중독 위험이 있었기에 사장님은 어쩔 수 없이 차가운 밥을 담아 판매하고 있었다. 도시락을 받은 고객 입장에서는 밥을 따로 데우거나 찬밥을 그대로 먹어야 하니 만족도가 떨어질 수밖에 없었다. 그래서인지 예상보다 매출이 높지 않았다.

나는 문제의 원인을 분석하자마자 "따뜻한 밥이 가장 맛있습니다."라는 슬로건이 떠올랐다. 이와 함께 도시락 용기부터 바꾸라고 제안했다. 밥과 국은 스티로폼 박스에 보내 따로 데울 필요 없이 바로 식사할 수 있게 했다. 반찬은 반찬대로 신선함을 유지했다. 용기를 바꾸면서 도시락 가격이 올랐는데 매출까지 올랐다.

투명 용기에 담아내면 같은 제품이라도 높은 가격을 매길 수 있다.

📍 포장과 플레이팅에 진심인 이유

케이터링닷컴 푸드박스는 음식 조리만큼이나 플레이팅에 각별히 신경을 쓴다. 플라스틱 용기에 음식을 바로 담아내지 않고 음식 아래에 종이 포일을 깐다. 그러면 환경호르몬 걱정도 줄고 보기에도 좋다. 잡채, 수육, 갈비찜처럼 따뜻함이 중요한 한식은 알루미늄 포일 용기에 담아 온도를 유지하되, 배달 시 다른 음식에 열이 전달되지 않도록 한다. 완성된 요리를 맞춤 제작한 상자에 보기 좋게 세팅해 드림으로써, 고객이 바로 테이블에 세팅해도 근사한 상차림이 되게 한다.

1인 도시락은 4개 세트로 묶어 배송하는데, 대충 비닐이나 스티로폼에 담아 보내드리는 게 아니라, 생화 포장 서비스를 해드리고 있다. 단체 도시락은 대개 특별한 날을 축하하기 위해 주문하는 것이므로, 개개인이 도시락을 받을 때 선물을 받는 느낌이 들게 하려는 것이다. 이처럼 플레이팅 포장에 공을 들이는 이유는 제품의 가치를 높이기 때문이다. 작은 배려이지만 고객도 받을 때 기분이 좋아진다.

포장 상태 그대로 세팅해도 근사한 상차림이 되도록 플레이팅과 포장에 신경을 썼다.

📍 여성 고객이 인증샷을 찍지 않는다?

사람들은 예쁜 것을 보면 오래도록 간직하고 싶고 주변에 공유하고 싶어진다. 특별한 날을 기억하고 싶은 마음도 크다. 그래서 많은 사람이 음식 사진을 찍어 SNS에 업로드하거나 단체 톡방에 올리는 것이다. 가게 입장에서는 그 자체로 홍보가 되므로, 정성을 들인 예쁜 플레이팅은 곧 마케팅이다.

아무리 맛있는 음식도 플레이팅이 볼품없으면 음식을 만들 때 들인 정성과 노력이 평가 절하된다. 반면 맛이 보통이라도 플레이팅이 예쁘거나 이색적이라면 감탄사가 절로 나오고 맛에 대한 평가도 후해진다.

자신의 가게 플레이팅을 객관적으로 평가받고 싶다면 음식을 내놓았을 때, 특히 여성 고객이 사진을 찍는지 안 찍는지 유심히 살펴보자. 만약 여성 손님이 인증샷을 찍지 않는다면 무엇이 문제인지 심각하게 고민해봐야 한다. 십중팔구 가게에 매력이 없다는 뜻이기 때문이다.

소비는 어느 정도 과시욕이 포함된 행위이다. 물건을 살 때 이왕이면 예쁜 것을 사는 것은 자기만족 때문이기도 하지만, 자신의 소비 수준을 드러내고 싶은 욕구도 적잖이 작용한다. 음식에 대해서도 같은 욕구가 있다. 음식 소비자들의 이런 욕구를 충족시키고자 한다면, 플레이팅 또는 포장에 소홀해선 안 된다. 요식업을 운영한다면 플레이팅에 영혼을 담아내야 한다.

7장

이미 성공한
사장처럼

현상 유지는
퇴보와 같다

창업은 농사와 같다. 농부는 땅을 고르고 논에 물을 댄 뒤 모판을 준비하고 정성껏 모를 심는다. 모를 심을 때도 대충 심지 않고 줄을 똑바로 맞춰 심는다. 태풍이나 가뭄의 피해가 없도록 대비책도 미리 마련해둔다. 그 모든 과정에 때가 있고 그때를 미리 준비해두어야 필요한 작업을 놓치지 않고 할 수 있다. 닥쳐서 하려면 이미 늦고 그 결과는 수확철에야 나타난다.

창업도 마찬가지로 사장님이 움직이지 않으면 아무 일도 일어나지 않는다. 사장님이 얼마나 준비하고 공을 들였나에 따라 결과가 달라진다. 200% 노력해도 여러 변수로 인해 성공 확률이 50%인 게 창업이다.

🍽 주목할 것은 경쟁업체가 아닌 트렌드

창업 후 가장 눈여겨봐야 할 대상은 경쟁업체가 아니라 유행 또는 시대의 변화이다. 코로나 팬데믹으로 자영업자들은 그 어느 때보다 힘든 시기를 보내고 있다. 자영업자들에게 놓인 가혹한 현실은 "이게 지금 몰래카메라 장난은 아닐까?" 하는 의구심이 들 정도로 믿을 수 없는 수준이다.

이렇게 불쑥 찾아온 변수를 속수무책으로 당하고만 있어야 할까? 원망하는 사람도 있겠지만, 불평과 원망은 아무런 해결책이 되지 못한다. 사장님이라면 변화에 대응할 비장의 카드를 늘 준비하고 있어야 한다.

창업 이후 운영이나 매출이 안정권에 접어들었다 하더라도 안주할 수 없다. 지금 아무리 안정적이라 해도 언제 어떤 일이 벌어질지 아무도 모른다. 미래의 먹거리 발굴에 항상 힘써야 하는 이유이다. 시시각각 변화하는 시장 상황과 시대 흐름에 발맞춰 가게 타깃층의 니즈를 분석하고 피봇팅에 능한 시스템을 만들어야 한다. 사장님에게 그런 통찰력이 없으면 가게의 운명은 위태로울 수밖에 없다.

🍽 안정권이라 생각할 때 빠지기 쉬운 함정

예전에는 변화 속도가 화살처럼 빨랐다면 요즘은 빛의 속도 이상으로 변하고 있다. 경쟁자가 늘고 때로는 후발 주자가 나보다 앞서기도 한다. 기존 고객만으로는 매출을 유지하기가 어렵고, 이런 현실은 앞으로도 달라지지 않을 것이다. 현상 유지만 되어도 다행이다 싶겠지만 현상 유지는 후퇴와 다름없는 이유이다.

창업 이후 고객 확보가 안심할 수준에 올랐다면, 추가 경비를 투자해서라도 신규 고객 유치에 힘써야 한다. 시기적으로는 창업 후 1년~1년 반 정도가 적당하다. 창업 이후 1년이 지나면 보통은 일이 손에 익고 매출도 어느 정도 확보된다. 이때 주의할 게 있는데, 바로 '무주의 맹시inattentional blindness' 상태에 빠지는 것이다.

'무주의 맹시'란 주의가 다른 곳에 팔려서 시야에 들어온 대상이 보이지 않는 현상을 말한다. 한마디로 빤히 눈 뜨고도 못 보는 상태이다. 긍정적으로 보자면 한 가지에 너무 집중해서 그런 것일 수 있지만, 적어도 사장님이라면 새처럼 멀리, 또 넓게 봐야 한다.

멀리 보는 것은 훈련이 필요하다. 5년 후를 예측하고 5년 후를 대비하려면 4년 후에는 어떻게 할지, 3년 후에는 어떻게 할지 등등 역순으로 계획을 세우는 게 좋다. 연간 계획을 세운 뒤에는 월, 주, 일 등 일정한 주기에 맞게 목표들을 세분화하는 작업이 필요하다.

자신의 제품이 주로 여름을 대표하는 아이템이라면 여름에 폭발적으로 매출을 증대할 방법을 찾아야 한다. 그렇게 해서 인지도를 높이고 매출이 안정권에 접어들었다면, 마진율을 높여 수익을 내야 한다. 수익을 냈다면 고스란히 쥐고 있어서는 안 되며, 손님에게 서비스로 돌려드려야 한다. 요식업이라면, 반찬을 업그레이드하는 게 될 수 있고, 가격을 올리지 않는 것도 손님을 위한 서비스가 될 수 있다. 그런 다음, 겨울을 대표할 메뉴를 개발할 것인지, 다른 수익 창구를 마련할 것인지 대비책을 세워야 한다.

🍽 말하는 대로 된다는 믿음

창업 강의를 하다 보면 "주문이 없어서 고민이에요." "카드값에 인건비에, 나갈 돈은 한두 푼이 아닌데 큰일이에요." 등등 신세 한탄하는 수강생이 많다. 하루는 이런 걱정을 하는 수강생들에게 지난 일주일 동안 매출을 늘리기 위해 어떤 노력을 했는지 메모해보라고 했다. 그랬더니 대부분은 아무것도 적어내지 못했다. 한탄만 했지 주문을 받기 위해, 매출 증대를 위해 노력한 게 없었다는 이야기이다. 내 강의를 들으러 오는 사람들에게 이런 이야기를 하면 대부분 찔려 한다.

불만과 걱정을 늘어놓을 시간에 매장을 둘러보자. 가게는 깔끔하게 정리되어 있는지, 손님이 들어오고 싶을 만큼 매력적인 공간인지, 맛은 문제가 없는지, 플레이팅은 어떤지 살펴보자. 손님이 없을 때는 새로운 메뉴를 개발하거나 파생시킬 수 있는 아이템을 찾아야 한다. 다른 수익 구조를 고민할 수도 있다. 아무리 궁리해도 아이디어가 떠오르지 않는다면 밖으로 나가 홍보라도 하자.

가수 이적 씨와 유재석 씨가 부른 〈말하는 대로〉라는 노래를 들으며 무릎을 '탁!' 친 적이 있다. 어쩜 이렇게 인생의 진리를 꿰뚫어보는 가사를 쓸 수 있을까? 걱정과 근심이 많은 사람, 계속 실패에 머무르는 사람들은 사실 그게 편해서, 그렇게 아무것도 하지 않은 채 현실에 안주하고 있는 게 편해서 가만히 있는 사람이 대부분이다. 성공하고 싶은 사람들, 성공한 사람들은 끊임없이 움직이고 노력한다. "난 왜 이렇게 안 되지? 난 뭘 해도 안 돼." 하며 자신을 가둔 실패의 틀을 깨고 나오라.

> 난 왜 안 되지, 왜 난 안 되지 되뇌었지
> 말하는 대로, 말하는 대로 될 수 있다곤
> 믿지 않았지, 믿을 수 없었지
> 마음먹은 대로, 생각한 대로 할 수 있단 건
> 거짓말 같았지, 고개를 저었지
> 그러던 어느 날 내 맘에 찾아온
> 작지만 놀라운 깨달음이
> 내일 뭘 할지 꿈꾸게 했지
> 사실은 한 번도 미친 듯 그렇게
> 달려든 적이 없었다는 것을
>   - 〈말하는 대로〉 가사의 일부 | 노래: 처진 달팽이(유재석 & 이적)

몸을 일으켜 자신을 세우고 "난 잘될 거야. 성공할 거야. 난 이미 성공한 사장이야."라고 끊임없이 되뇌고 자신을 믿어야 한다. 그

렇게 생각한 대로, 마음먹은 대로 할 수 있단 걸 깨닫고 앞만 보고
달려야 한다.

🍽 결코 잊을 수 없는 성공의 맛

나는 한때 주문이 밀릴 정도로 너무 바쁘다 보니 며칠 푹 쉬고
싶다고 생각한 적이 있었다. 신기하게도 그런 생각을 했더니 정말
로 주문이 줄어들었다. 그것은 우연이 아니라 당연한 결과였음을
나중에 알게 되었다. 쉬고 싶다고 생각하면 은연중에 소극적으로
행동하게 된다. 사장님의 소극적 행동은 바로 매출 하락으로 이어
진다. 생각이란 행동을 지배하고 행동은 내 삶을 바꾼다.

성공한 사람들의 이야기를 책으로 읽으면서 "이들의 이야기가
정말일까? 이미 성공한 이들이 하는 이야기가 나한테 무슨 의미가
있을까? 나한테 정말 도움이 되는 조언일까?" 하는 의구심에 사로
잡히던 때가 있었다. 그렇게 자존감이 무너질 무렵, 문득 이를 악
물고 성공하기 위해 노력했던 학창 시절이 떠올랐다. 넉넉하지 않
은 집안 형편에서 좋은 직장에 가기 위해 이를 악물고 공부할 수
밖에 없던 그때 말이다.

나는 순전히 노력형이다. 남들은 열 걸음만 가도 도착할 수 있는
거리를 쉰 걸음은 가야 한다. 이 걸음이 쉰 걸음이 될지, 백 걸음
이 될지 알 수 없어 막연하고 불안할 때면 포기하고 싶은 생각도

들었다. 그런데도 성공할 거란 믿음, 부자가 될 거란 목표를 놓치지 않으려고 몸부림쳤다. 그렇게 쉰 걸음에서 딱 한 걸음 더 가니, 대기업 합격이라는 보물이 기다리고 있었다.

물론 대기업이 내 인생 최종 꿈은 아니었다. 그래도 직장을 통해 가족을 부양했고, 돈 걱정 없이 아이 공부도 시킬 수 있었다. 무엇보다 값진 것은 꿈을 이루기 위해 꼭 필요했던 종잣돈을 확보한 것과 사회생활의 노하우를 배웠다는 점이다.

2021년 도쿄 올림픽에서 금메달을 딴 펜싱 선수 구본길 씨를 한 예능 프로그램에서 본 적이 있다. 펜싱 실력뿐만 아니라 입담도 금메달감이었다. 2012년 런던 올림픽에서 금메달을 따고는 그 맛을 잊을 수 없었던 구본길 선수는 후배들의 목에도 꼭 금메달을 걸어주고 싶었다고 한다. 한 번 금메달을 따본 사람은 주변 공기가 달라지는 것을 바로 느끼고, 그래서 또 따고 싶어진다고 한다.

창업을 하고 여러 목표를 세웠다면 한 가지는 반드시 성공하는 경험을 해보기를 바란다. 한 번이라도 성공한 경험이 있다면, 그 맛을 잊지 못해 또다시 성공을 향해 달리게 된다. 성공의 크기는 중요하지 않다. 첫 번째 성공까지 걷고 뛰는 과정에서 얻은 노하우 덕분에 두 번째 성공은 한결 쉬워진다. 그렇게 작은 목표들을 연거푸 달성하다 보면 어느새 자신이 바라는 꿈에 도달할 것이다.

성공 습관, 성공 근육
키우기

생각이 많은 사람들의 이야기를 들어보면 생각의 대부분은 근심 걱정이다. "불합격하면 어떡하지?" "망하면 어떡하지?" "실수하면 어떡하지?" 많은 생각을 하느라 행동할 시간이 없는 걸까? 그런 사람들의 특징은 생각이 많은 대신 정작 행동은 하지 않는다는 것이다. 그런데 정말 놀랍게도 아무것도 하지 않으면 아무 일도 일어나지 않는다. 그러니 고민거리는 더욱 늘어날 수밖에.

🍳 생각을 줄이고 실행에 집중하는 습관

대체로 사람들은 어떤 일을 실행하려고 할 때 준비 단계부터 비장하고 결연해진다. 지나치게 비장한 나머지 시작하기도 전에 이런 저런 걱정과 실패에 대한 두려움의 벽을 만들어놓고 자신의 한계를 제한한다. 특히 사업을 앞둔 사람들은 수십 가지 경우의 수를 세워두고 이럴 때는 어떡하지? 저럴 때는 어떡하지? 하며 온갖 경우의 수를 늘어놓는다.

그러나 성공은 많은 생각에서 나오지 않는다. 성공은 아이디어가 떠오르면 별 고민 없이 바로 실행할 때 찾아올 확률이 높다. 유명 작곡가들의 히트곡도 별 생각 없이 두세 시간 만에 툭 쓴 곡이 많다. "전 세계가 뒤집힐 히트곡을 만들어야지." 하며 작정하고 덤비면 욕심이 앞서 이것저것 집어넣고 군더더기를 붙이게 된다. 히트곡에 눈이 멀면 자기가 쓴 곡을 객관적으로 볼 수도 없다.

장사도 마찬가지다. "어떻게든 성공해야 해!" 하는 마음가짐이 나쁜 것은 아니지만, 비장한 각오로 오랜 시간 공을 들이면 너무 진지해지고 지나치게 많은 힘이 들어간다. 그러면 사장님은 진이 빠지고, 고객은 매장에서도 서비스에서도 그 어디에서도 여유가 느껴지지 않는다.

사실, 이 고민 저 고민 해봤자 처음 떠오른 아이디어만 못할 때가 많다. 떠오른 아이디어를 사업에 적용하기까지의 시간은 72시간이면 충분하다. 고민은 한두 시간으로 끝내고, 나머지 시간은 안 되는 것을 해결하고 머릿속 아이디어를 끄집어내 실행하는 일에 힘써야 한다.

나 역시 사업 초창기에 떠올랐던 아이디어를 바로 적용해 지금까지 실행하고 있다. 고객 포인트 제도, 선물 같은 포장 용기, 1대 1처럼 느껴지는 문자 안부 서비스 등이 그렇다. 빚채공감이나 그릭왕자 같은 브랜드도 아이템을 떠올린 뒤 사업 타당성을 검토하고 착수하기까지 3일이 채 걸리지 않았다.

인간은 습득한 정보의 80%가량을 72시간 안에 잊어버린다고 뇌 과학자들은 말한다. 내 가게 음식이 아무리 맛있고 가성비가 뛰어나도 손님들이 매일 찾아주는 것은 아니다. 손님들은 늘 다른 맛있는 음식, 좀 더 끌리는 공간으로 가길 원한다.

그래서 작은 매장일수록 곳곳에 손님의 이목을 끌 만한 장치를 마련하라는 것이다. 눈에 띄는 소품을 주기적으로 교체하거나 사진이 잘 나오는 포토스팟을 만드는 것도 방법이다. 공간상 그게 어렵다면, 기억에 남을 만한 서비스를 개발할 필요가 있다.

🍽 손님을 붙드는 72시간의 골든타임

새로운 시도에는 필연적으로 갈등이 따른다. 나는 결단도 빠르고 일 추진도 빠른 편이지만, 나 같은 사람도 두려운 마음과 갈등이 일 때가 있다. 어떤 이는 일을 시작하기에 앞서 꽤 오랜 마음의 준비와 다짐이 필요할지도 모른다.

그러나 당신이 시도하려는 '그것'은 생각보다 그리 어려운 일이 아닐 수 있다. 막상 시도해보면 생각보다 별거 아닌 게 오히려 많다. 그런데 자꾸만 미루고, 고민하고, 걱정하다 보면 계속 안 좋은 것만 보게 되고 결국은 해보지도 않고 포기하게 된다. 시도하지 않고 찜찜한 것보다 일단 해보고 후련한 게 낫다. 그 후 느끼는 성취감과 짜릿한 희열은 덤이다.

성공한 사람들의 성공 비결을 담은 책을 보면 공통점이 있다. "일단 했다."는 사실이다. 한 가지 더 곁들이자면 실행에 그리 오래 끌지 않았다는 것 정도이다. 돈이 있든 없든, 비범하든 평범하든 머릿속에 떠올린 아이디어를 실행에 옮기는 게 성공의 첫 번째 비결이다. 시작이 반이란 말이 괜한 말은 아닌 것 같다.

"정말 괜찮은 아이디어다.""좋은 서비스가 될 것 같다."라는 확신으로 일을 시작했는데 반응이 시원치 않다면 방향을 조금씩 수정하면서 좋은 쪽으로 옮기면 된다. 해보지도 않고 "이게 될까? 저게 될까?" 생각만 하면 아무런 피드백을 받을 수 없다. 그게 좋은지 나쁜지는 해보고 반응을 보아야 알 수 있다.

계획을 세웠다면 늦어도 72시간 안에 실행하고 반응을 살피자. 예상대로 좋은 반응이 온다면 잘된 것이고, 예상외로 반응이 좋지 않으면 좀 더 나은 쪽으로 걸음을 옮겨 제대로 된 길을 가면 된다.

홈쇼핑을 보는 데 사고 싶은 상품이 있었다. 사고는 싶었는데 비싼 가격 때문에 망설이다가 구매 시간을 놓치고 말았다. "그냥 살걸. 그때 살걸…." 상품이 눈앞에 아른거렸다. 그런데 딱 3일이 지나자 언제 그랬냐는 듯 그 상품 생각이 싹 사라졌다.

우리 가게 손님도 그럴 것이다. 따라서 고객이 인터넷에서 우리 가게를 검색했다면 바로 방문할수 있도록 해야 한다. 한 번이라도 방문을 했다면 곧 재방문할 수 있도록 끌리는 무언가를 만들어야 한다. 좋은 아이디어가 떠올랐다면 바로 실행해야 하는 이유이다. 이리 재고 저리 재다가는 때를 놓치고 손님도 다 놓친다.

"또 기회가 있겠지." "내일 하지 뭐." "천천히 하지." 적어도 사장님이라면 이런 말들로 게으름을 피우지 않았으면 좋겠다. 적어도 돈을 벌고 싶다면 말이다.

🍽 작은 목표로 성공 연습을 하라

머릿속으로 생각만 하거나 기한을 세우지 않으면 목표를 달성하기가 힘들어진다. 목표와 구체적인 계획, 마감 날짜를 정해 반드시 지키도록 해야 한다. 한 달 매출 목표를 세운 뒤 매주 생길 이슈들을 감안해 한 주의 매출 목표를 세운다. 이를 7로 나누어 일 매출 평균을 구해 하루 목표로 잡자. 만약 일 매출을 50만 원이라고 치면, 50만 원 매출 목표를 달성하기 위한 세부 계획을 마련한다.

설사 목표를 달성하지 못하더라도 감정을 컨트롤해야 한다. 오늘 10만 원밖에 못 벌어도 다음 날 60만 원 버는 게 장사다. 그러니 잘 벌었다고 의기양양하지도 말고, 못 벌었다고 의기소침할 필요도 없다. 다만, 평균 매출과 일 평균 매출이 3개월 연속 하락한다면, 경영에 문제가 있는 것이다. 이런 경우 원인을 분석해 해결책

한 달 운영 목표	소양 쌓기 목표	건강 목표
일 매출 50만 원	매일 책 10페이지 읽기	매일 1만 보 걷기
인스타 팔로워 10명 늘리기	영어 단어 3개 외우기	1일 1식 도전
(이번 주까지)	책 한 권 읽기 영어 단어 100개 암기 (12/30일까지)	3kg 감량 (12/25일까지)

※ 메이랩 오픈 당시 세웠던 소목표들

을 찾아야 한다.

일 평균 매출 50만 원이 부담스럽다면, 20만 원을 목표로 해도 좋다. 일 매출 20만 원 목표를 달성한다면, 자신감이 생겨서 25만 원, 35만 원, 50만 원 식으로 목표를 점차 높여 나갈 수 있다. 25만 원 목표를 달성한 날은 어떤 노력을 통해 목표액을 달성했는지 메모해두자. 막연하게 느꼈던 성공을 눈에 보이도록 만드는 것이다. 작은 성공을 거듭하다 보면 성공하는 습관이 만들어진다. 이때부터는 운이 작용해 나를 더 성공하도록 만든다.

내가 이룬 작은 목표들이 내 자존감을 높여주고, 그런 과정에서 실제로 실력도 는다. 실력이 늘면 자신감이 차오르고 표정에도 여유가 생긴다. 일에 있어서 실력과 여유를 겸비한 사람은 관록이 느껴진다. 한마디로 아우라를 내뿜는 것이다. 사람을 끌어당기는 힘은 바로 그런 아우라에 있다.

내 경영 철학 중 하나가 "사람을 행복하게, 편하게 해주자."인데, 다른 사람을 편하게 해주려면 나부터 편해야 한다. 그런데 실력이 없고 부정적인 생각이 많으면 겉으로 티가 난다. 어딘가 불안해 보이고 자신 없어 보인다. 이런 불안한 사장님을 보고 찾아올 손님은 없다.

🔔 돈과 여유 둘 다 잡을 수 있다

10년 동안 외식업만 해온 분도, 이제 막 사업을 시작한 초보 사장님도 입을 모아 하는 말이 있는데, 바로 "개인 시간이 없다."이다. 아이들이 어릴 때 어디 놀러 가서 가족사진 한 장 찍어본 적 없다는 분들도 있다. 우리는 과연 무엇을 위해 돈을 버는 걸까?

요즘 나의 컨설팅 슬로건은 "일과 삶 균형 맞춤 솔루션을 제안하는 창업 컨설턴트 메이랩"이다. 원래 내 스타일은 "무조건 열심히 달려가는" 것이었다. 그렇게 밤낮없이 일하던 어느 날 문득 '현타(현실 자각의 타임)'가 찾아왔다. 이대로 가다가는 성공은커녕 얼마 안가 번아웃될 것만 같았다. 그때부터 내 가치관은 바뀌었다.

나는 사람들이 창업에 너무 목숨 걸지 않았으면 좋겠다. 돈 욕심을 조금 내려놓을 수 있다면 삶의 여유를 느끼며 돈도 벌게 해드리고 싶다. 그게 내가 예비 창업자들에게 해드리고 싶은 일이고 목표다.

◆◆ 효율성을 택한다

하루 종일 문을 열어둔다고 손님이 계속 오는 건 아니다. 효율성 면에서 예약제가 좋은 방법인 이유이다. 예약제가 어렵다면 손님이 많이 오는 시간대만 가게를 열어두는 것도 방법이다. 다만, 타임제로 운영할 때는 충분한 홍보가 필요하고 수시로 고객들의 니즈를 살펴야 한다.

개인적인 목표는 자신의 집중력과 컨디션이 가장 좋은 때를 활용하자. 내 경우는 온전히 나 혼자 있을 수 있는 새벽 2~3시에 집중력이 가장 좋다. 일이 일찍 끝나는 날은 집에 오자마자 씻고 저녁 7시쯤 자서 새벽 2시에 일어나 공부를 하거나 블로그 홍보, 또는 책 쓰는 일을 한다.

◆◆ 기산을 잡아 계획을 세운다

앞서도 이야기했지만, 5년 단위로 목표를 세우고, 그 목표를 기산해서 하위 계획을 세우자. 메이랩 창업 당시 5개년 목표의 최종 목표는 2022년 작은 가게 공동체 법인 설립이었다. 법인 설립이라는 최종 목표 아래 부가적으로 세운 목표가 있었는데 그것은 바로 '사회적 영향력'이었다.

공동체를 꾸리고 법인을 세우려면 공신력이 있어야 한다. 스케일이 큰 판을 만들어 운영하려면 좀 더 전문성이 있어야 한다. 그래서 전문성 확보를 위한 계획을 다져두었는데, 정리하면 다음과 같다.

2022년 공동체 법인 설립 – 전문성 강화 실현 방안

2021년 12월. 창업을 다룬 경영 서적 출간 예정

2021년. 1월. 그동안 집필했던 원고를 모아 도서 출간(《샌드위치의 모든 것》)

2020년. 수강생 교재로 쓸 레시피 원고 집필

2019년. 홈파티 메뉴 구성, 홈파티 쿠킹클래스 개설

2018년. 창업 강의 시작, 샌드위치 쿠킹클래스 개설

이렇게 법인 설립 목표에 맞춰 세웠던 하위 목표들을 하나씩 이뤄가고 있다. 최종 목표는 저마다 다를 수 있지만 어쨌든 중요한 것은 기산을 잡아 하위 목표들을 세워야 한다는 것이다.

내가 처음 창업한다고 했을 때, 남편은 1년 안에 전 직장 연봉만큼의 수익이 발생하기는 힘들 것이고 다시 취직 자리를 찾을 거라며 걱정(?)해주었다. 사실 첫 창업 때 내가 잡았던 현실적인 목표는 여유 자금을 다 소진하는 시점까지 수익을 내는 것이었다. 오픈 날짜가 7월 15일이었고, 당시 300만 원의 여유 자금이 있었으니 최소 4~5개월은 버틸 수 있을 거라고 판단했다. 만약 그 안에 수익이 발생하지 않았다면 메이랩을 접었을지도 모른다.

가게 문을 연 뒤에 얼마나 버틸 수 있는지 계산해보아야 한다. 버틸 수 있는 날까지 수익을 올리고 손익분기점을 넘길 수 있도록 목표를 잡고 무조건 달성해야 한다. 만약 그 목표를 달성하지 못하면 사업을 계속 이어나갈 것인지 진지하게 고민해볼 필요가 있다.

오픈 후 수익을 내는 마지노선은 3개월이 적당하다. 오픈 후 3개

월 안에 손익분기점을 넘겨야 한다. 그러려면 인테리어 공사 기간부터 오가는 사람들의 눈길을 끄는 한편, SNS 팔로워들을 확보하고 주변 타깃층을 꾸준히 공략할 필요가 있다. 오픈 후 3주~1개월까지는 주변 상권 손님에게 적극적으로 어필하자.

오픈 기념 시식회, 회원 등록 등을 통해 치밀하고 빠르게 정상 궤도에 올라야 한다. 이렇게 사업 초반에 빠르게 성공 궤도에 진입해두면 장사가 한결 수월해진다. 그런 다음, 일과 생활의 균형을 맞추도록 시스템을 정착시키자. 사장님이 여유를 가져도 수익이 발생할 수 있도록 다양한 판로를 마련해야 한다.

 창업을 위한 조언 한마디

작은 가게 사장님일수록 워라밸이 중요합니다. 삶의 여유 없이 돈만 생각하면 금세 지쳐서 오래 일을 할 수가 없습니다. 타임제로 가게를 운영해서 자기만의 목표를 달성해 나갈 필요가 있습니다. 5개년 계획을 역산해 월, 주, 일 단위로 목표를 세워 계획적으로 움직이는 게 목표 달성에 도움이 됩니다.

위기는 더욱 강해지도록
주어진 기회다

사람들은 문제가 생기면 온몸이 얼어붙는다. 사회 초년생일수록, 경험이 부족할수록 더욱 그렇다. 사고 회로가 정지되고 이성적 판단이 어려워지면서 오히려 문제를 더 키운다. 이런 곤란한 상황을 미연에 방지하려면 여러 가지 플랜 B가 필요하다. 여유 자금을 만들어놓는 것도 플랜 B의 하나이다.

나는 직장 다닐 때 고정 급여가 있고 지출은 정해져 있으니 돈의 소중함을 잘 몰랐다. 그런데 가게를 열고 하루 매출 2만 원, 3만 원이라는 성적표를 받고는 손이 벌벌 떨렸다. "월세가 얼마인데" "재료비가 얼마인데" 하는 생각이 들자 머리가 아찔했다.

당시는 지인들에게 가게 오픈을 알리지도 않은 상태여서 지인 찬스를 쓸 수도 없었다. 가게가 어느 정도 안정된 뒤 지인들에게 알릴 요량이었다. 오픈하고 바로 망하면 창피하니까!

다행히 나는 오랜 회사 생활로 획득한 위기 대처 능력이 있었다. 힘들 때마다 나 자신을 믿고 이렇게 되뇌었다.

"이 가게, 메이랩은 내 자식과도 같다. 나는 자식을 멋지게 키워 내야 할 의무가 있다. 나는 늘 위기를 멋지게 이겨내는 사람이다!"

🍽 위기 탈출의 지름길 SWOT 분석

필리핀 속담에 "하고 싶은 일에는 방법이 보이고, 하기 싫은 일에는 변명이 보인다."라는 말이 있다. 좋아서 시작한 사업이지만 예기치 못한 돌발 상황이 발생할 수 있다. 매출이 부진하다고 발을 동동 구르거나 한탄만 해서는 안 된다. 빨리 해결 방법을 강구해야 한다.

위기 때 내가 찾은 해결 방법은 바로 SWOT 분석이었다. SWOT 분석이란 강점strength, 약점weakness, 기회opportunity, 위협threat의 요인들을 규정하고 분석한 뒤 강점은 살리고 약점은 없애는 전략을 말한다. 예를 들어, 매장의 내부 환경을 분석해 강점과 약점을 발견하고 강점을 극대화해 마케팅에 활용하는 것이다. 약점은 보완해야 하는데, 그러려면 문제에 직면해야 한다.

장사가 안된다고 마냥 불안해하는 사람들이 있다. 문제를 들춰내는 것을 꺼리고 오히려 덮어두고 모르는 척 넘어가려고 한다. 장사뿐만 아니라 인생도 마찬가지다. 실패가 잦고 일이 잘 안 풀린다면 무엇이 문제인지부터 정확히 알아야 하고, 걸림돌이 있다면 반드시 제거해야 한다.

🍽 실수를 용납하고 침착하게 대처하라

내가 케이터링 사업을 시작했을 때 경험이 많지 않았던 터라 실수가 많았다. 하루는 중요한 개업식의 케이터링을 진행하게 되었는데, 모든 식기를 호텔식 도기 그릇을 사용하기로 하고는 렌탈 업체에 요청해서 미리 받아두었다. 다른 집기들이 이미 행사장에 도착한 상태였기에 접시도 당연히 잘 배송되었을 줄 알고 행사 직전까지 체크하지 않았다.

손님 식사를 세팅하려고 박스를 개봉하는 순간, 중요한 접시가 누락된 사실을 알게 되었다. 식사 시작까지 고작 20분밖에 남지 않은 때였다. 잘잘못을 따질 시간이 없었던 데다, 고객의 사업장에서 벌어진 일이었던 만큼 누구를 원망하거나 질책하기 시작하면 자칫 고객의 행사에 누가 될 위험이 있었다. 이미 벌어진 일이니 수단과 방법을 동원해 해결책을 찾는 데 집중해야 했다.

최대한 침착하게 머리를 굴리는데, 행사장 건물 1층과 지하에 음식점들이 있다는 사실이 떠올랐다. 나는 그곳에 찾아가 사정을 이야기하고 그릇을 빌려왔고, 덕분에 무사히 행사를 마칠 수 있었다. 3년이 지난 일이지만 아직도 그때 일을 떠올리면 등줄기가 서늘할 정도로 아찔하다.

행사를 무사히 마쳤다고 해도 실수가 사라지는 건 아니다. 실수는 반드시 메모해두고 곱씹어야 한다. 실수가 없었더라도 미흡했던 점, 추후 보완할 점은 없는지 다시 한번 복기하는 시간을 가져야 한다. 그렇게 정리된 부분은 운영 매뉴얼에 추가하자. 실수의 경험은 성장의 발판이 되어 가게를 한 단계씩 업그레이드해줄 것이다.

사장님은 모든 손해에 대해 책임질 각오를 해야 한다. 매출이 안 나오는 것도 사장님 문제이고, 직원이 실수를 해도 사장님이 직원 교육을 제대로 못 한 탓이다. 교육을 제대로 했는데도 직원이 계속 같은 실수를 반복하면, 사장님이 사람 보는 안목이 없는 탓이다.

🔔 나만의 플랜 B를 짜다

사업이 틀어졌을 때, 혹은 매출이 부진할 때 필요한 것은 남 탓이 아니라 분석이다. 막연하게 "내 탓이 아니야, ○○ 탓이야."라고 울먹이지 말고 얼른 플랜 B를 가동해야 한다.

내 경우, 메이랩 오픈 초창기에 재료가 남는 문제 때문에 고민이 많았다. 먹는 데는 문제가 없었지만 다음 날이면 유통기한이 지나거나 신선도가 떨어져 상품으로 만들 수 없었다. 그때 내가 찾은 플랜 B는 무료 시식용 샌드위치를 만드는 것이었다. 어차피 폐기할 재료들로 가장 자신 있는 샌드위치를 만들어서 근처 학원에서 밤 늦도록 공부하는 아이들과 선생님에게 나눠주었다. 큰 기대는 안 했지만, 고맙게도 몇몇 아이들과 선생님이 내 단골이 되어주었다.

비대면 시대가 본격화되면서 대규모 행사는 이제 거의 없다고 봐야 한다. 그래서 나는 소규모 홈파티용 메뉴를 주력으로 구상 하는 한편 빛채공감, 그릭왕자 같은 브랜드 창업 모집에도 박차를 가했다. 다른 한편으로는, 영상 강의를 론칭해 잠든 시간에도 수익 이 들어오는 부의 파이프라인을 구축했다.

원래 쿠킹클래스는 오프라인 강좌였다. 내가 좋아서 시작한 강 좌였지만, 수익 면에서도 꽤 효자 아이템이었다. 그러나 비대면 시 대가 본격화되면서 쿠킹클래스 회수도 줄어들었다. 그래서 나는 온라인 강의를 개설했다. 샌드위치, 홈파티, 샐러드, 수제청 같은 레시피 노하우와 4평 매장 사장되는 법 등 강의의 소재는 무궁무 진했다. 이것들이 지금 나만의 플랜 B가 되었다.

여러분도 자신만의 플랜 B를 만들어보라. 사진 찍는 것을 좋아 한다면 가게 사진, 풍경 사진 등을 찍어 SNS 마케팅에 활용하고, 말하는 것을 좋아한다면 유튜브를, 글 쓰는 것을 좋아한다면 블로 그나 책을 써보자.

그릭왕자. 포장하기에 좋은 그릭요거트와 수제 그래놀라 콘셉트의 브랜드.

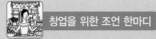 **창업을 위한 조언 한마디**

누구나 실수할 수 있고 실패할 수 있습니다. 중요한 건 실수와 실패에 어떻게 대처하느냐는 것입니다. 누구를 원망하고 질책하는 대신 침착하게 해결책을 모색해야 합니다. 실수는 메모해두고 기억해두십시오. 어려운 때를 대비해 나만의 플랜 B를 마련해두는 것도 잊지 마십시오.

마케팅은 감성으로,
사업은 이성으로

사장님이라면 숫자와 친해져야 한다. 비즈니스의 언어는 숫자라고 해도 과언이 아니다. 정부에서 내려오는 지침이나 규제, 기업의 매출과 성과 및 손익분기점 등 어른들의 세상은 온통 숫자로 되어 있다. 쿠팡플레이 오리지널 프로그램인 〈SNL 코리아〉에서 주목할 만한 캐릭터가 있다. 마치 조별 과제를 발표하는 듯한 20대 인턴 기자이다. 앵커가 인턴 기자에게 재난지원금 대상자를 소득 하위 88%로 잡았는데 그렇게 잡은 기준이 무엇이냐고 묻자, 인턴 기자가 당황하며 대답한다.

"88이라는 숫자가 팔팔한 느낌도 있고 올림픽도 했잖아요. 88이라는 숫자가 되게 좋은 기운, 좋은 느낌?"

바보 같은 대답인가? 그러나 숫자에 대해 물어보면 많은 사람이 그런 식으로 대답할 확률이 높다.

🍲 숫자로 표현하고 숫자로 운영하는 습관

요즘 대세인 라이브커머스를 나도 배워볼까 하여 쇼호스트 학원에 등록했더니 거기서도 가장 강조하는 게 숫자였다. "딱 3가지만 기억하세요."처럼 숫자로 말을 시작하라는 것이다. "30% 세일, 최다 구성! 이 시간 이후로 절대 없습니다."와 같이 명확하게 숫자로 이야기해야 한다. "지금 손님이 엄청 몰리고 있어요."라는 멘트보다 "2,000분께서 동시 주문 주고 계십니다!"라는 말이 좀 더 확실하고 분명하기 때문에 시청자 입장에서는 마음이 동한다.

특히 요즘 세대들은 수치와 데이터로 소통한다. 아이패드가 필요하면, 아이패드를 샀을 때의 장점을 PPT로 만들어 부모님께 프레젠테이션한다고 한다. 아이패드가 있으면 공부할 때 어떤 이로운 점이 있는지, 성적은 얼마나 올릴 수 있을 것인지 등 포부를 밝히는 브리핑을 하면서 부모님을 설득하는 것이다. 부모님께 사달라고 떼를 쓰며 마냥 조르기만 했던 우리 때와는 확실히 다르다. 이처럼 부모를 설득할 때조차 숫자와 데이터를 동원하는데, 매장을 운영하고 고객을 유치해야 하는 사람은 오죽할까? 대충 좋은 말로 얼버무려서는 고객은 절대 설득당하지 않는다는 것을 기억하자.

창업을 준비할 때도 숫자로 생각하고 준비하면 훨씬 편하다. 가령 창업 투자금이 3,000만 원이라면 어떤 식으로 창업 계획을 세우는 게 좋을까? 아래 A안, B안 두 가지를 잘 비교해보고 숫자의 힘을 느껴보자.

	A안	B안
필수 기준	• 상권이 좋은 자리에 가게를 잡는다. • 트렌디한 인테리어로 내부를 꾸민다. • 인스타그램 잘하는 친구에게 홍보 부탁. • 오픈 예정일은 겨울쯤.	• 대학생 유동인구가 있는 상권에 월세 150만 원까지 가능. • 인테리어 공사비는 800만 원까지. 블로그 게시글 10건 이상 게재. • 2월 25일까지 입점.
운영 기준	• 아침부터 저녁까지 운영함. • 평일 매출 최대한 많이. • 바쁠 때는 아르바이트 충원.	• 운영 시간: 개점 오전 9시~ 폐점 오후 7시. • 평일 고객 100명, 주말 고객 150명 이상. 평균 매출 250만 원. • 주말 아르바이트 1명 시급 9,000원

※ 투자금 3000만 원으로 세운 창업 계획서

한눈에 봐도 숫자로 표현된 B안이 구체적이고 확실하다. A안은 추상적이고 막연하다.

장사하는 사람들은 숫자를 구체적으로 인식하고 알아두어야 한다. 전월 대비 매출액이 몇 퍼센트 증가했는지, 어떤 제품 매출액이 얼마만큼 증가했는지 정확한 수치를 알아야 손실을 줄이고 돈이 남는 장사를 할 수 있다. 또 원가를 정확히 계산해야 몇 잔을 팔았을 때가 순이익을 얻을 수 있는지, 반대로 적자가 났을 때는 어디서 손실이 큰지 알 수 있다. 가령 커피숍에서 원두 원가에 물값, 포장재값까지 포함해버리면 매출 손실이 발생했을 때 적자의 원인을 파악할 수 없으므로 엄한 데서 비용을 줄이는 헛수고를 하게 된다.

많은 사장님들이 하루 평균 매출을 모르는 경우가 많다. 매출을 물으면 포스기를 확인하거나 정산을 해봐야 알 수 있다고들 한다. 그냥 손님이 많으면 장사가 잘됐겠거니 생각하는 거다. 나는 이런 분들을 보면 좀 의아하다. 장사를 하는 이유가 돈을 많이 벌기 위해서, 부자가 되기 위해서 아닌가? 하루 매출과 원가를 정확히 알고 있어야 내가 밑 빠진 독에 물을 붓고 있는지, 돈이 되는 장사를 하고 있는지 알 게 아닌가? 돈을 벌려고 장사를 한다면 내가 파는 물건의 원가, 평균 매출, 고정비 등 중요한 숫자는 반드시 기억하고 있어야 한다.

숫자는 거짓말을 하지 않는다. 나는 신복순 시인의 〈2월과 3월〉이라는 시를 좋아하는데, 2월이 다른 달보다 적은 이유를 이렇게 표현한다.

봄을
빨리 맞으라고
2월은
숫자 몇 개를 슬쩍 뺐다

— 신복순, 〈2월과 3월〉 중에서

보통의 문인이라면 2월이 유독 날짜가 적은 까닭에 대해 문학적 은유를 했을 것이다. "봄을 빨리 맞으라고 숫자를 몇 개 뺐다."라는 시구는 문학적이면서도 경쾌하고 명확해서 좋다.

마케팅 문구를 적을 때도 마찬가지이다. "우리 가게는 맛있고 분위기가 좋아요."라며 구구절절 장점을 나열하는 것보다 "전월 대비 매출이 30%나 증가했어요!" "오늘 케이터링 주문 건수가 30건이 넘네요."처럼 데이터로 말하는 것이 마케팅 효과에 더 탁월했음을 나는 경험상 알고 있다.

생각해보면 우리는 숫자 마케팅에 이미 익숙하다. 카레도 이왕이면 3분 카레를 먹고, 아이스크림 가게도 31로 간다. 치약은 2080을 쓰고, 2만 원짜리보다는 19,900원짜리에 더 눈길이 간다. 세상은 온통 숫자로 이루어져 있고, 장사는 숫자 없이 운영할 수 없다. 장사를 결심했거나 이미 하고 있다면 숫자와 친해지자.

🍽 공부하는 사장님만이 살아남는다

노포老鋪를 보면 우직함이 느껴진다. 선대에서 물려받거나 처음 장사를 시작한 뒤 한 가지 메뉴만을 꾸준히 파고들어서 그런 것 같다. 이들 노포는 별다른 마케팅 없이도 맛 하나로 입소문이 나고, 수십 년 단골 고객을 거느린다.

하지만 비대면 시대인 요즘 창업자에게 노포는 적용하기 힘든 운영 방식이다. 사람들의 욕구와 소비 수준은 갈수록 높아지고 있고 이에 따라 시장도 급변하고 있다. 이런 상황에서 창업에서 성공하려면 자신만의 길을 닦아야 한다. 필요에 따라서는 새로운 길을 만들어야 한다. 이때 필수적인 것이 바로 새로운 분야에 대한 지식이다. 자신의 관심 분야뿐만이 아니라, 다양한 분야에 대해서 알고 배워야 한다.

나도 사장이 되고 나서 참 많은 것을 배웠다. 케이터링 사업을 론칭한 뒤에는 테이블 장식을 생화로 함으로써 스타일링의 품격을 높이고 싶었다. 원데이 클래스로 꽃꽂이를 배웠지만, 어딘가 모르게 부족한 것 같아 아예 플로리스트 마스터 과정을 수료해버렸다. 이렇게 배운 꽃꽂이 기술로 케이터링은 물론이고, 이벤트 행사와 파티 장식도 겸할 수 있게 되었다. 단일 행사에서 음식과 장식 두 파트를 모두 책임지는 것도 가능해졌다. 당연히 수입도 배가 되었다.

요즘 마케팅과 홍보에 사진 및 영상은 기본이다. 홍보를 항상 외주 전문가에게만 맡길 수도 없는 노릇인 데다 나 자신도 사진 및 영상 촬영 수준을 어느 정도 갖춰야 한다는 판단에 따라, 1년 6개월간 전문 작가에게 개인 레슨을 받았다. 오프라인 강의와 영상 수업을 하는 데 필요한 스피치 수업도 받았다. 라이브커머스 론칭을 위해 쇼호스트 수업도 들었다.

그 외에 블로그 마케팅, 스마트스토어, 경영 등 사업 운영에 도움이 될 만한 것이라면 모조리 찾아서 공부하고 있다. 아예 수업료를 고정 지출로 책정해두었는데, 수업료는 다시 수익으로 전환되

플로리스트 마스터 과정을 이수하자 단일 행사에서 음식과 이벤트 장식을 모두 맡는 일도 생겼다.

므로 그냥 소모되는 비용이 아니라 투자의 일환이다.

가게 운영만으로도 벅차 따로 무언가를 배울 생각조차 하지 못하는 분들이 많다. 온종일 장사하는 것도 힘들고 월세 내기도 빠듯한데, 무언가에 돈을 들여 배운다는 것이 선뜻 내키지 않을지 모르겠다. 생각해보면, 나도 직장 생활할 때 자기계발 서적 외에는 책 읽을 시간이 없었다. 그런데 가게를 열고 보니 웬걸! 총알 없는 전쟁터가 따로 없었다. 아니, 그보다 더 심했다. 드라마 〈미생〉 속 유명한 대사도 있지 않은가! "회사가 전쟁터라면 밖은 지옥이야."

누가 내게 월급을 주는 것도 아니고, 가게 문 열었다고 손님이 저절로 찾아와 주지도 않는다. 손님을 모으려면 내가 실력이 있어야 하고, 다른 가게와 차별성을 주려면 전문성을 향상시켜야 한다. 그러려면 주력 메뉴, 플레이팅, 인테리어 등 가게 운영에 관련된 분야뿐만 아니라 경영, 경제, 마케팅 등에 관해 해박까진 아니더라도 최소한의 통찰력은 키워야 한다.

영업시간을 1시간 줄이는 한이 있더라도 공부하는 시간을 확보하자. 가게 문을 오래 열어놓는다고 해서 장사를 잘한다고 볼 수 없고, 우직하게 문을 열어놓고 마냥 손님을 기다리는 것을 열정적이라고 보기도 어렵다.

성공은 관심 분야에 대한 공부에서 시작된다

유독 요식업 폐업률이 높다고 합니다. 왜 그럴까요? 여러 가지 원인이 있겠지만 공부가 부족한 채 덥석 요식업에 뛰어드는 경향 때문이라고 봅니다. 요식업 사장님들을 보면, 프랜차이즈 본사에서 1~2주 동안 적당히 조리법만 배우고 가게를 여는 사람이 의외로 많더군요.

피아노 학원을 하나 차리려고 해도 음대를 나오거나 그에 준하는 실력이 있어야 합니다. 일식집을 차리려고 해도 그 분야의 오랜 경험이 필요하죠. 양식 레스토랑을 차리려고 일부러 해외 유학을 다녀오는 사람도 있습니다. 기업에 취직하려면 입사 시험 공부를 해야 하고 입사 후에도 2~3주 정도는 해당 업무와 관련된 공부만 합니다. 입사 후 3개월은 보통 '수습' 기간으로 생산적인 일을 하기보다는 배우고 익히는 데 몰두하지요.

창업이 예외가 될 수 없습니다. 창업을 마음먹었다면 장사나 사업에 관련된 경제·경영 서적을 두루 읽으며 지식을 쌓아야 합니다. 해당 분야의 전문가로 환골탈태하려는 노력이 필요합니다. 몇 달 몇 년 고시 공부하듯 파고든 이후 창업하라는 이야기가 아닙니다. 창업 공부는 끝이 없고, 오직 고객만이 정답이기 때문에 일단 가게를 여는 것이 중요합니다. 고객의 반응을 보면서 장점은 강화하고 단점은 보완해 나가는 것이 바로 사장님들이 해야 할 공부입니다.

배민 아카데미나 소상공인지원센터 등 창업 멘토를 만날 수 있는 온·오프라인 프로그램이 많습니다. 저는 2021년 서울시 자영업지원센터 멘토로도 활동 중인데, 제 수업 마지막에는 알고 있는 모든 거래 업체를 알려주고 있습니다. 창업자들에겐 현장에서 활동하고 있는 사람만이 알려줄 수 있는 이런 정보들도 필요합니다.

발품을 팔 시간이 없다면 창업 박람회를 다녀보는 것도 좋습니다. 창업 박람회는 창업 아이템을 한자리에 모아두므로 아이템을 찾거나, 시장의 동향을 파악하는 데 용이합니다. 여기서 아이디어를 얻어 미래 먹거리를 발굴할 수 있습니다.

만약 혼자 창업 준비하고 공부하는 것이 막막하고 어렵게 느껴진다면 같이 할 사람을 만들어보십시오. 목표가 같은 사람과 함께 하면 시너지 효과가 나며, 중간에 지치거나 포기하고 싶을 때 그들이 힘이 되어줄 수 있습니다. 관계를 맺어 나가는 가운데 소통과

리더십, 고객을 대할 때 마음가짐 등도 배울 수 있습니다.

알면 두렵지 않다

창업 강의를 듣는 수강생들이 가장 많이 하는 고민은 "창업을 하고 싶은데 어떻게 해야 할지 모르겠다.""과연 내가 할 수 있을까?""경기가 안 좋은데 창업해도 괜찮을까?" 같은 것들입니다. 새로운 분야에 도전하기 전, 두려운 마음이 드는 것은 어쩔 수 없습니다. 그 두려움을 깨주는 도구가 바로 공부입니다. 책상에 앉아 책을 펼쳐 보는 것도 공부이고, 강의를 듣거나 전문가를 찾아가 배우는 것, 업계 선배를 찾아가 일을 배우는 것도 공부입니다.

성공은 관심 분야에 대한 공부에서 시작됩니다. 공부하지 않고 장사부터 시작하는 것은 경주마처럼 눈의 양옆을 가리고 앞만 보고 달리는 것과 같습니다.

'마켓컬리' 하면 전지현, 샛별 배송 같은 키워드가 떠오를 것입니다. 마켓컬리가 초반에 연예인이나 젊은 층에게 인기가 있었던 비결은 특별한 아이템에 있었습니다. 마장동 한우, 오월의 빵, 무농약 유기농 먹거리 등 MD들이 엄선한 음식이 주를 이루었고, 마트 전단지가 아니라 고급 음식 잡지를 보는 듯한 이미지로 고객의 이목을 끌었죠.

마켓컬리의 김슬아 대표는 뛰어난 재원이었습니다. 유명 투자회사에서 이미 억대 연봉을 받고 있었죠. 그녀가 굳이 잘나가는 직장에 사표를 낸 것은 회사에서 더는 배울 게 없다는 판단 때문이었다고 합니다. 잘나가는 회사를 그만둔 것도 모자라 성공을 장담할 수 없던 유통업에 뛰어든 것은 건강한 먹거리에 대한 열정과 새로운 도전에 대한 갈증 때문이었다고 하죠. 피부염과 부종 등으로 몸에 이상 신호가 온 그녀는 좋은 음식을 찾게 되었고, 건강한 먹거리를 찾아다니다가 이렇게 생각했습니다. "건강한 음식을 출근 전에 받아볼 수는 없을까?"

창업은 나 홀로 싸우는 총력전입니다. 사장님은 넓은 세상을 이곳저곳 뛰어다녀야 할 뿐만 아니라, 드론처럼 멀리 보는 통찰력도 갖춰야 합니다. 모두가 공부해야 가능한 일들입니다.

뜻한 바가 있어서 창업을 하건, 생계를 위해 창업을 하건 여러분 모두가 성공을 거두었으면 합니다. 작은 가게 사장님, 예비 사장님들이 이 책을 보며 공부하고 조금이라도 도움이 된다면 저는 맡은 소명을 다한 것입니다.

대한민국 모든 자영업자들을 응원합니다.

"성공은 하루아침에 이루어지지 않는다.
작은 성공들이 모이고 쌓여서 큰 성공을 만든다."

1천만 원을 초단기 50배 불린 소자본창업 성공법
4평 매장 사장 되기

지은이 메이랩(조윤화)
발행처 도서출판 평단
발행인 최석두
윤문 김시연
표지디자인 김윤남
본문디자인 신미연

등록번호 제2015-00132호
등록연월일 1988년 07월 06일

초판 1쇄 발행 2022년 02월 20일
초판 4쇄 발행 2023년 08월 17일

주소 (10594) 경기도 고양시 덕양구 통일로 140 삼송테크노밸리 A351
전화번호 (02) 325-8144(代)
팩스번호 (02) 325-8143
이메일 pyongdan@daum.net

ISBN 978-89-7343-541-8 13320